Study Guide

French
for CSEC®

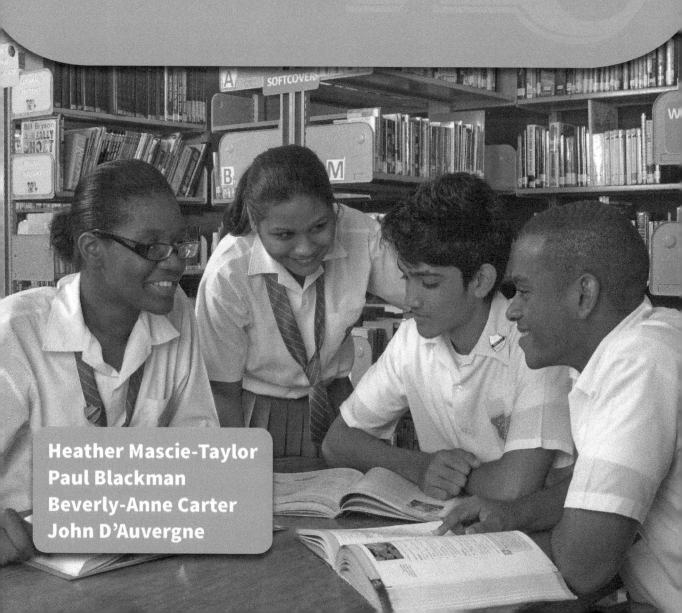

Heather Mascie-Taylor
Paul Blackman
Beverly-Anne Carter
John D'Auvergne

Great Clarendon Street, Oxford, OX2 6DP, United Kingdom

Oxford University Press is a department of the University of Oxford.
It furthers the University's objective of excellence in research, scholarship,
and education by publishing worldwide. Oxford is a registered trade mark of
Oxford University Press in the UK and in certain other countries

First published by Nelson Thornes Ltd in 2013
This edition published by Oxford University Press in 2015

British Library Cataloguing in Publication Data
Data available

978-1-4085-2036-9

15

Printed in Great Britain by Ashford Colour Ltd

Acknowledgements

Cover photograph: Mark Lyndersay, Lyndersay Digital, Trinidad.
www.lyndersaydigital.com
Illustrations: David Russell Illustration and Mike Bastin
Page make-up: Hart McLeod Ltd

Thanks are due to Paul Blackman, Beverly-Anne Carter and John D'Auvergne
for their contributions in the development of this book.

Much of the material for this book has evolved from Heather Mascie-Taylor's
work as a co-author (with Sylvia Honnor and Michael Spencer) of the French
course, Tricolore Total (and earlier editions, Tricolore and Encore Tricolore), which
has been in use in schools around the world for over 30 years, and also as
a co-author (with Sylvia Honnor) of the Revision Handbook for GCSE French.
She would like to offer special thanks to her co-authors, Sylvia Honnor and
Michael Spencer, for their support and encouragement in preparing this book
and specifically for their kind permission to reuse some items from earlier
material.

The Grammaire on pages 164–187 is reproduced, with minor changes, from
the Grammaire in Tricolore Total 4 Student's Book by Heather Mascie-Taylor, Sylvia
Honnor and Michael Spencer, and Tricolore Total 4 Examination Grammar in
Action by Sylvia Honnor and Heather Mascie-Taylor, by kind permission of the
authors.

Although we have made every effort to trace and contact all copyright holders
before publication this has not been possible in all cases. If notified, the
publisher will rectify any errors or omissions at the earliest opportunity.

The manufacturer's authorised representative in the EU for product
safety is Oxford University Press España S.A. of El Parque Empresarial
San Fernando de Henares, Avenida de Castilla, 2 – 28830 Madrid
(www.oup.es/en or product.safety@oup.com). OUP España S.A. also
acts as importer into Spain of products made by the manufacturer.

Contents

Contents

This Study Guide has been developed exclusively with the Caribbean Examinations Council (CXC®) to be used as an additional resource by candidates, both in and out of school, following the Caribbean Secondary Education Certificate (CSEC®) programme.

It has been prepared by a team with expertise in the CSEC® syllabus, teaching and examination. The contents are designed to support learning by providing tools to help you achieve your best in French and the features included make it easier for you to master the key concepts and requirements of the syllabus. *Do remember to refer to your syllabus for full guidance on the course requirements and examination format!*

Inside this Study Guide is an interactive CD which includes electronic activities to assist you in developing good examination techniques:

- **On Your Marks** activities provide sample examination-style short answer and essay type questions, with example candidate answers and feedback from an examiner to show where answers could be improved. These activities will build your understanding, skill level and confidence in answering examination questions.
- **Test Yourself** activities are specifically designed to provide experience of multiple-choice examination questions and helpful feedback will refer you to sections inside the study guide so that you can revise problem areas.

This unique combination of focused syllabus content and interactive examination practice will provide you with invaluable support to help you reach your full potential in CSEC® French.

1 Ma famille et moi

1.1 Salut!

ASTUCE

To say your age in French, use the verb *avoir*, e.g. *J'ai quinze ans*.

You may be asked to spell your name, or you may want to ask for the spelling of a word: *Comment ça s'écrit?* Check you know the alphabet in French.

GRAMMAIRE

Use **tu** (and *ton/ta/tes* and *toi*) with:

- members of the family
- close friends
- people your own age or younger.

Use **vous** (and *votre/vos*) with:

- an older person you don't know well
- an official in a formal situation.

Always use *vous* if speaking to two or more people.

In your exam, you may need to say a few things about yourself and understand facts about other people. Read about a teenager travelling to Martinique, to revise how to do this.

Joseph Dubois est saint-lucien. Il a quinze ans et son anniversaire est le 28 août. Il est né à Castries, mais depuis dix ans il habite à Gros Islet, une petite ville au nord de Castries à Sainte-Lucie. Il va passer quinze jours chez son correspondant en Martinique. Au bord du ferry, il fait la connaissance d'une jeune Française.

Nicole: *Bonjour! Tu es en vacances?*

Joseph: *Salut! Oui, je vais passer quinze jours chez mon correspondant. Et toi?*

Nicole: *J'ai passé le week-end à Sainte-Lucie et maintenant je rentre chez moi. Je me présente: je m'appelle Nicole Legrand. Comment t'appelles-tu?*

Joseph: *Je m'appelle Joseph Dubois. Tu voyages seule?*

Nicole: *Non, je voyage avec mon frère. Le voilà. Joseph, je te présente André, mon frère aîné.*

Joseph: *Bonjour, André.*

André: *Salut, Joseph.*

1

Travellers often have to fill in personal details on a form. Copy and complete this form for Joseph.

Nom: ....

Prénom: .... Âge: ....

Date de naissance: ....

Lieu de naissance: ....

Pays d'origine: ....

Nationalité: ....

Introductions

When introducing people, use: *Je te présente ...*, or if you are speaking to more than one person or to an older person in a formal situation, say: *Je vous présente ...*

A more casual way is to say: *Voici ...* Sometimes it's helpful to explain a bit more: *C'est mon cousin/ma cousine/mon frère aîné/ma demi-sœur.*

Greetings and farewells

To greet people, you can say: *Bonjour!* or *Bonsoir!* It's polite to add *monsieur* or *madame* when greeting an older person. A more casual greeting is: *Salut, ça va?*

To respond, you could say: *Très bien, merci!* or *Bof, ça va!* or even, *Ça ne va pas très bien.*

To say goodbye, use: *Au revoir (monsieur/madame)*. If you expect to see them again soon, you could say: *À bientôt! À tout à l'heure! À plus tard!*

La France d'outre-mer

The islands of Martinique, Guadeloupe, Saint-Martin and Saint-Barthélemy (Saint-Barth), and French Guyana in South America, are all part of *la France d'outre-mer*. Residents are French citizens and have the same rights as French nationals in *la France métropolitaine* (mainland France). They have French passports and the right to vote in French presidential elections. For currency, they use the euro as in France.

Asking questions

In French, you can ask questions in different ways:

1 Raise your voice in a questioning way: *Tu as des frères et sœurs?*
2 Use *Est-ce que* at the start: *Est-ce que tu as des frères et sœurs?*
3 Turn the verb and the subject round, so *tu es né* (you were born) can become: *Où es-tu né?*

   To do that with *il y a*, insert a 't' to make it easier to say: *Combien de personnes y a-t-il dans ta famille?*
4 Use a question word such as *comment* (how). With *quel* (what or which), remember to use the correct form to agree with the noun: *quel* (m), *quelle* (f), *quels* (mpl) or *quelles* (fpl).
5 Note this useful phrase to ask what kind of things you like or do: *Qu'est-ce que tu aimes/fais comme sports?*

2

Write out these questions, filling the gap with a question word.

Example: 1 *Comment*

1 ... t'appelles-tu?
2 ... habites-tu?
3 ... âge as-tu?
4 C'est ..., ton anniversaire?
5 ... tu aimes, comme musique?
6 ... fait la cuisine dans ta famille?
7 Elle est ..., ta mère?

ASTUCE

Make sure you are confident with the difference between *qui* (who), *que* (what) and *où* (where).

Qui travaille le plus dans ta famille?

Où habitent tes grands-parents?

Que fait ton père dans la vie?

VOCABULAIRE

Combien? – How much? How many?

Comment? – How? What ... like?

Où? – Where?

D'où? – Where from?

Pourquoi? – Why?

Quand? – When?

Depuis quand? – For how long? Since when?

Quel(le)(s) + noun? – Which ...? What ...?

Qui? – Who?

Quoi? – What?

Rendez-vous aux Antilles

OBJECTIFS

In this section you will:
- talk about yourself and others
- use the present tense
- name the territories and inhabitants of the Caribbean.

La vie de famille

Read these texts to find out more about how to talk about yourself and your everyday life.

Je m'appelle Louis et j'habite à Kingston en Jamaïque. Je suis donc jamaïquain. Je suis assez grand, aux cheveux noirs et frisés. J'ai une sœur et deux frères. Ils sont plus âgés que moi. Moi, j'ai quinze ans et je suis le cadet de la famille. Nous habitons dans un appartement dans la banlieue. Pendant mon temps libre, j'écoute de la musique sur mon baladeur MP3 et j'utilise l'ordinateur – j'adore les jeux électroniques. Mon rêve est de travailler dans l'informatique.

Je suis Manon et je suis martiniquaise. J'habite à Fort-de-France en Martinique avec mes parents, ma grand-mère, ma sœur et mon demi-frère. Mon anniversaire est le 11 juillet. Je suis petite aux cheveux longs et je porte des boucles d'oreille. Comme passe-temps, je joue de la guitare et je chante. Comme musique, j'aime le zouk parce que c'est très rythmé. J'aime aussi danser – des danses traditionnelles, comme la biguine et la mazurka. Je ne suis pas très sportive mais j'aime nager dans la mer.

Moi, je m'appelle Paul, je suis trinidadien et j'habite dans une ville au centre de l'île. Mon père travaille dans l'informatique. Le sport, c'est ma passion. Je fais de l'athlétisme avec un club sportif et je participe régulièrement aux championnats régionaux. Quelqu'un que j'admire beaucoup est l'athlète Usain Bolt. C'est mon héros. Je m'intéresse aussi au cricket, car c'est un sport très important aux Caraïbes et je regarde souvent les matchs à la télé. De temps en temps, je joue au tennis de table au collège.

LIEN

The verbs *avoir* (to have) and *être* (to be) are very irregular, but important. Check you know both verbs well. See *Les verbes*, pages 183 and 185.

1

Find in the texts the French for these phrases. Then make up a different sentence with each phrase.

1 In my free time …
2 My dream is to …
3 For leisure …
4 Someone I admire a lot is …
5 I'm also interested in …
6 From time to time, …

Verbs – the present tense

You use the present tense for things which are happening now or happen on a regular basis, e.g. *j'écoute, tu parles, il habite*. There is more than one way of translating it in English. For example, *je joue* can mean 'I play', 'I'm playing' or 'I do play'.

Regular verbs follow one of the following patterns:

	-er	-re	-ir
	jou**er**	attend**re**	fini**r**
je (j')	jou**e**	attend**s**	fin**is**
tu	jou**es**	attend**s**	fin**is**
il/elle/on	jou**e**	attend	fin**it**
nous	jou**ons**	attend**ons**	fin**issons**
vous	jou**ez**	attend**ez**	fin**issez**
ils/elles	jou**ent**	attend**ent**	fin**issent**

Three tips to help you get it right:

• A singular *-er* verb ends in *-e* except in the *tu* form.
• After *tu*, all verbs end in *-s*.
• After *nous*, all verbs (except *être*) end in *-ons*.

Les territoires et les habitants

Use the list below to talk about places and people in the Caribbean. The list gives the masculine forms: you usually add 'e' for the feminine, e.g. *Elle est anguillaise*. But if the adjective ends in *-ien* or *-ian*, add 'ne': *Elle est grenadienne*. *Originaire* already ends in -e, so there is no change.

2

Choose the correct verb from the four options to fill the gaps in these sentences.

Example: 1 *Ma tante est guadeloupéenne et ...*

1 Ma tante ... (**a** as **b** suis **c** est **d** sont) guadeloupéenne et elle ... (**a** habites **b** habite **c** habitez **d** habitent) à Pointe-à-Pitre.
2 Nos cousins ... (**a** es **b** ont **c** sommes **d** sont) béliziens.
3 J'... (**a** apprends **b** apprend **c** apprenons **d** apprennent) l'espagnol et j'... (**a** espère **b** espères **c** espérez **d** espèrent) aller à Cuba un jour.
4 En Guyane Française, on ... (**a** parle **b** parles **c** parlez **d** parlent) français, bien sûr.
5 Et toi, est-ce que tu ... (**a** ai **b** as **c** avons **d** ont) un correspondant martiniquais?

You meet a new French friend of your age at a youth club. Write down two things you could say about yourself and two questions you could ask.

Anguilla – anguillais
Antigue et Barbuda – antiguais, originaire de Barbuda
la Barbade – barbadien
le Bélize – bélizien
Cuba – cubain
la Dominique – dominicain
la Grenade – grenadien
la Guadeloupe – guadeloupéen
le Guyana – guyanais
la Guyane Française – guyanais
Haïti – haïtien
les îles Vierges – originaire des îles Vierges
la Jamaïque – jamaïquain, jamaïcain
la Martinique – martiniquais
Montserrat – montserratien
Nevis, Niévès – névisien
la République Dominicaine – dominicain
Saint-Christophe – kitticien
Sainte-Lucie – saint-lucien, st-lucien
Saint-Vincent et les Grenadines – saint-vincentien, st-vincentien
le Surinam – surinamais
la Trinité-et-Tobago – trinidadien, originaire de Tobago
les îles Turques-et-Caïques – originaire des îles Turques et Caïques

Ma famille

OBJECTIFS

In this section you will:
- discuss family and relationships
- revise numbers.

1

Read questions 1–7 and find the correct answer for each one (a–g). Then practise your pronunciation by reading aloud each question and its answer.

1 Il y a combien de personnes dans ta famille?

2 Est-ce que tu as un animal?

3 Tu t'entends bien avec qui dans ta famille?

4 Ton père, comment est-il? Que fait-il dans la vie?

5 Et ta mère, est-ce qu'elle a un emploi?

6 Tu vois souvent tes grands-parents?

7 Qu'est-ce que vous faites en famille, le dimanche?

a Je m'entends bien avec mon frère, Luc. Il est amusant, mais un peu paresseux. On joue souvent au foot ensemble et on s'amuse bien. Je suis aussi très proche de ma mère. Avec ma sœur, c'est plus difficile et on se dispute de temps en temps.

b Mon père est grand, aux cheveux noirs et frisés et aux yeux bruns. Il porte des lunettes. Il est assez sévère et il s'énerve facilement. Il travaille comme pêcheur et il aime beaucoup la mer.

c Mes grands-parents sont super. Je les vois assez souvent parce qu'ils habitent dans la même ville.

d À la maison, nous sommes cinq: quatre enfants et ma mère. J'ai une sœur aînée et deux frères plus jeunes. Mes parents sont divorcés et mon père s'est remarié.

e Le matin nous allons ensemble à l'église. Puis on prépare le déjeuner du dimanche – c'est traditionnel. Quelquefois nous allons chez mes grands-parents ou ils viennent chez nous. On discute beaucoup à table. On raconte ce qu'on a fait pendant la semaine.

f Ma mère travaille comme institutrice. Elle est toujours de bonne humeur même si elle est fatiguée. Je peux lui parler de tout.

g J'aime bien les chiens mais nous n'avons pas d'animal.

ASTUCE

When answering questions, try to give full answers. For instance, give a reason why you get on well with someone: *parce que nous nous intéressons aux mêmes choses.*

PHRASES UTILES

je m'entends bien avec X – *I get on well with X*

on s'amuse bien – *we have fun together*

on se dispute – *we argue*

il s'énerve – *he gets annoyed*

il s'est remarié – *he got married again*

These phrases use reflexive verbs. See page 57 for more on reflexives.

The reading question in your exam could be based on announcements about family events. Read these newspaper extracts and choose the best answer according to the information given.

Les annonces

Pierre et Julie BRABAN, née PERRIN

ont la joie d'annoncer la naissance
de leur premier enfant,

Jean-Pierre

le 8 juillet 2012

1 On annonce …

a le mariage de Jean-Pierre.

b la fête de Jean-Pierre.

c la naissance de Jean-Pierre.

d les fiançailles de Jean-Pierre.

2 Jean-Pierre est né en …

a deux mille dix.

b deux mille douze.

c mille neuf cent douze.

d mille neuf cent cinquante.

M. et Mme Guy LAFINE

sont heureux de vous faire part du mariage
de leur fille
Cécile avec Thomas EUGÈNE
qui sera célébré le 16 août en l'église Sainte-Anne

3 Cécile et Thomas vont se marier …

a le six août.

b le douze août.

c le quinze août.

d le seize août.

4 M. et Mme Lafine ont …

a une fille.

b un fils.

c une nièce.

d un neveu.

VOCABULAIRE

La famille – Family

le parent – parent, relative

la mère – mother

le père – father

le frère – brother

la sœur – sister

le bébé – baby

la grand-mère – grandmother

le grand-père – grandfather

les grands-parents – grandparents

le/la cousin(e) – cousin

le neveu – nephew

la nièce – niece

l'oncle – uncle

la tante – aunt

LIEN

For more family vocabulary, see *Sommaire*, page 24.

Check you can say the numbers in French and can understand them when spoken to you. See *Sommaire* page 24.

To talk about the kind of work that members of your family do, see pages 48–49.

Copains, copines

In this section you will:
- talk about friends and describe people
- revise adjectives.

ASTUCE

To improve your pronunciation, use every opportunity you can to speak and listen to French. There are many useful websites that can help you, such as: www.tv5.org.

VOCABULAIRE

grand(e) – tall
petit(e) – small
de taille moyenne – medium height
mince – slim
costaud – strong, well-built
gros/grosse – big, fat
les cheveux – hair
 blancs – white
 blonds – blonde
 bruns – dark brown
 châtains – light brown
 gris – grey
 noirs – black
 roux – ginger
 frisés – curly
 raides – straight
 en queue de cheval – in a ponytail
les yeux – eyes
 bleus – blue
 bruns/marron – brown
 noirs – black

1

On s'entend bien

Match the photos to the descriptions. Then choose one of the texts and read it aloud, for practice. Try to sound really French.

Thomas est un nouveau camarade de classe. Je le connais depuis deux mois. Il a les cheveux roux et frisés et les yeux marron. Il n'est pas très grand, et il est costaud. Il est intelligent, travailleur et un peu timide, mais il aime s'amuser aussi. Nous nous entendons bien.

J'ai une nouvelle copine qui s'appelle **Marine**. Elle a les cheveux noirs et courts et les yeux bruns. Elle est petite et elle porte des lunettes. Elle est un peu plus âgée que moi. Elle est très sympa et toujours calme et de bonne humeur. On ne se dispute jamais. Elle est forte en anglais et elle m'aide avec mes devoirs.

J'ai un bon copain qui s'appelle **Paul**. Il est grand avec les cheveux bruns et frisés. Il est très sportif et il adore le football et le basket. Il est généreux mais il s'énerve de temps en temps. Nous ne sommes pas dans la même classe, mais nous jouons tous les deux pour l'équipe de basket du collège. Il y a des matchs le samedi après-midi, alors on se voit souvent.

Ma meilleure amie, **Léa**, habite dans le même village que moi. Je la connais depuis l'école maternelle. Elle a de longs cheveux noirs. Elle est de taille moyenne et assez mince. Nous avons beaucoup de choses en commun; nous aimons toutes les deux le sport, surtout la natation. Elle est amusante et nous rions beaucoup ensemble.

Adjectives

Many standard adjectives follow the pattern of this example:

masculine	feminine	masculine plural	feminine plural
petit	*petit**e***	*petit**s***	*petit**es***

If the adjective already ends in e, don't add another e for the feminine, unless it has an accent: *une amie sociable, une personne âgée.*

If an adjective ends in 's', don't add another 's' for the plural: *les yeux gris.*

A few adjectives don't change for the feminine, e.g. *sympa*, though it does change in the plural: *sympas*. The adjective *marron* is invariable and doesn't change at all: *une veste marron, les yeux marron.*

Look at the patterns for other adjectives in *Grammaire* (4) on pages 166–167.

Adjectives usually go <u>after</u> the word they describe, but some common adjectives always go <u>before</u> the noun, including *beau, grand, long, nouveau, petit.*

ASTUCE

To help you remember which adjectives go before the noun, memorise a phrase for each one:

une grande surprise

une longue histoire

une mauvaise expérience

Say it right!

Many adjectives which describe personality are similar to English when you see them written down, but they sound different. Check you know how to pronounce the following words:

agressif   différent   généreux   impatient

intelligent   sensible (– means sensitive, not sensible)

sérieux   sociable   sportif   timide

Copy and complete the descriptions with the correct form of the adjective.

Example: 1 *J'ai une correspondante française.* ...

1 J'ai une correspondante ... (*français*). Elle est plus ... (*âgé*) que moi.
2 J'ai deux ... (*bon*) copains. Ils sont ... (*sportif*) comme moi.
3 Ma ... (*meilleur*) amie est ... (*grand*). Elle a les cheveux ... (*long*) et ... (*noir*). Elle est ... (*gentil*) et mon frère pense qu'elle est très ... (*joli*).
4 À mon avis, un ... (*bon*) ami ou une ... (*bon*) amie est quelqu'un qui est ... (*loyal*) et qui n'est pas trop ... (*égoïste*).

ACTIVITÉ

Write one sentence for each of the situations below. Do not translate the situation.

1 There is a new student in your class. Write a message to a friend saying two things about the new person.

2 In a letter to your French penpal, you describe one of your best friends. What two things do you write about him/her?

Examples:

1 *Le nouvel élève a les cheveux longs et noirs et les yeux bleus.*

2 *Ma copine, Sophie, est travailleuse mais un peu timide.*

In this section you will:
- use days of the week and months of the year
- understand information about special days
- give greetings on special days.

VOCABULAIRE

lundi – Monday
mardi – Tuesday
mercredi – Wednesday
jeudi – Thursday
vendredi – Friday
samedi – Saturday
dimanche – Sunday

janvier – January
février – February
mars – March
avril – April
mai – May
juin – June
juillet – July
août – August
septembre – September
octobre – October
novembre – November
décembre – December

1

Read the descriptions of important events during the year. Each description contains a blank space, with four suggested answers. Select the answer which best completes the sentence.

1 Le ... janvier, c'est le jour de l'An. On souhaite «Bonne année» à ses amis.

  a premier **b** six **c** vingt-cinq **d** trente et un

2 En mars ou en avril, il y a Pâques. On mange des œufs et des lapins en chocolat et, aux Antilles, on va à la chasse aux crabes. On ... «Joyeuses Pâques!». Le lundi de Pâques est un jour férié.

  a dis **b** veut **c** dit **d** disent

3 Sur les îles des Caraïbes, il y a un jour férié qui commémore l'abolition de ... . En Martinique, c'est le 22 mai.

  a l'école **b** l'esclavage **c** la natation **d** la chasse

4 Le 14 ..., c'est la fête nationale en France. On entend l'hymne national, la Marseillaise. Dans les villes, il y a un défilé dans la rue et le soir, il y a un grand feu d'artifice.

a avril **b** juin **c** juillet **d** août

5 Diwali, c'est une fête ... qui a lieu en octobre ou novembre. C'est la fête des lumières et on allume des lampes à la maison. On invite la famille et les amis pour un repas spécial.

a musulmane **b** chrétienne **c** hindoue **d** vaudoue

6 Pour tous les musulmans, Aïd est une fête très importante, qui marque ... du Ramadan. Pendant le mois du Ramadan les musulmans ne mangent pas pendant la journée. Pour la fête, on met de nouveaux vêtements, on offre des cadeaux aux amis et on mange un repas magnifique.

a le premier jour **b** le début **c** la fin **d** le mois

7 Le 25 décembre, c'est la fête de Noël. On voit des arbres de Noël un peu partout. On mange des choses délicieuses, comme de la dinde et de la bûche de Noël. Le 24 décembre, beaucoup de familles vont à la messe de ... et on chante des chants de Noël.

a midi **b** minuit **c** vendredi saint **d** dimanche

8 Le 31 décembre, c'est la Saint-Sylvestre et la ... du Nouvel An. Le soir, on mange un bon repas et on fait le réveillon.

a fin **b** veille **c** semaine **d** bûche

ASTUCE

Write days, months and seasons beginning with a small letter, not a capital letter.

Le (date) – On the (date)

Le 3 mars – On the 3rd of March

PHRASES UTILES

Bonne année! – *Happy New Year!*

Bon anniversaire! – *Happy birthday!*

Bon appétit! – *Enjoy your meal!*

Bonne chance! – *Good luck!*

Bon courage! – *Good luck!*

Bonne fête! – *Happy saint's day!*

Bon séjour! – *Enjoy your stay!*

Bon voyage! – *Have a good journey!*

Bon retour! – *Have a good journey back!*

Bon week-end! – *Have a good weekend!*

Félicitations! – *Congratulations!*

Meilleurs vœux – *Best wishes*

Santé! À votre santé! – *Good health! Cheers!*

Joyeux Noël! – *Happy Christmas!*

Joyeuses Pâques! – *Happy Easter!*

POINT-INFO

On a French calendar, there is a saint's name for most days of the year. Many French people are named after a saint and celebrate their *fête* on the saint's day: so if you are called Laurent, your *fête* is the 10th of August, St Laurent's day. Some people like to exchange cards and gifts and it's customary to wish someone, *Bonne fête*, on their saint's day.

ACTIVITÉ

Write in French the information required for each of the situations below. Do not write more than one sentence for each situation. Do not translate the situation given.

1 It's New Year's Day and also your friend's birthday. You send a card to your friend with two greetings. What do you write?

2 A friend is taking an important exam soon. You send a message and mention two things.

3 It's nearly Christmas and you send a message to some French friends. What two things do you write?

4 The Easter holidays have begun and your uncle is leaving for a holiday. Write a message in which you mention two things.

LIEN

To check irregular verbs, see *Les verbes*, pages 182–187.

Des jours de fête

In this section you will:

- describe how you celebrate special occasions
- understand an invitation
- revise possessive adjectives.

Read this text aloud to practise pronunciation.

Le Carnaval

La tradition du carnaval est très importante aux Antilles. Tout commence plusieurs semaines à l'avance avec la préparation des costumes et des chars. Dans chaque ville on choisit une reine et une reine-mère qui vont participer aux défilés. Puis, le week-end du Carnaval, tout le monde descend dans la rue pour admirer les défilés et pour s'amuser.

Le mardi gras, les gens s'habillent en rouge. On voit des personnes déguisées en diable avec des cornes. En tête du défilé il y a un grand mannequin qui s'appelle Vaval. Le soir, on joue de la musique zouk et on danse. Tout le monde s'amuse.

Le lendemain, c'est le mercredi des Cendres et on s'habille en noir et blanc. Il y a une ambiance de deuil, parce que le soir, Vaval est brûlé et c'est la fin de la fête.

ASTUCE

Some useful phrases for describing a special day:

Ma fête préférée est …
parce que …
Normalement, ce jour-là, …
Cette année, …

1

1 What takes place several weeks before *Le Carnaval*? (2 things)
2 Where do people gather during the weekend of *Le Carnaval*?
3 Why do they gather there?
4 What colour costumes do people wear on Carnival Tuesday?
5 What kind of music could you hear?
6 Why do people dress in black and white on the following Wednesday?

2

Read the invitation and then choose the option which best completes each sentence, according to the information given in the invitation.

Pierre Deladier et Claire Levert

ont le grand plaisir de vous inviter à célébrer leurs fiançailles.

Date: le 29 avril

Où: Appt 4, 238 rue Victor Hugo, 97200 Fort-de-France

À partir de 19h30 jusqu'à minuit

RSVP avant le 31 mars, au 0596 13 56 02 ou à deladier@pamplemousse.com

---

1 La fête des fiançailles aura lieu …
  a le vingt-neuf avril.
  b le dimanche de Pâques.
  c le dix-neuf avril.
  d le trente et un mars.
2 La fête va commencer à …
  a minuit.
  b sept heures et demie du soir.
  c sept heures et demie du matin.
  d dix-neuf heures.

Possessive adjectives

There are different adjectives to express possession (my, your, etc.) depending on whether the noun which follows is masculine, feminine or plural.

	masculine	feminine	plural
my	*mon*	*ma*	*mes*
your	*ton*	*ta*	*tes*
his/her/its	*son*	*sa*	*ses*
our	*notre*	*notre*	*nos*
your	*votre*	*votre*	*vos*
their	*leur*	*leur*	*leurs*

Don't forget that *ma*, *ta* and *sa* can't be used directly before a vowel or silent h: replace them with *mon*, *ton* and *son*.

mon copain, ma copine

mon ami, mon amie

mon ancien ami, mon ancienne amie

Choose the correct possessive adjectives to complete the message.

Salut!

Merci de … (*mon/ton/son*) message et la photo de … (*ton/ta/tes*) chat. Tous … (*mes/tes/ses*) amis ont un animal, mais pas moi, parce que … (*mon/ma/mes*) mère est allergique aux chats. Heureusement, … (*mes/vos/leurs*) grands-parents ont deux chiens. … (*Notre/Vos/Leurs*) chiens s'appellent Blanco et Noiraud.

Le 18 mai, c'est l'anniversire de … (*mon/ma/mes*) père. Qu'est-ce que tu fais normalement pour fêter … (*ton/ta/tes*) anniversaire? … (*Ma/Ta/Sa*) fête préférée est Noël. La veille de Noël, … (*notre/votre/nos*) famille va à l'église et après on fait le réveillon et on mange un repas délicieux.

À bientôt!

Chloë

Read the following context through carefully; then find the sentences below (a–e) to complete the dialogue.

Your friend is organising a birthday party. Complete the dialogue you have with her, making sure you include the following:

i Greet your friend and ask how she is.

ii Ask when her birthday is and what she's planning to do.

iii Say you'd like to go to the party and ask when it is.

iv Ask if there will be other friends from school there.

v Say you need to go and say goodbye.

– Salut, comment ça va? …

– Ça va très bien. C'est bientôt mon anniversaire, tu sais. …

– C'est le douze février. Et j'organise une petite fête. Tu vas venir, j'espère? …

– C'est vendredi, le quinze février, à 20 heures. …

– Je vais inviter environ 15 jeunes du collège et aussi des copains qui vont au club d'échecs. …

– Au revoir et à bientôt!

a Ah oui, je veux bien venir à ta fête! C'est quand, exactement?

b Salut, ça va bien, merci. Et toi?

c Bon, ça va être très sympa. Mais je dois rentrer maintenant, alors je te dis au revoir.

d Tu vas inviter des élèves de notre classe?

e Ah bon? C'est quand, ton anniversaire? Qu'est-ce que tu vas faire pour fêter ton anniversaire?

À la maison

Chez nous

On a déménagé récemment et notre nouvelle maison est vraiment super. La maison se trouve au bord de la mer et pas loin du centre-ville. Elle n'est pas très moderne, mais elle est dans le style colonial avec une grande terrasse, où il fait bon s'asseoir. Au rez-de-chaussée, il y a l'entrée, la cuisine, la salle à manger et le salon. Au premier étage, il y a quatre chambres et une salle de bains (avec baignoire, douche et WC). Ce qui me plaît beaucoup, c'est que maintenant, j'ai ma chambre à moi: je ne partage plus avec mon frère. Ma chambre est assez petite, mais j'ai une bibliothèque, une armoire et une petite table. Dehors, nous avons un jardin, avec des fleurs et des cocotiers. On va mettre un hamac entre les arbres. Ça sera bien pour se détendre. **Mathis**

J'habite un appartement dans un immeuble moderne dans la banlieue de la ville. L'appartement est au cinquième étage, mais il y a un ascenseur. Dans l'appartement, nous avons une grande salle de séjour avec coin cuisine, une salle de bains, des toilettes et deux chambres. Il y a aussi un balcon. C'est bien situé, mais l'appartement est un peu petit. **Juliette**

1

Find in the texts the French for the following words:

1 Not far
2 In colonial style
3 A large veranda
4 On the ground floor
5 Outside
6 An apartment block
7 In the suburbs
8 On the fifth floor

2

Work out how to say the following, by adapting the language in the texts.

1 We live in an apartment on the third floor.
2 Outside there is a large garden with three coconut trees.
3 I live in a modern house in the suburbs.
4 On the ground floor, there's a living room and a kitchen.
5 On the first floor, there are two bedrooms and a bathroom.

3

Choose one of the texts and give a description of the room. If you are working with a friend, ask them to guess whose room you are describing.

La chambre de Juliette

Je partage une chambre avec ma sœur. La chambre est assez grande. Les murs sont blancs et les stores sont verts. Dans la chambre, il y a deux lits, deux armoires, une grande table avec deux chaises. Il y a aussi un ordinateur et une bibliothèque pour tous nos livres. À mon avis, il est difficile de partager. Moi, je suis bien organisée mais ma sœur ne veut jamais ranger ses affaires. Elle laisse souvent ses vêtements et ses livres par terre. Ça m'énerve et j'aimerais mieux avoir ma propre chambre.

La chambre de Mathis

J'ai de la chance parce que j'ai une chambre à moi. Elle est au premier étage. La chambre n'est pas très grande. Les murs et les rideaux sont jaunes. C'est bien, parce que j'adore cette couleur. Comme meubles, il y a mon lit, une armoire pour mes vêtements et un bureau où je mets toutes mes affaires. J'ai des posters de footballeurs et de chanteurs aux murs. J'aime bien ma chambre, mais elle n'est pas très bien rangée. C'est souvent la pagaille chez moi!

Then work out how to say the following:

1 I share a room with my brother.
2 Our room is on the second floor.
3 I get on (*s'entendre*) well with my brother so it's not difficult to share.

ACTIVITÉ

Reply in French.

1 Est-ce que tu as une chambre à toi ou est-ce que tu partages la chambre?
2 Qu'est ce qu'il y a dans ta chambre?
3 Qu'est-ce que tu aimes dans ta chambre?
4 Qu'est-ce que tu n'aimes pas?

VOCABULAIRE

l'armoire (f) – wardrobe
la bibliothèque – bookcase
le bureau – desk
la chaîne stéréo/hi-fi – stereo system
la chaise – chair
la commode – chest of drawers
l'étagère (f) – shelf
la fenêtre – window
la lampe – lamp
le lit – bed
les meubles (mpl) – furniture
le miroir/la glace – mirror
le mur – wall
l'ordinateur (m) – computer
le placard – cupboard
le plafond – ceiling
les rideaux (mpl) – curtains
le tableau – picture
le tapis – carpet, rug
le tiroir – drawer
les stores (mpl) – blinds

ASTUCE

Check you know the vocabulary for things in the bedroom, by making a list of what you have (or would like to have) in your own room.

Add these to explain where something is:

au mur, il y a ... – on the wall, there is ...

sur la table – on the table

sur les étagères – on the shelves

sous la chaise – under the chair

dans la boîte – in the box

par terre – on the floor

Aider à la maison

Qui fait le ménage chez toi?

Alice

Si j'ai le temps, je fais la cuisine. J'aime bien préparer des desserts, surtout (de) la mousse au chocolat.

Baptiste

À mon avis, j'aide beaucoup à la maison, par exemple je range ma chambre et je passe l'aspirateur. Mais mon petit frère ne fait jamais rien – il est vraiment paresseux.

Camille

Moi, j'aide de temps en temps. Le dimanche, je mets la table et je débarrasse après le repas.

Moi, je ne fais pas beaucoup à la maison. Mes parents n'insistent pas parce que j'ai beaucoup de devoirs. Cependant, je fais mon lit et je range ma chambre.

Dylan

Je n'aide pas beaucoup, mais parfois je fais du jardinage et je sors les poubelles.

1 Read the speech bubbles. Who helps with:

  a gardening **b** setting and clearing the table **c** ironing
  d bed-making and tidying **e** cooking **f** putting out garbage
  g vacuuming?

2 Find the French for these expressions and make up a sentence with each one:

  a If I have time **b** In my opinion **c** Never does anything
  d From time to time **e** There's a lot to do

Julien

Toute la famille aide à la maison parce que nous sommes une famille nombreuse, donc il y a beaucoup à faire. Moi, je fais du repassage. C'est quand même ma mère qui travaille le plus.

Eva

GRAMMAIRE

Negatives

It's essential to know the various negative expressions because they can make a big difference to the meaning of a sentence. In French, the negative is in two parts, around the verb. The first part is *ne* (*n'* before a vowel, *y* or silent *h*) and the second part is *pas* or a different word.

French	English	Example
ne ... pas	not	*La chambre n'est pas grande.*
ne ... plus	no more	*Il n'y a plus de bus après 19h.*
ne ... jamais	never	*Je ne sors jamais en semaine.*
ne ... rien	nothing	*Il n'y a rien à faire.*
ne ... personne	no one, nobody	*On ne voit personne ici le soir.*
ne ... ni ... ni	neither ... nor ...	*Je n'ai ni radio ni télé.*

2

Work out how to say the following in French:

1 I don't like sharing a room.
2 There's nothing on the table.
3 There's no one in the kitchen.
4 My sister never tidies her room.
5 I no longer share a room with my sister.
6 My brother never does anything.

Offering help and asking permission

To offer help, ask *Est-ce que je peux vous aider?* If you want to be more specific, say, for example, *Est-ce que je peux mettre la table?*

The phrase, *Est-ce que je peux ...?* is also used to ask permission to do something: *Est-ce que je peux regarder la télé?*

Je peux is from the verb *pouvoir* and is often followed by the infinitive of another verb. Can you find the three infinitives in the examples you've just read above?

3

Copy and complete the questions.

1 Est-ce que tu ... (*pouvoir*) m'aider à faire la cuisine?
2 Qu'est-ce que vous ... (*devoir*) faire pour aider à la maison?
3 Est-ce que vous ... (*pouvoir*) m'aider avec mes devoirs de maths?
4 Est-ce que tes amis ... (*vouloir*) jouer au football samedi?
5 Ta sœur ... (*savoir*) jouer au tennis de table?

Copy and complete the answers. Then match them to questions 1–5 above.

a Je ... (*vouloir*) bien, mais je ... (*devoir*) sortir. Je ... (*pouvoir*) t'aider demain.
b Nous ... (*devoir*) ranger notre chambre et passer l'aspirateur.
c Ils ... (*pouvoir*) jouer le matin, mais l'après-midi, ils ... (*devoir*) faire du jardinage.
d Elle ... (*savoir*) jouer, mais elle n'aime pas le sport.
e Désolé, mais je ne ... (*savoir*) pas faire la cuisine.

GRAMMAIRE

Modal verbs

The four **modal verbs** are important: check you know them in the present tense (Irregular verbs, page 183). They are often followed by another verb infinitive.

pouvoir – to be able to, can

Vous pouvez m'aider? Can you help me?

devoir – to have to, must

Oui, mais je dois partir à 19 heures. Yes, but I have to leave at 7 pm.

vouloir – to want to

Je veux prendre le dernier bus. I want to catch the last bus.

savoir – to know

Tu sais faire la cuisine? Do you know how to cook?

ACTIVITÉ

Reply in French.

1 Qu'est-ce que tu fais pour aider à la maison?
2 Quand est-ce que tu ranges ta chambre?
3 Qui travaille le plus chez toi?

1.9

Le week-end dernier

Vous avez passé un bon week-end? Qu'est-ce que vous avez fait?

In this section you will:
- talk about what you did in the past
- revise the perfect tense with *avoir*.

J'ai joué un match de basket, mais nous avons perdu 52 à 33. Au match, j'ai vu le prof de maths parce que son fils est dans la même équipe que moi. Puis dimanche, j'ai regardé un match de cricket entre les 'West Indies' et l'Angleterre. Les West Indies ont gagné, mais l'Angleterre a bien joué aussi.

Zoë

Samedi j'ai révisé pour un contrôle le lundi. Puis dimanche, comme ma mère était malade, ma sœur et moi nous avons aidé à la maison. Nous avons préparé le déjeuner et nous avons fait la vaisselle après.

J'ai invité deux amis chez moi. On a joué sur l'ordinateur, puis on a regardé un bon film.

Pierre

Samedi matin j'ai eu deux heures de cours au collège, c'était pénible. Mais l'après-midi j'ai fait les magasins avec mes copines et j'ai acheté un très joli tee-shirt.

C'était l'anniversaire de mon grand-père et il a invité toute la famille à manger au restaurant. Comme plat principal, j'ai choisi du poisson et, comme dessert, une glace à la goyave – c'était délicieux. Nous avons fini de manger à minuit et nous avons pris un taxi pour rentrer.

Sophie

Louis

1

Find in the speech bubbles the French for these verbs:

1 I played
2 We lost
3 They won
4 I revised
5 We helped
6 We did
7 We watched
8 I had
9 I bought
10 He invited
11 I chose
12 We finished
13 We took

The perfect tense with *avoir*

The perfect tense (*le passé composé*) is used to describe what happened in the past. It describes an action that is complete and is no longer happening now, e.g. I watched, she has finished. The verb is made up of two parts: an auxiliary verb (*avoir* or *être*) and a past participle.

Most verbs form the perfect tense with *avoir*. Here is an example of a regular *-er* verb (*jouer*, to play) in the perfect tense, and many follow this pattern.

j'ai joué – I played

tu as joué – you played

il/elle/on a joué – he/she/we played

nous avons joué – we played

vous avez joué – you played

ils/elles ont joué – they played

Past participles for regular verbs are formed as shown in the table:

	infinitive	English	past participle	English
-er verbs	regard**er**	to watch	regard**é**	watched
-re verbs	perd**re**	to lose	perd**u**	lost
-ir verbs	chois**ir**	to choose	chois**i**	chose

The perfect tense with *avoir* – irregular past participles

About 20 essential verbs have an irregular past participle and three of them are given below. Copy these out and add as many others as you can. Check your list in the verb table on page 175.

infinitive	English	past participle	English
faire	to do, make	*fait*	did, made
prendre	to take	*pris*	took
voir	to see	*vu*	saw

l'année dernière – *last year*

la semaine dernière – *last week*

le week-end dernier – *last weekend*

hier – *yesterday*

hier matin/soir – *yesterday morning/evening*

avant-hier – *the day before yesterday*

pendant les dernières vacances – *during the last holidays*

2

Work out how to say the following in French.

Example: 1 *La semaine dernière, j'ai travaillé tous les soirs.*

1 Last week I worked every evening.

2 Yesterday my friends and I played football.

3 My sister played in a match and her team won.

4 Sarah, what did you do last week?

5 Did you watch the film on TV last night? (use *vous*)

6 What did you do to help at home last weekend?

3

Complete each sentence with the missing past participle of the verb given at the end.

Example: 1 *eu*

1 Hier, pour mon anniversaire, j'ai … un nouvel ordinateur portable. (*avoir*)

2 J'ai … l'ordinateur pour regarder mes cartes électroniques. (*allumer*)

3 J'ai … tous les messages. (*lire*)

4 Ma famille et mes amis m'ont … «Bon anniversaire!» (*souhaiter*)

5 Mon frère m'a … un beau livre. (*offrir*)

6 À midi, on a … le déjeuner dans le jardin. (*prendre*)

7 Moi, j'ai … le menu. (*choisir*)

8 Et bien sûr, on a … un délicieux gâteau d'anniversaire. (*manger*)

Using an expression of past time and a verb which takes *avoir* in the perfect tense, write four different sentences to state things that you have done recently.

OBJECTIFS

In this section you will:
- describe what a person has done in their life
- use the perfect tense with verbs which take *être*.

GRAMMAIRE

The perfect tense with *être*

There are 13 key verbs, mostly verbs of movement, that form the perfect tense with *être* instead of *avoir*.

Here are 12 of them, arranged in pairs by their meaning:

aller (to go) – *je suis allé*

venir (and *revenir*) (to come) – *je suis venu*

entrer (and *rentrer*) (to go in) – *je suis entré*

sortir (to go out) – *je suis sorti*

arriver (to arrive) – *je suis arrivé*

partir (to leave, to depart) – *je suis parti*

descendre (to go down) – *je suis descendu*

monter (to go up) – *je suis monté*

rester (to stay, to remain) – *je suis resté*

tomber (to fall) – *je suis tombé*

naître (to be born) – *il est né*

mourir (to die) – *il est mort*

and an extra one:

retourner (to return) – *je suis retourné*

(See page 175 for three ways of remembering these verbs.)

Cher Pierre,

Je suis bien arrivé en Martinique chez mon correspondant, Lucas. J'ai fait un bon voyage. Je suis allé au port de Castries en voiture avec ma mère. Au port, je suis monté sur le ferry. La traversée a duré environ une heure et demie et nous sommes arrivés à Fort-de-France à 17 heures.

Je suis descendu du ferry et, peu après, j'ai vu la famille de mon correspondant. Lucas et moi, nous nous sommes reconnus tout de suite! Il m'a présenté à ses parents et à sa sœur et puis nous sommes rentrés à leur maison en voiture.

La maison se trouve dans la commune de Schœlcher au nord de Fort-de-France. Je vais partager la chambre de Lucas pendant mon séjour.

On va bientôt manger, alors je te quitte.

À plus tard,

Joseph

1

Find in the email the French for the following phrases:

1 I've arrived safely
2 I had a good journey
3 We arrived
4 Shortly afterwards
5 We recognised one another straightaway
6 He introduced me to his parents
7 We went back to their house

When you form the perfect tense with *être*, the past participle agrees with the subject of the verb (the person doing the action).

Add an extra -*e* if the subject is feminine.

Add an extra -*s* if the subject is plural (more than one).

Often the past participle doesn't sound any different when you hear it or say it.

je suis allé/allée	*nous sommes allés/allées*
tu es allé/allée	*vous êtes allé/allée/allés/allées*
il est allé	*ils sont allés*
elle est allée	*elles sont allées*
on est allé/allée/allés/allées	

Un héros français

Victor Schœlcher est né le 22 juillet 1804 en France. Il est allé au lycée Condorcet à Paris. Quand il a quitté l'école, il a travaillé chez son père, qui avait une entreprise de porcelaine.

Il a voyagé au Mexique, aux États-Unis et à Cuba en 1828–1830 pour son travail. Pendant son séjour à Cuba, il a vu les conditions épouvantables des esclaves qui travaillaient dans les plantations.

Quand il est retourné en France, il est devenu journaliste et a écrit de nombreux articles sur l'esclavage. Plus tard il est devenu homme politique et a représenté la Martinique et la Guadeloupe en France.

Il ne s'est pas marié et il n'a pas eu d'enfants, alors vers la fin de sa vie il a décidé de donner une partie de sa collection de livres et d'objets d'art au musée à la Guadeloupe et à la bibliothèque à la Martinique. Il est mort le 25 décembre 1893 à l'âge de quatre-vingt-neuf ans.

Victor Schœlcher était un homme d'état et écrivain qui a consacré sa vie à l'abolition de l'esclavage dans les colonies françaises.

2

Answer in English, using a complete sentence for each response.

1 Where did Victor Schœlcher go to school?
2 Which countries did he visit for his work?
3 What shocked him when he was visiting these countries?
4 What career did he follow when he returned to France?
5 What do you think prompted him to give away many of his possessions?
6 How old was he when he died?
7 Why is Victor Schœlcher an important person for people in the French Caribbean?

ASTUCE

Each letter in the name 'Mrs van de Tramp' stands for one of the 13 verbs which take *être* in the perfect tense. Can you work them out?

3

Answer the questions about Victor Schœlcher in French, in full sentences:

1 Où est-il né?
2 Où a-t-il travaillé quand il a quitté l'école?
3 Où a-t-il voyagé pour son travail?
4 Qu'est-ce qu'il a fait comme métier, quand il est retourné en France?
5 Quand est-il mort?

ACTIVITÉ

Write a short description of someone you know or someone you admire.

Une lettre

This letter from Élisabeth to a new penpal touches on many of the themes of Unit 1. Read it and then check that you have understood it by doing the tasks on page 23.

Trois Rivières,
le vingt-huit février,
2013

Chère Sasha,

Comment ça va? J'espère que tout va bien. Je me présente: je m'appelle Élisabeth Desjardins et j'habite à Trois Rivières dans le sud de la Guadeloupe. On appelle la Guadeloupe l'île Papillon, à cause de sa forme. Il y a deux parties: la Grande-Terre, où habite la plupart de la population et la Basse-Terre, où nous habitons. Nous avons une petite maison au bord de la mer, pas loin du centre-ville.

Dans notre famille, nous sommes six: mes parents, mes deux sœurs aînées, mon petit frère et moi. Mon père est guadaloupéen et ma mère est française. Ils se sont rencontrés en France, mais ils habitent en Guadeloupe depuis vingt ans. Nous avons aussi un chien qui s'appelle César et qui garde la maison quand il n'y a personne.

Je m'entends bien avec mes parents et avec mes sœurs, mais moins bien avec mon petit frère. Il est le cadet de la famille et un peu gâté, à mon avis!

Mes sœurs et moi, nous aidons avec le travail à la maison. Moi, je fais du jardinage tous les samedis et je range ma chambre. Mon petit frère ne fait rien. Maman dit qu'il est trop jeune mais à mon avis il est simplement paresseux.

Samedi dernier, c'était mon anniversaire et j'ai eu seize ans. Comme cadeau, mes parents m'ont offert un nouveau portable, un des derniers modèles. C'est super! Samedi soir j'ai invité deux copines à aller au cinéma. Nous avons vu un bon film et après nous sommes allés manger dans un fastfood.

Et toi, il y a combien de personnes dans ta famille? Est-ce que tu habites une maison ou un appartement? Qu'est-ce que tu fais pour aider à la maison? Parle-moi un peu de toi et de ta vie. Raconte-moi ce que tu as fait récemment.

J'attends ta réponse avec impatience.

Amitiés,

Élisabeth

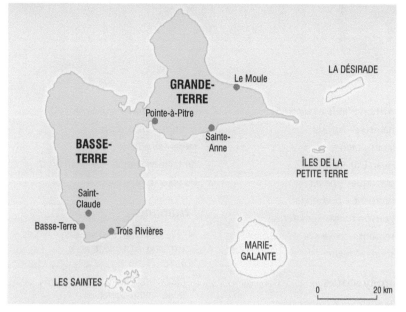

Guadeloupe

Reply in English.

1 Whereabouts in Guadeloupe does Élisabeth live?
2 Give one fact about Guadeloupe.
3 Give four facts about Élisabeth's family.
4 What does the dog do to help?
5 What does Élisabeth do at home?
6 Who doesn't help at home and why?

2

Find the French for the following:

1 How are things?
2 I hope all is well
3 In the south
4 My two older sisters
5 They met
6 For twenty years
7 When there's no one there
8 The youngest in the family
9 A bit spoilt
10 He's simply lazy
11 Tell me a bit about yourself
12 I'm looking forward to your reply

ACTIVITÉ

If you choose to write a letter in the exam, check how many words you need to write. It's usually 130–150 words, so do not write more than that. Do not write your real name and address, but make sure you include the date in French and use an appropriate beginning and ending.

The letter from Élisabeth is about 320 words, so it's more than twice the length you need to write in the exam.

Write a letter of 130–150 words in reply to Élisabeth, making sure you answer the questions she has asked. Start by re-reading her letter and noting any words and phrases which make the sentences more interesting. You could adapt some of these in your own letter. Try to use linking words and two or three different verb tenses. Your finished letter will provide you with a good revision text for the 'Home and family' topic.

Letter openings

Salut! – *Hello! Hi!*

Cher/Chère/Chers/Chères … – *Dear …*

Cher Papa, chère Maman – *Dear Mum and Dad*

Mon cher/Ma chère/Mes chers/Mes chères … – *My dear …*

Chers amis/Chères amies – *Dear friends*

Beginnings

Comment ça va? – *How are you?*

J'espère que tout va bien. – *I hope all is well.*

Expressing thanks

Merci de ta/votre lettre. – *Thank you for your letter.*

J'ai bien reçu ta/votre lettre qui m'a fait grand plaisir. – *I was very pleased to receive your letter.*

Encore merci pour tout. – *Once again, thanks for everything.*

Signing off

Maintenant, je dois terminer ma lettre. – *I must stop now.*

J'espère te/vous lire bientôt. – *I hope to hear from you soon.*

En attendant de tes/vos nouvelles, – *Waiting to hear from you,*

Écris/Écrivez-moi bientôt! – *Write soon!*

Amicalement – *Best wishes*

Amitiés – *Best wishes/Love*

Ton ami(e) – *Your friend*

Ton/Ta correspondant(e) – *Your penpal*

Je t'embrasse – *Love (and kisses)*

Grosses bises – *Love (and kisses)*

1.12 Sommaire

Asking questions

(see page 3)

Meeting people

Bon séjour! – *Enjoy your stay!*

Tu connais …? – *Do you know …?*

Vous connaissez …? – *Do you know …?*

Voici … – *This is …*

Je te/vous présente … – *I'd like to introduce you to …*

Enchanté(e)! – *Delighted to meet you!*

Heureux/euse de faire ta/votre connaissance. – *Pleased to meet you.*

Days of the week

(see page 10)

Months of the year

(see page 10)

Countries and inhabitants of the Caribbean

(see page 5)

Family

(see also page 7)

le beau-frère – *brother-in-law*

le beau-père – *stepfather, father-in-law*

la belle-mère – *stepmother, mother-in-law*

la belle-sœur – *sister-in-law*

le demi-frère – *stepbrother*

la demi-sœur – *stepsister*

l'enfant (m/f) – *child*

l'époux/épouse (m/f) – *spouse*

la famille nombreuse – *large family*

la femme – *wife, woman*

le fils (unique) – *(only) son*

la fille (unique) – *(only) daughter*

le mari – *husband*

les petits-enfants (mpl) – *grandchildren*

Pets

le chat – *cat*

le cheval – *horse*

le chien – *dog*

le cobaye – *guinea pig*

le cochon d'Inde – *guinea pig*

le hamster – *hamster*

le lapin – *rabbit*

l'oiseau (m) – *bird*

le perroquet – *parrot*

la perruche – *budgerigar*

le poisson rouge – *goldfish*

le serpent – *snake*

la souris – *mouse*

Family status

plus âgé(e) que – *older than*

plus jeune/moins âgé(e) que – *younger than*

l'aîné(e) – *oldest*

le cadet/la cadette – *youngest*

jeune – *young*

vieux/vieille – *old*

né(e) – *born*

décédé(e) – *dead*

mort(e) – *dead*

célibataire – *single*

divorcé(e) – *divorced*

fiancé(e) – *engaged*

marié(e) – *married*

séparé(e) – *separated*

Friends

l'amitié (f) – *friendship*

l'ami(e) (m/f) – *close friend*

le petit ami – *boyfriend*

la petite amie – *girlfriend*

mon/ma meilleur(e) ami(e) – *my best friend*

le/la camarade – *friend*

le/la camarade de classe – *classmate*

le/la copain/copine – *friend, mate*

Appearance

(see also page 8)

avoir environ … ans – *to be aged about …*

la barbe – *beard*

beau/belle – *beautiful, lovely, good-looking*

chauve – *bald*

la moustache – *moustache*

petit(e) – *small, short*

raide – *straight*

de taille moyenne – *medium build*

les yeux (mpl) – *eyes*

Numbers

1–16, 100 and 1000 are single words, e.g. *cinq, seize, cent, mille*.

17–19, 22–29, 32–39 and so on are hyphenated words, e.g. *dix-sept, vingt-deux, trente-quatre*.

21, 31, 41, 51, 61 follow this pattern: *vingt et un, cinquante et un*.

Un has a feminine form *une* when used with a noun: *vingt et une filles*.

0 zéro	21 vingt et un
1 un	22 vingt-deux
2 deux	23 vingt-trois
3 trois	30 trente
4 quatre	31 trente et un
5 cinq	40 quarante
6 six	41 quarante et un
7 sept	50 cinquante
8 huit	51 cinquante et un
9 neuf	60 soixante
10 dix	61 soixante et un
11 onze	70 soixante-dix
12 douze	71 soixante et onze
13 treize	72 soixante-douze
14 quatorze	80 quatre-vingts
15 quinze	81 quatre-vingt-un
16 seize	82 quatre-vingt-deux
17 dix-sept	90 quatre-vingt-dix
18 dix-huit	91 quatre-vingt-onze
19 dix-neuf	100 cent
20 vingt	1000 mille

premier/première – *first*

deuxième – *second*

troisième – *third*

quatrième – *fourth*

cinquième – *fifth*

dernier/dernière – *last*

Personal characteristics

agréable – *pleasant*
aimable – *polite, kind, likeable*
amusant(e) – *amusing, funny*
bavard(e) – *chatty*
calme – *quiet*
content(e) – *happy, contented*
drôle – *funny*
égoïste – *selfish*
généreux/euse – *generous*
gentil(le) – *nice, kind*
heureux/euse – *happy*
honnête – *honest*
impatient(e) – *impatient*
impoli(e) – *impolite, rude*
inquiet/iète – *anxious*
malheureux/euse – *unhappy*
méchant(e) – *naughty, bad, spiteful*
mignon(ne) – *sweet, cute*
optimiste – *optimistic*
paresseux/euse – *lazy*
pessimiste – *pessimistic*
plein(e) de vie – *full of life*
poli(e) – *polite*
rigolo(te) – *funny*
sensible – *sensitive*
sérieux/euse – *serious*
sportif/ive – *sporty, athletic*
sympa – *nice*
timide – *shy*
travailleur/euse – *hardworking*

Festivals and special occasions

le jour férié – *public holiday*
le jour de l'An – *New Year's Day*
Pâques (m) – *Easter*
l'Ascension (f) – *Ascension Day*
la Pentecôte – *Whitsun*
la fête nationale – *Bastille day (July 14th)*
la Toussaint – *All Saints' Day*
l'Armistice (f) – *1918 Remembrance day (Nov 11th)*
Noël (m) – *Christmas*
la veille de Noël – *Christmas Eve*
la Saint-Sylvestre – *New Year's Eve*
l'Aïd (m) – *Eid*
le Diwali – *Diwali*

la fête des lumières – *festival of light*
une fête religieuse – *a religious festival*
une fête …
    – chrétienne – *a Christian festival*
    – hindoue – *a Hindu festival*
    – musulmane – *a Muslim festival*
un char – *(carnival) float*

Greetings

(see pages 3 and 11)

House and apartment

l'appartement (m) – *apartment*
la maison – *house*
au rez-de-chaussée – *on the ground floor*
au premier/deuxième étage – *on the first/second floor*
l'ascenseur (m) – *lift*
l'escalier (m) – *staircase*
l'immeuble (m) – *block of flats*

Furniture and fittings

(see also page 15)
l'aspirateur (m) – *vacuum cleaner*
la baignoire – *bath*
le canapé – *sofa*
la chaîne stéréo/hi-fi – *stereo system*
la clé/clef – *key*
le congélateur – *freezer*
la cuisinière – *cooker*
le fauteuil – *armchair*
le four (à micro-ondes) – *(microwave) oven*
le frigo – *fridge*
le lavabo – *washbasin*
le lave-vaisselle – *dishwasher*
la machine à laver – *washing machine*
le plancher – *floor*
le réfrigérateur – *refrigerator*
le robinet – *tap*

Household tasks

aider à la maison – *to help at home*
débarrasser la table – *to clear the table*
essuyer – *to wipe up, dry the dishes*
faire les courses – *to go shopping*
faire la cuisine – *to cook*
faire du jardinage – *to do some gardening*

faire la lessive – *to do the washing*
faire les lits – *to make the beds*
faire le ménage – *to do the housework*
faire le repassage – *to do the ironing*
faire la vaisselle – *to do the washing up*
laver la voiture – *to wash the car*
mettre la table – *to set/lay the table*
nettoyer – *to clean*
passer l'aspirateur – *to vacuum*
préparer les repas – *to prepare the meals*
ranger ses affaires – *to tidy up*
remplir le lave-vaisselle – *to load the dishwasher*
travailler dans le jardin – *to work in the garden*
vider le lave-vaisselle – *to unload the dishwasher*

GRAMMAIRE

Using *tu* and *vous*: page 2

Asking questions: page 3

The present tense: page 5

Reflexive verbs: page 6

Adjectives: page 9

Possessive adjectives (*mon, ma, mes*, etc.): page 13

Negatives: page 16

Modal verbs: page 17

The perfect tense with *avoir*: page 18

The perfect tense with *être*: page 20

These two pages give you practice of the questions used in the CSEC examination, and exam tips. In each unit there is an example of at least one type of question from each of the three papers. All types of question are covered in the six units.

EXAM TIPS

Writing

- Write clearly in pen (not pencil). The examiner can't give you credit if he/she can't read what has been written.

- Plan your answer and jot down useful words or expressions you could use in each part.

- Do not write more than the stated word limit.

- Use appropriate tenses. You will often need to refer to the past (using the perfect and/ or imperfect tense), the present and the future.

- Accuracy and correct spelling are important, so give yourself time to check your work.

- Use connectives (*alors, mais, cependant,* etc.)

- To earn higher marks, aim to use some advanced structures, such as *inviter* + person + *à* + infinitive, *après avoir* + past participle, *passer* (time) *à* + infinitive.

Paper 1, Part A, Section II

Part A of this paper assesses listening comprehension. Ask a friend or family member to read the sentences aloud for you. In the exam, there will be eight questions for this section. There are four questions here and a similar task with four questions on page 130.

In this section you will hear a number of sentences. Each sentence will be read twice and will be followed by one question or incomplete statement. Four suggested answers for each question are printed. For each question, choose the answer which BEST answers the question or completes the statement. For example, you will hear:

J'habite avec ma mère, mon beau-père et ma sœur aînée. Nous sommes combien à la maison? A *trois* B *quatre* C *cinq* D *six*.
The correct answer is B.

1 *Je n'ai pas de frères et sœurs. Je suis ...*
2 *Mon père est instituteur. Où travaille-t-il?*
3 *Mon oncle et ma tante ont deux fils. Qui sont-ils?*
4 *Le premier janvier c'est le jour de l'An. Qu'est-ce qu'on dit à ses amis?*

1 **A** grand **B** paresseux **C** enfant unique **D** fiancé
2 **A** dans un magasin **B** à l'hôpital **C** dans un bureau **D** à l'école primaire
3 **A** mes neveux **B** mes cousins **C** mes frères **D** mes fils
4 **A** Joyeux Noël **B** Félicitations **C** Bonne année **D** Joyeuses Pâques

Paper 1, Part B, Section II

Part B of this paper assesses reading comprehension.

The text below contains blank spaces indicating that words are left out. For each blank there are four suggested answers. Select the answer that is BEST in the context.

Une journée exceptionnelle

Samedi dernier, j'ai ...1... une promenade en bateau avec ma ...2... amie, Camille. C'était son anniversaire et elle ...3... avait invitée. Nous étions cinq dans le groupe: Camille, son frère, ...4... mère, une autre amie et moi.

Nous sommes ...5... en bateau vers dix heures du matin et nous ...6... longé la côte. À midi, nous nous ...7... arrêtés sur une plage pour pique-niquer. L'après-midi on a nagé et on a vu des poissons magnifiques. ...8... vraiment super.

1 **a** fais **b** faites **c** faire **d** fait
2 **a** meilleur **b** meilleure **c** meilleurs **d** meilleures
3 **a** m' **b** t' **c** l' **d** lui
4 **a** son **b** sa **c** ses **d** ta

5 a parti **b** partie **c** partis **d** parties
6 a ont **b** avoir **c** avons **d** sont
7 a êtes **b** est **c** sont **d** sommes
8 a Il est **b** C'est **c** C'était **d** Il y avait

Paper 2, Section II, Letter/Composition

In Section II you can choose to write either a letter or a composition. This tests your ability to write a text in French (130–150 words) based on a four-part outline in English.

Either Letter

You have recently moved house. Write a letter to a French friend to describe your new house.

i Describe the new house (location, rooms, etc.)

ii Say how it compares with your previous home

iii Say what you miss about your previous home

iv Say how things will be different in the future while living in your new home

Or Composition

Write an article about a festival or special day in your country. Be sure to include:

i General information about the festival, when it is celebrated, etc.

ii How you celebrated the day last year

iii How you plan to celebrate it this year

iv What you particularly like about the festival and your opinions

Paper 3, Section I, Oral responses to situations/instructions

Five situations are described below. You are required to respond to each one, speaking in French.

1 You want to know the age of your friend, Louis, who goes to your sports club.

   a What do you ask him? **b** How does he reply?

2 Another friend wants to know if you have brothers or sisters.

   a What does your friend ask? **b** How do you respond?

3 Your teacher asks the date today.

   a What does he/she ask? **b** How do you respond?

4 A neighbour wants to know what you did last weekend.

   a What does he/she ask? **b** How do you respond?

5 Your mother is busy and asks you to help with a task.

   a What does your mother say?

   b How do you respond?

EXAM TIPS

Correct spellings

Make sure you can spell basic words and phrases correctly. Here are some that often cause problems:

anniversaire
aujourd'hui
au revoir
aussi
beaucoup
bleu
chaussures
déjeuner
est-ce que
qu'est-ce que
félicitations
fenêtre
heure
intéressant
maison
malheureusement
maman
matin
meilleurs vœux
parce que
s'il vous plaît
soleil
vacances
y a-t-il

Mon collège

Notre collège

Je m'appelle Nathalie et je vais au collège depuis quatre ans. C'est un collège mixte pour les élèves de 11 à 15 ans. Je suis en troisième, alors je vais changer d'école l'année prochaine.

Le collège ne se trouve pas loin de ma maison alors j'y vais à pied. Mais il y a un bus scolaire pour les élèves qui habitent plus loin.

Le collège est dans un grand bâtiment assez moderne. Il y a un CDI où on peut emprunter des livres. Pour le sport, il y a un gymnase et un terrain de sport pour le basket, le foot et le handball. Il y a aussi des laboratoires de sciences pour la chimie, la physique et la biologie et une salle de technologie.

Il n'y a pas d'internat, mais comme beaucoup d'élèves, je suis demi-pensionnaire. On mange bien à la cantine, surtout le vendredi quand il y a des frites.

Au collège, il y a plusieurs clubs et ateliers, comme par exemple, un ciné-club, une chorale, un club d'échecs et un club de tennis de table. Cette année on organise aussi un atelier de jonglerie. C'est amusant!

1

1 How long has Nathalie been a pupil at the school?
2 Where is the school in relation to her house?
3 What does she say about the building and the school facilities?
4 What does she do at lunchtime?
5 What sort of clubs and activities are offered at the school?
6 Copy out any phrases you could use or adapt to make up a description of your own school.

There are three main types of school in France and the French Caribbean.

school	class/year name	average age of pupil/student
l'école primaire	CP–CM2	6–10
le collège	sixième cinquième quatrième troisième	11 12 13 14
le lycée	seconde première terminale	15 16 17–18

GRAMMAIRE

The pronoun y

Comment vas-tu au collège? Moi, j'y vais en bus.

The pronoun *y* (there) is used to avoid repeating a phrase with a noun, in this *case au collège*.

Work out which words in these sentences are replaced by *y*:

La bibliothèque, c'est loin, mais on peut y aller à pied.

Oh, je dois retourner au CDI – j'y ai laissé mon sac!

Learn some common phrases with *y*, like these ones:

On y va! Let's go!

J'y vais. I'm going (there).

J'y suis déjà allé. I've already been there.

ACTIVITÉ

Answer these questions in French, to build up a description of your school.

1 C'est un collège mixte/de filles/de garçons? Il y a combien d'élèves environ?

2 Comment sont les locaux? Le bâtiment est comment? (vieux/moderne/grand/petit)

3 Il y a quels équipements sportifs? (un gymnase, un terrain de sport, etc.)

4 Qu'est-ce qu'il y a comme clubs? (un orchestre/une chorale/des équipes de foot/de badminton, etc.)

5 Est-ce qu'il y a une cantine ou une boutique où on peut acheter des sandwichs, des fruits, etc.?

VOCABULAIRE

le bâtiment – building
la bibliothèque – library
le bureau – office
la cantine – canteen
le CDI (centre de documentation et d'information) – resources room, library
le couloir – corridor
la cour – school yard
le gymnase – gym
le laboratoire de sciences – science lab
les locaux (mpl) – premises
la salle de classe – classroom
la salle de permanence – study room
la salle des profs – staffroom
la salle de technologie – computer room
le terrain de sport – sports ground
les toilettes (fpl) – toilets
les W-C (fpl) – toilets

ASTUCE

To write in a more varied style, with longer sentences, use connectives like these:

mais – but

cependant – however

alors – so, therefore

To add more emphasis to a description, use adverbs like these:

assez – quite

un peu – a bit

surtout – especially

très – very

vraiment – really

Une journée scolaire

In this section you will:

- talk about your school timetable
- revise the names of school subjects
- say which subjects you like and why.

À quelle heure ...?
 – At what time ...?

Quelle heure est-il?
 – What time is it?

Tu as l'heure?
 – Do you have the time?

Le bus est à l'heure?
 – Is the bus on time?

Read the interview below to find out about a typical school day in Martinique. Then make a note of phrases which you could use to describe your school day.

Interviewer:	Nathan, tu es en quelle classe?
Nathan:	Je suis en troisième.
Interviewer:	Les cours commencent à quelle heure, le matin?
Nathan:	Le premier cours est à sept heures. C'est assez tôt.
Interviewer:	Combien de temps dure chaque cours?
Nathan:	Normalement un cours dure cinquante-cinq minutes et il y a une pause de cinq minutes entre deux cours. Quelquefois nous avons un double cours, par exemple, le mardi après-midi, j'ai un double cours de maths.
Interviewer:	Est-ce qu'il y a une récréation le matin?
Nathan:	Oui, à neuf heures moins dix. La récréation dure quinze minutes, de huit heures cinquante à neuf heures cinq.
Interviewer:	C'est quand la pause-déjeuner?
Nathan:	La pause-déjeuner est de midi à treize heures trente.
Interviewer:	Et les cours se terminent à quelle heure?
Nathan:	En général, les cours se terminent à dix-sept heures trente, mais le mercredi et le vendredi, j'ai cours uniquement le matin.
Interviewer:	Quelle est la journée scolaire que tu préfères?
Nathan:	Je préfère le mercredi parce que nous avons deux heures d'EPS et j'aime bien ça. Et en plus les cours se terminent à midi ce jour-là.

3ème 1						
	lundi		**mardi**	**mercredi**	**jeudi**	**vendredi**
7h00	Histoire-Géo		Histoire-Géo	Français	Français	SVT
8h00	Technologie		Physique-Chimie	Physique-Chimie	Musique	Technologie
9h00	EPS	Français	Français	Anglais	Histoire-Géo	Espagnol
10h00	EPS	Français	Arts plastiques	EPS	Histoire-Géo	Anglais
11h00	Mathématiques		Espagnol	EPS	Anglais	Français
12h00						
13h30	Découverte professionnelle				Maths	
14h30	Découv.prof.		Maths		Espagnol	
15h30	Découv. prof.		Maths		SVT	

Read the interview and reply in English.

1 How long is a typical lesson?
2 When does Nathan have a double maths lesson?
3 When is the morning break?
4 How long is the lunch break?
5 Which is his favourite day and why?

The time

As in English, you can give the time very simply by saying the hour and then the minutes:

01h05	*une heure cinq*
07h15	*sept heures quinze*
08h20	*huit heures vingt*
9h30	*neuf heures trente*
14h25	*quatorze heures vingt-cinq*
21h45	*vingt et une heures quarante-cinq*

Equally, you can use expressions such as 'five past' or 'quarter to'. Check you know these well:
et demie – half past
et quart – quarter past
moins le quart – quarter to
cinq/dix/vingt/vingt-cinq – 5/10/20/25 minutes past
moins cinq/dix/vingt/vingt-cinq – 5/10/20/25 minutes to
midi – midday   *minuit* – midnight
midi et demi – 12h30   *minuit et demi* – 00h30

To say 'from' a particular time, use *à partir de*:
L'établissement est ouvert à partir de six heures du matin.
The building is open from six in the morning.

To say how long something lasts, use the verb *durer* (to last) and *de … à …* (from … to …):
La récréation dure quinze minutes, de 9h à 9h15.
The break lasts fifteen minutes, from 9 to 9.15.

2

Find the French for the following:

1 It's quite early
2 Between two lessons
3 Sometimes
4 Lessons finish
5 Only in the morning
6 On that day

ASTUCE

The 24-hour clock is generally used in France for timetables, appointments, start times of films or events, and so on.

When using the 12-hour clock, add the following phrases if you want to specify the part of the day:

*à cinq heures **du matin*** – at five o'clock in the morning

*à trois heures **de l'après-midi*** – at three in the afternoon

*à neuf heures **du soir*** – at nine in the evening

Il est une heure/deux heures/trois heures …

… moins cinq	… cinq
… moins dix	… dix
… moins le quart	… et quart
… moins vingt	… vingt
… moins vingt-cinq	… vingt-cinq
… et demie	

12:00 Il est midi.

00:00 Il est minuit.

ACTIVITÉ

Reply in French.

1 À quelle heure est-ce que tes cours commencent le matin?
2 À quelle heure finissent-ils?
3 La pause-déjeuner est à quelle heure?
4 Ça dure combien de temps?
5 Combien de cours y a-t-il le matin?
6 Quelle est la journée scolaire que tu préfères?

3

a Write down these times in figures.
  1 six heures du soir
  2 quatre heures et quart
  3 une heure du matin
  4 midi trente-cinq
  5 minuit dix
  6 trois heures et demie

b Practise saying these times in French.
  1 02h15
  2 07h25
  3 20h30
  4 08h45
  5 10h55
  6 16h10

Quelles matières aimes-tu?

In this section you will:

- revise the names of school subjects
- say which subjects you like and why.

la matière – school subject

l'anglais (m) – English

l'art dramatique (m) – drama

les arts plastiques (mpl) – arts and crafts

la biologie – biology

la chimie – chemistry

le dessin – art

l'EPS (éducation physique et sportive) (f) – PE

l'espagnol (m) – Spanish

le français – French

la géographie – geography

la gymnastique – gymnastics

l'histoire (f) – history

l'informatique (f) – computing

les langues vivantes (fpl) – modern languages

les maths/mathématiques (fpl) – maths

la musique – music

la physique – physics

les sciences économiques (fpl) – economics

les sciences physiques (fpl) – physical sciences

le sport – sport

SVT (la science de la vie et de la terre) – natural sciences

la technologie – technology

COLLEGE MICHELET

Interviewer:	Qu'est-ce que tu apprends comme langues étrangères?
Nathan:	J'apprends l'anglais et l'espagnol. C'est bien, j'aime bien les langues.
Interviewer:	Tu as combien de cours d'espagnol par semaine?
Nathan:	J'ai trois cours d'espagnol.
Interviewer:	Qu'est-ce qu'on fait comme sport au collège?
Nathan:	Nous faisons de l'athlétisme et de la gymnastique et nous jouons au handball.
Interviewer:	Qu'est-ce que tu aimes comme matières?
Nathan:	J'aime les langues parce que j'aime voyager et je m'intéresse aux pays étrangers. J'aime aussi le sport, surtout l'athlétisme.
Interviewer:	Est-ce qu'il y a des matières que tu n'aimes pas?
Nathan:	Bien sûr, je n'aime pas les maths parce que je trouve ça difficile, mais je sais que c'est une matière importante alors je fais un effort.

Reply in English.

1 How many lessons of Spanish does Nathan have per week?
2 Which subjects does he like?
3 Which subject does he not like and why?

2

Now choose three of the questions in the interview and write them out with your own answers, in French.

POINT-INFO

As France is a secular country, Religious Education is not on the timetable in state schools. However, private religious schools may teach it.

ASTUCE

The article (le/la/l') is omitted when listing school subjects studied and talking about strengths and weaknesses:

Aujourd'hui on a anglais, histoire et maths.

Je suis assez fort en sciences, mais je suis faible en anglais.

Je suis moyen en français, mais je suis nul en dessin.

Learn these useful adjectives:

fort(e) – good, strong
faible – weak, bad

moyen(ne) – average
nul(le) – hopeless

3

Match up the two halves of these sentences so that they make sense.

Example: 1 b

1 Ma matière préférée est les maths … 2 J'aime toutes les sciences, surtout la biologie, … 3 J'aime bien la géographie … 4 Je déteste la physique … 5 Je n'aime pas beaucoup l'espagnol …	parce que/car …	**a** j'ai souvent de bonnes notes et je m'intéresse aux autres pays. **b** j'aime faire du calcul et le prof explique tout très bien. **c** je suis assez forte en cette matière et je voudrais être médecin. **d** je trouve les sciences difficiles et on doit faire beaucoup de devoirs. **e** je ne suis pas fort en langues et le prof nous donne trop de travail.

ACTIVITÉ

Reply in French.

1 Tu as combien de cours de français par semaine?
2 Qu'est-ce qu'on fait comme sport au collège?
3 Quelle est ta matière préférée? Pourquoi?
4 Quelles sont les matières que tu aimes le moins?
5 Tu passes des examens en quelles matières?

ASTUCE

The questions *pourquoi?* (why?) and *pour quelles raisons?* (for what reasons?) are usually answered by a phrase beginning with:

parce que – because
car – because
pour – in order to

Faites attention, s'il vous plaît!

In this section you will:
- give instructions and commands
- give advice and make suggestions
- make requests.

> Pour vos devoirs, faites l'exercice à la page 27.

> Rangez vos affaires.

> N'oubliez pas de bien vérifier votre travail.

> Levez-vous!

> Au revoir, la classe.

> Claire, viens me voir pendant la récréation.

The imperative

For most verbs, the imperative (or command form) is easy to form.

For the *tu* form, omit the word *tu* from the present tense of the verb, e.g.

(*tu lis*) **Lis** *à haute voix.*

With *-er* verbs, you also need to omit the final 's':

(*tu regardes*) **Regarde** *le livre.*

For the *vous* form, omit *vous* from the present tense, e.g.

(*vous écoutez*) **Écoutez** *bien!*

To say 'please', add *s'il te plaît* for *tu*, or *s'il vous plaît* for *vous*.

To tell someone not to do something and make the command negative, put *ne* and *pas* around the verb.

N'oublie pas tes affaires.

Ne parlez pas!

With reflexive verbs, you need to add *-toi* or *-vous* after the verb:

(*se lever*) *Lève-toi!*

(*s'asseoir*) *Asseyez-vous!*

Those reflexive verbs in the negative look like this:

Ne te lève pas!

Ne vous asseyez pas!

For irregular verbs, such as *avoir* and *être*, see *Les verbes*, page 183.

Read these situations (1–5) then find the French note (a–e) which fits best with each one.

1 Your teacher leaves instructions giving details of two things the class must do for homework.

2 Your mother leaves a note reminding you to do two things when you get back from school.

3 A friend sends you an email with two tips to help you revise for exams.

4 A teacher has left a note for the class about a school trip at the weekend, saying when to be at school and what to bring.

5 A friend has sent you a text about plans for the evening.

a N'oublie pas de ranger ta chambre et de passer l'aspirateur.

b Commence tes révisions bien à l'avance et ne va pas au lit trop tard la veille d'un examen.

c Lisez le texte sur Louis Braille et révisez le vocabulaire à la page 58.

d Viens chez moi à 20 heures et n'oublie pas le DVD.

e Venez au collège à 13 heures précises et apportez un imperméable et un pique-nique.

2

Copy and complete this advice to students preparing to take an exam. As this is for a group of people, use *vous* imperative forms of the verbs.

1 ... un résumé de vos notes. (*écrire*)

2 ... un plan pour bien utiliser votre temps. (*faire*)

3 ... de vous concentrer pendant une heure. (*essayer*)

4 Ne ... pas vos textos quand vous êtes en train de réviser. (*lire*)

5 ... aussi le temps de vous détendre un peu. (*prendre*)

6 ... bien à l'avance. (*se préparer*)

3

Read the advice below about internet security and summarise the main points in English. In this text the infinitive of the verb is used to give advice. The infinitive is often used for this purpose in printed instructions and recipes.

> **Des conseils**
>
> Ne pas mettre trop d'infos personnelles sur les sites que tout le monde peut voir.
>
> Ne pas accepter d'être amis avec les gens qu'on ne connaît pas.
>
> Ne pas permettre à tout le monde de voir ses photos.
>
> Arrêter le contact tout de suite s'il y a des problèmes.

Je peux demander un service?

To ask a favour or make a request, you can use the imperative, adding *s'il te plaît* or *s'il vous plaît*. Or, to be more polite, use the verb *pouvoir*. Compare these two examples, which both ask for help with homework:

> Est-ce que tu peux m'aider avec mes devoirs?

> Aide-moi avec mes devoirs, s'il te plaît.

4

Read these requests and find an alternative way to express each one. (Note that 1–3 use *tu*, 4–5 use *vous*.)

1 Réveille-moi à sept heures du matin, s'il te plaît.

2 Donne à manger au chien, s'il te plaît.

3 Parle un peu plus lentement, s'il te plaît.

4 Aidez-moi avec la cuisine, s'il vous plaît.

5 Allez directement au terrain de sport, s'il vous plaît.

PHRASES UTILES

N'oublie pas de ... – *Don't forget to ...*

Peux-tu m'aider à ...? – *Can you help me ...?*

Amuse-toi bien! – *Have a good time!*

Fais attention! – *Pay attention! Be careful!*

> **ASTUCE**
>
> Commands, instructions and requests may be required in different situations and contexts, both oral and written. Learn some key words and phrases that you can adapt for different circumstances.

ACTIVITÉ

Write one sentence in French for each of the situations below.

1 You're preparing a surprise for your brother's birthday and don't want him to go into your room while you're out so you leave a note on the door. What does the note say?

2 You want to sleep late on Saturday morning and decide to leave a note on your door so you don't get woken up. What does the note say?

3 On Monday you have to be at school very early. Leave a note for your father, asking him to wake you at a specific time.

4 Your younger brother is taking exams soon. Give him two tips for revising.

C'est obligatoire

In this section you will:
- talk about school rules
- say what is compulsory and has to be done
- say what is forbidden and should not be done.

GRAMMAIRE

Saying what must be done

There are different ways in French to say that something is compulsory or that people must, or have to, do something.

1 *devoir* + infinitive

Tous les élèves doivent apprendre les maths. All pupils have to learn maths.

Devoir is an irregular verb, so check you know all the parts. See *Les verbes*, page 184.

2 *il faut* + infinitive

Il faut acheter ses propres livres scolaires. You have to buy your own school books.

Il faut is an impersonal verb, used only in the *il* form, and usually followed by an infinitive.

3 *être obligé de* + infinitive

On est obligé de porter une cravate. We have to (are obliged to) wear a tie.

4 *c'est obligatoire*

Porter l'uniforme scolaire, c'est obligatoire. It's compulsory to wear school uniform.

Le règlement intérieur

Louis et Sabine expliquent les règles à leur collège.

Sabine: À notre collège, tous les élèves doivent porter un uniforme scolaire – c'est obligatoire.

Louis: Mais comme uniforme scolaire, ce n'est pas mal. Tout le monde doit porter une chemise blanche ou un chemisier blanc. Les filles doivent porter une jupe écossaise de coloris rouge, gris et blanc. Les garçons doivent porter un pantalon classique marron, une chemise et une cravate.

Sabine: Point important: il faut porter la chemise à l'intérieur du pantalon ou de la jupe!

Louis: Et il faut mettre des chaussures noires ou marron.

Sabine: Les élèves ne doivent pas porter de bijoux et il ne faut pas se maquiller. Il est interdit de fumer et, bien sûr, on ne doit pas utiliser son portable en classe.

Louis: Souvent nous avons beaucoup de devoirs à faire à la maison. Si on est en retard avec ses devoirs, il faut s'excuser et donner une bonne raison au prof. Nous devons travailler beaucoup, surtout quand il y a un contrôle.

Sabine: Si on ne respecte pas les consignes, on risque de recevoir une retenue.

1

Find the French for these phrases:

1 All pupils have to wear a school uniform
2 You have to wear black or brown shoes
3 Homework
4 You must apologise
5 We have to work hard
6 A test
7 A detention

POINT-INFO

In France, it's unusual to have a school uniform in a state school, but in the Caribbean, school uniform is more common.

Describe Louis and Sabine's school uniform, in English. Then make two lists about the other school rules: a) what is allowed, and b) what is not allowed.

Match up the two parts of each sentence.

1 Pour le contrôle, vous ...
2 Louis ...
3 Les filles ...
4 Les élèves sont ...
5 Pour nos devoirs, nous ...

a obligés de porter un uniforme scolaire.
b devez apprendre ce vocabulaire.
c devons faire deux exercices.
d doit porter un pantalon et une chemise.
e doivent porter une jupe et un chemisier.

Work out how to say the following. To help you, look back at what Louis and Sabine said.

1 At school, we're not allowed to wear jewellery.
2 You mustn't wear make-up in class.
3 It's forbidden to smoke in the school yard.
4 You're not allowed to use a mobile in class.
5 You're not allowed to chat (*bavarder*) during a test.

5

Complete these sentences, choosing from: *il faut, il ne faut pas, on doit, on ne doit pas, il est interdit de.*

1 Dans beaucoup de collèges en France ... porter d'uniforme scolaire.
2 ... arriver au collège à huit heures.
3 ... sortir du collège sans autorisation.
4 Souvent, ... aller en cours le samedi matin.
5 ... répondre à son portable en classe.

Avant, c'était différent

In this section you will:

* make comparisons between past and present
* say how things used to be
* learn about the imperfect tense.

Ginou

De Haïti à Paris

Je m'appelle Ginou et je suis née en Haïti. Quand j'étais plus jeune, nous habitions à Port-au-Prince, la capitale. J'ai quitté mon pays d'origine quand j'avais cinq ans. La situation en Haïti était difficile à l'époque. Je suis allée en France avec mon frère, qui avait sept ans.

Nous avons pris l'avion de Haïti à Miami, puis pour Paris. Mon père habitait déjà dans la banlieue de Paris. Ma mère ne pouvait pas nous accompagner à l'époque, mais elle nous a suivis six ans plus tard.

Haïti se trouve dans la mer des Caraïbes, près de l'Amérique centrale. Le pays occupe un tiers de l'île d'Hispaniola. En Haïti on parle le créole haïtien et le français et la plupart de la population est d'origine africaine. Il y a beaucoup d'écoles privées où il faut payer pour y aller, et acheter son uniforme et ses livres scolaires.

Je me rappelle qu'en Haïti, il faisait souvent chaud et je m'amusais beaucoup. Les enfants jouaient souvent ensemble dehors. Il y avait une grande solidarité entre les gens. On mangeait une grande variété de fruits et de légumes tropicaux et très frais. La nourriture avait très bon goût.

J'ai commencé l'école à l'âge de quatre ans. J'avais de la chance – c'était gratuit. C'est difficile pour les familles qui souvent n'ont pas les moyens nécessaires. Par conséquent beaucoup d'enfants ne peuvent pas aller à l'école.

Maintenant j'habite à Paris et je n'ai plus de famille proche en Haïti, mais, de temps en temps, je pense à ma vie d'autrefois là-bas.

1

Read the text and reply in English.

1 How old was Ginou when she left Haïti?
2 Where was her father living at that time?
3 Mention two things she says about her earlier life in Haïti.
4 What reasons does she give to explain why some young children don't attend school there?

2

Find the French for the following:

1 When I was younger
2 We used to live
3 My mother wasn't able to
4 Children used to play
5 There was
6 We used to eat

Haïti is an independent French-speaking country and not a French overseas territory. It gained independence from the French in 1804 following a slave rebellion. Later, in 1844, the Spanish-speaking, eastern part of the island of Hispaniola broke away to form a separate country, the Dominican Republic. Although French is an official language in Haïti, most people speak Haitian creole.

Public education is free, but there are many private and religious schools which charge school fees. Education is highly valued, but few families can afford to send their children to secondary school.

3

Copy and complete these sentences about school life last year, putting the verbs in the imperfect tense.

1 L'année dernière, c'... (*être*) mieux parce qu'on ... (*avoir*) une autre prof d'anglais qui ... (*être*) amusante.

2 À mon avis, c'... (*être*) moins bien, parce que nous ... (*devoir*) faire beaucoup de sport et je suis nul en sport.

3 Ce qui ... (*être*) bien, c'est qu'il y ... (*avoir*) moins de contrôles.

4

Read the speech bubbles and note down the changes mentioned.

Example: *Joël used to play football, now plays cricket.*

Joël

Quand j'allais à l'école primaire, je jouais au football. Maintenant, je joue au cricket.

Lisa

Autrefois, on allait souvent à la plage, alors que maintenant, on va plutôt en ville.

Agnès

L'année dernière, je ne m'intéressais pas beaucoup à la musique, mais maintenant, je joue de la batterie et j'adore ça.

Quand j'étais plus jeune, nous avions un chien. Il est mort il y a un an et maintenant nous n'avons plus d'animal.

Fabien

il y a un an/trois ans – *one year/three years ago*

l'année dernière – *last year*

la semaine dernière – *last week*

hier – *yesterday*

avant-hier – *the day before yesterday*

quand j'avais dix ans – *when I was ten*

autrefois – *formerly, previously*

avant – *before*

The imperfect tense

The imperfect tense is a past tense which you use to say what used to happen, and for descriptions in the past.

Nous habitions à Port-au-Prince. We used to live in Port-au-Prince.

Il faisait souvent chaud. It was often hot.

The imperfect stem is formed from the *nous* form of the present tense, taking away the *-ons* ending.

avoir – nous avons – av-

Then add the imperfect endings:

-ais	-ions
-ais	-iez
-ait	-aient

j'avais I had   *nous avions* we had

The verb *être* is the only verb where the stem is formed differently (*ét...*), but the endings are the same.

Write five sentences to say how your life has changed.

Je suis désolé(e)

PHRASES UTILES

Je suis désolé(e), mais ...
– *I am sorry but ...*

s'excuser (de + *infinitive*)
– *to excuse oneself, to apologise*

Excuse-moi./Excusez-moi.
– *Sorry/Please excuse me.*

Pardon! – *Sorry!*

Je vous prie de m'excuser.
– *I ask/beg you to excuse me.*

Je vous prie d'excuser mon fils/ ma fille pour son absence de mardi prochain.
– *Please excuse my son/ daughter from attending next Tuesday.*

Ce n'était pas de ma faute.
– *It wasn't my fault.*

J'ai manqué le bus.
– *I missed the bus.*

Le bus est arrivé en retard.
– *The bus was delayed.*

Le bus est tombé en panne.
– *The bus broke down.*

Je ne l'ai pas fait exprès.
– *I didn't do it on purpose.*

Ça ne fait rien./Ce n'est rien.
– *It doesn't matter.*

regretter (de)
– *to regret, to be sorry*

In the **Directed Situations** question on Paper 2, you will be asked to write a message or note (in only one sentence) that meets all the requirements of the situation given. It often involves giving two points of information. Try **not** simply to translate what you would say in English, but think about how the ideas would be expressed in French.

To practise, match up these situations (1–6) with the messages in French (a–f).

1 Your teacher is annoyed as you didn't seem to be listening in class. Write a note of apology explaining why this happened.

2 You didn't finish your homework. Write a note of apology explaining why.

3 You've arrived late for your lesson. Write a note to apologise and to explain why.

4 Some school friends asked you out to an event, but you weren't able to go. Write a note to apologise and to explain why.

5 Your cousin has asked you to help at a match after school, but you won't be able to. Write a text to explain why.

6 Your mother has written a note to apologise for your absence from school, explaining why you will be away. What does the message say?

a Je regrette mais j'ai trop de travail ce soir.

b Je vous prie d'excuser l'absence de mon fils mardi prochain: il a rendez-vous à l'hôpital.

c Je regrette mais j'étais trop fatiguée pour sortir.

d Je m'excuse d'arriver en retard. J'ai manqué le bus et j'ai dû venir au collège à pied.

e Monsieur, je suis désolé, mais je ne me sentais pas bien.

f Je suis désolé de ne pas avoir fini mes devoirs, mais ma mère était malade et j'ai dû aider à la maison.

2

Find the pairs.

1 Je m'excuse de ne pas avoir mon cahier de français ...

2 Nous sommes désolés d'arriver en retard, mais ...

3 Madame, excusez-moi ...

4 Monsieur, je vous prie d'excuser mon fils pour son absence au cours d'EPS, mais ...

5 Je regrette mais j'avais trop de travail ...

a il est tombé en jouant au foot et il a toujours mal à la jambe.

b mais j'avais oublié d'éteindre mon portable.

c mais j'ai laissé mon cartable à la maison.

d pour assister au concert.

e le bus est tombé en panne.

GRAMMAIRE

The past infinitive

If you need to apologise for something you have or haven't done, it's useful to use the past infinitive, the equivalent of 'to have done' something.

It is the infinitive of *avoir* or *être* and a past participle.

Je suis désolé ... I'm sorry ...

– d'**avoir manqué** *le match.* ... to have missed the match.

– *de ne pas* **avoir fini** *mes devoirs.* ... not to have finished my homework.

– *de ne pas* **avoir écrit** *plus tôt.* ... not to have written earlier.

With verbs taking *être* in past tenses (see page 20), the past participle must agree with the subject in the usual way:

Nous sommes désolés de ne pas **être venus** *au match.* We are sorry not to have come to the match.

Work out how to say:

– I'm sorry I didn't reply earlier. (I'm sorry not to have replied earlier.)

– We're sorry we didn't see the film. (We're sorry not to have seen the film.)

ASTUCE

The word, *désolé*, is an adjective so it agrees with the subject in the usual way. Add 'e' if feminine, add 's' if plural, add 'es' if feminine plural.

Make sure you use the correct form of address (*tu* or *vous*) in a message.

If addressing your teacher or an adult in a formal situation, or a group of friends, use the *vous* form: *Excusez-moi.*

If talking to one friend, use the *tu* form: *Excuse-moi.*

ACTIVITÉ

You (and your friends, in some cases) have upset your teachers. Work out what to say to apologise and explain your actions.

1 You have not finished your homework.

2 Several of you arrived late for your first lesson.

3 You have been secretly eating a guava in class.

4 Several of you have been running along the corridor.

5 You've left your textbook at home.

À mon avis

In this section you will:

- talk about school uniform
- give and justify your opinions about school life
- ask others for their opinion.

ASTUCE

Make sure you know how to describe your own school uniform. Remember that any adjectives used, including colours, must agree with the noun they describe, in gender and in number. These words might come in useful:

court(e) – short

long(ue) – long

écossais(e) – checked, tartan, Scottish

rayé(e) – striped

à rayures – with stripes

LIEN

For a list of words for clothing, see page 129; for colours, see page 129 also.

Read the texts and find three advantages of school uniform. Can you think of others?

L'uniforme scolaire

J'ai récemment changé d'école et maintenant je dois porter un uniforme. Les filles doivent porter un pantalon gris ou une jupe grise et un chemisier blanc. Pour les garçons, c'est un pantalon gris et une chemise blanche. Il ne faut pas porter de baskets; on doit porter des chaussures noires ou marron. Ça m'arrange bien. Je ne passe plus des heures à penser à ce que je vais mettre pour aller en classe. Et vous autres, êtes-vous d'accord avec moi?

– Léa

Moi, je ne suis pas d'accord. Je comprends les gens qui aiment avoir un uniforme scolaire parce que ça donne un sens d'égalité à tous les élèves, et un sens d'identité avec le collège. Mais moi, je veux m'habiller comme je veux le matin, alors je suis contre l'uniforme scolaire.

– Hugo

1

Have a discussion with a friend about the advantages and disadvantages of school uniform. Use some of the phrases listed to give and ask opinions. Then work out how you would give your opinion about uniform in general.

2

Have a conversation with a friend about school life, discussing what you like and dislike, and saying what could be better. Begin with the question, *Quel est ton avis sur la vie au collège?*

3

Write a few sentences to answer the two questions, using the phrases in the boxes below to help you.

Qu'est-ce que tu aimes au collège? Qu'est-ce que tu n'aimes pas?

> Ce que j'aime au collège, c'est qu'…
>
> … il y a des matières qui sont intéressantes comme … parce que …
>
> … on voit ses copains et qu'on s'amuse ensemble.
>
> … on fait du sport, comme …
>
> … il y a des profs qui sont sympas.

> Ce que je n'aime pas, c'est qu'…
>
> … il y a trop de contrôles.
>
> … on nous donne trop de devoirs. On n'a pas le temps de sortir en semaine.

> À mon avis, …
>
> … on ne fait pas assez de … (sport, technologie)
>
> … on fait trop de … (sport, technologie)
>
> … nous devons faire trop de matières.

> Ce serait bien si/s' …
>
> … on pouvait faire ses devoirs au collège.
>
> … on pouvait sortir du collège pendant les récréations.
>
> … on ne devait pas porter d'uniforme.
>
> … il y avait plus de clubs, par exemple …
>
> … il y avait plus de choix à la cantine.

On est d'accord – *Agreeing with someone*

Je suis de ton/votre avis. – *I'm of the same opinion.*

C'est exactement ce que je pense. – *That's exactly what I think.*

Je suis d'accord. – *I agree.*

C'est bien mon avis. – *That's certainly my opinion.*

C'est ça. – *That's right.*

Voilà! – *That's it!*

Tu as/Vous avez raison. – *You're right.*

Moi aussi, je pense … – *I also think …*

… mais pas tout à fait – *… but not completely*

Oui, mais … – *Yes, but …*

Ça dépend. – *It depends.*

C'est possible. – *It's possible.*

Peut-être. – *Perhaps.*

Je ne suis pas tout à fait d'accord. – *I don't entirely agree.*

Je n'en suis pas sûr(e)/certain(e). – *I'm not sure.*

On n'est pas d'accord – *disagreeing with someone's view*

Là, je ne suis (absolument) pas d'accord. – *There I disagree (entirely).*

Je ne suis pas du tout d'accord. – *I disagree entirely.*

ACTIVITÉ

Reply in French, to give opinions about your school.

1 Est-ce qu'il y a un uniforme scolaire au collège? Si oui, décris-le. Que penses-tu de l'uniforme scolaire?

2 Qu'est-ce que tu aimes le plus au collège? Qu'est-ce que tu aimes le moins?

3 Pourquoi as-tu choisi les matières que tu fais?

4 Est-ce qu'il y a une autre matière que tu voudrais faire? Laquelle?

5 Est-ce que la journée scolaire est trop longue ou trop courte?

6 Tu as combien d'heures de devoirs, le soir? C'est trop?

2.9 Ça va changer

OBJECTIFS

In this section you will:

- talk about the future using *aller* + infinitive
- use expressions of future time
- discuss exams and tips for revision.

POINT-INFO

In France, most school students leave *collège* at the age of 14 or 15 and move on to a *lycée*. They still study a broad range of subjects, but choose an option which specialises in a particular branch of subjects, e.g. literature, maths, science, economics, technical, vocational subjects.

The main school leaving exam is *le baccalauréat* (*le bac*) taken at the age of 17 or 18.

Alain: Enzo, qu'est-ce que tu vas faire l'année prochaine?

Enzo: Je suis en troisième en ce moment, alors si tout va bien, je vais changer d'école pour aller au lycée.

Alain: Qu'est-ce que tu vas prendre comme options?

Enzo: Je ne sais pas exactement. En seconde, on va faire sept matières générales – français, maths, sciences, histoire-géo, etc. – qui sont obligatoires, et deux autres matières au choix. Je vais peut-être choisir l'espagnol et la musique parce que ce sont mes matières préférées et je suis assez fort en langues. Heureusement je peux laisser tomber* d'autres matières. Comme je suis nul en dessin, je vais laisser tomber le dessin.

Alain: Tes amis vont choisir les mêmes options?

Enzo: Je ne sais pas. Ma petite amie, Nicole, va choisir l'informatique parce qu'elle a l'intention d'être programmeuse plus tard dans la vie.

*laisser tomber – to drop (literally, to let fall)

VOCABULAIRE

à l'avenir – in the future

après-demain – the day after tomorrow

bientôt – soon

ce soir – this evening/tonight

cet été – this summer

dans cinq jours – in five days

demain (après-midi) – tomorrow (afternoon)

l'année prochaine – next year

plus tard – later

un jour, à l'avenir – one day in the future

1

Read the conversation and reply in English.

1 How many subjects are compulsory in *seconde*?
2 Which subjects does Enzo say he may choose as options?
3 Which subject does he want to drop?
4 Why does his girlfriend want to choose IT?

2

Pair up the two parts of each sentence to describe future plans.

1 Demain, c'est samedi et les cours ...
2 Après-demain, nous ...
3 Cet été, j'...
4 Un jour, à l'avenir, mes amis ...
5 L'année prochaine, je ...
6 Après les examens, nous allons ...
7 Ce soir, on ...

a allons prendre le ferry pour la Guadeloupe.
b espère passer des vacances à la Grenade.
c vont finir à midi.
d organiser un barbecue pour toute la classe.
e va voir le nouveau film au cinéma.
f ont l'intention de faire un grand voyage en Europe.
g vais rester dans la même école mais je vais faire des matières différentes, par exemple sciences économiques.

3

Fill the gaps with the present tense of the verb given at the end. Then pair up questions 1–5 with answers a–e. Finally, read the whole conversation aloud with a friend.

Au collège, on ... l'intention d'organiser une visite au musée la semaine prochaine. (*avoir*)

1 Qui ... organiser la visite au musée? (*aller*)
2 Qu'est-ce que vous ... voir? (*aller*)
3 Combien est-ce que ça ... coûter? (*aller*)
4 À quelle heure ...-vous partir du collège? (*aller*)
5 Comment ...-tu rentrer à la maison après? (*penser*)

a On ... partir l'après-midi, vers 14 heures. (*aller*)
b Je ... prendre le bus. (*aller*)
c M. Duval, notre prof d'histoire-géo, ... organiser la visite. (*aller*)
d J'... que ça ne ... pas coûter plus de cinq euros. (*espérer/aller*)
e Nous ... voir une exposition qui s'appelle la Planète bleue. (*aller*)

LIEN

To check the present tense of *aller*, see *Grammaire* (20.3), page 183.

GRAMMAIRE

aller + infinitive

To say what you are going to do or what is going to happen, use the present tense of *aller* + a verb infinitive.

Je vais changer d'école. I'm going to change school.

If there's some doubt, add *peut-être* (perhaps).

Je vais peut-être étudier les langues mais je ne suis pas sûr.

Expressing your hopes and intentions

To say you hope to do something, use *espérer* + infinitive:

J'espère avoir de bonnes notes.

If you intend to do something, use *avoir l'intention de* or *penser* or *envisager de* followed by an infinitive:

J'ai l'intention d'aller au lycée.

J'envisage de continuer mes études.

ACTIVITÉ

Reply in French.

1 Qu'est-ce que tu vas faire l'année prochaine?
2 Tu vas passer des examens en quelles matières en fin d'année?
3 Quand est-ce que les examens vont commencer?
4 Qu'est-ce que tu vas faire après les examens?
5 Qu'est-ce que tu espères faire à l'avenir?

Mes projets d'avenir

In this section you will:
- talk about future plans
- use the future tense.

Salut!

Enfin, un peu de temps libre parce que les examens sont finis. Ils étaient durs. En anglais, par exemple, ça allait mal parce qu'on n'avait pas assez de temps pour finir toutes les questions. J'aurai de mauvaises notes en anglais, ça c'est sûr. Ma mère sera contente si j'ai de bonnes notes en maths, car elle est prof de maths. Enfin, on verra – on aura les résultats la semaine prochaine.

Et maintenant j'ai le temps de réfléchir sur mes projets d'été et mes projets d'avenir.

Pendant les grandes vacances je travaillerai comme caissier au supermarché pour gagner un peu d'argent.

On devra bientôt décider ce qu'on fera l'année prochaine. Moi, je voudrais continuer mes études. J'aime bien les sciences, surtout la chimie, alors je voudrais devenir pharmacien. Dans ma classe il y a quelques élèves qui vont abandonner leurs études pour trouver un emploi. Ils veulent gagner de l'argent tout de suite.

Et toi, est-ce que tu as aussi passé des examens? Quels sont tes projets d'avenir? Est-ce que tu veux continuer tes études ou préfères-tu trouver un emploi?

À bientôt,

Alex

LIEN

For expressions of time, see 6.12, page 157.

Read Alex's email and reply in English.

1 What was the problem with his English exam?
2 Why does his mother hope that he'll get good marks for maths?
3 What is Alex going to do during the holidays to earn some money?
4 What career is he considering and why?
5 Find five (or more) examples of the future tense in the message.
6 Write out any phrases that you could use when talking about your future or career plans.

The future tense

Regular verbs form the future tense from the infinitive:

loger   je logerai

partir   on partira

prendre   nous prendrons

(-re verbs drop the final 'e')

The future stem ends in 'r' for all verbs, so listen out for the 'r' sound.

The endings are the same for all verbs:

-ai, -as, -a, -ons, -ez, -ont

Some common irregular verbs are:

infinitive	stem	example	English
aller	ir-	j'**irai**	I'll go
avoir	aur-	j'**aurai**	I'll have
être	ser-	je **serai**	I'll be
faire	fer-	je **ferai**	I'll do
pouvoir	pourr-	je **pourrai**	I'll be able to

avoir des responsabilités – *to have a lot of responsibility*

gagner de l'argent – *to earn money*

le plus tôt possible – *as soon as possible*

ça me permettra de ... – *it will allow me to ...*

mes projets d'avenir – *my future plans*

mes projets d'été – *my plans for the summer*

le mariage – *marriage*

avoir des enfants – *to have children*

Reply in French.

1 Est-ce que tu as passé des examens récemment? Quand est-ce que tu auras les résultats?

2 Que feras-tu comme matières l'année prochaine?

3 Est-ce qu'à l'avenir tu voudrais continuer tes études?

4 À ton avis, quels sont les avantages des études supérieures? Et quels en sont les inconvénients?

5 À ton avis, pourquoi est-ce que certains jeunes cherchent du travail payé le plus tôt possible?

2

Complete the dialogue, using the future tense of the verbs in brackets.

Example: 1 *feras*

– Et toi, que ...(1)...-tu (*faire*) l'année prochaine?

– Moi, je ...(2)... (*quitter*) l'école et j' ...(3)... (*aller*) travailler chez mon oncle qui a un magasin de mode. Je voudrais gagner de l'argent le plus tôt possible.

– Tu n'...(4)... (*aller*) pas à l'université alors?

– Non, parce que ça coûte cher et on n'...(5)... (*avoir*) peut-être pas d'emploi à la fin des études.

– C'est vrai, le chômage est un problème pour tout le monde. Mais si on fait des études supérieures, on ...(6)... (*avoir*) plus de possibilités.

– Peut-être, mais je voudrais me marier et avoir une famille dans les prochaines années.

– Le mariage, les enfants – tu ...(7)... (*avoir*) beaucoup de responsabilités. Moi, je préfère profiter de mon indépendance! Comme étudiante, je ...(8)... (*être*) obligée de travailler, mais j' ...(9)... (*avoir*) aussi le temps de m'amuser et de rencontrer d'autres jeunes. Et puis, je ...(10)... (*faire*) beaucoup de voyages. Ça me ...(11)... (*permettre*) de me perfectionner en anglais et en espagnol.

Quand je quitterai l'école

Charlotte

Quand je quitterai l'école, je travaillerai comme hôtesse de l'air pour une compagnie aérienne. J'aime voyager et je suis assez forte en langues – j'apprends l'espagnol et l'anglais au collège.

Mathilde

Ma mère est comptable et elle aime bien son métier, mais elle doit faire de très longs horaires. Quant à moi, je voudrais être journaliste mais il y a très peu d'emplois.

Théo

À l'âge de 12 ans, j'ai décidé que je voulais être fermier et je n'ai pas changé d'avis. J'aime bien être en plein air et je pense que c'est un travail assez varié.

Élise

Mes parents sont profs, tous les deux, alors moi, je ne veux sûrement pas être prof! Je voudrais faire un métier médical, peut-être médecin ou dentiste, mais je sais qu'il faut faire de très longues études.

Mon copain Paul n'a pas encore décidé, mais il est très fort en physique et il adore les jeux électroniques, alors il va peut-être devenir programmeur ou ingénieur.

Raphael

GRAMMAIRE

quand + future tense

In French the future tense is used after *quand* when the meaning refers to something that will happen in the future. This is different from English, which uses the present tense here, but is perhaps more logical.

Mon frère quittera l'école **quand il aura** *dix-huit ans.* My brother will leave school when he is 18 years old.

Quand je quitterai *l'école, je ferai des études supérieures en France.* When I leave school, I will study in France.

1

Find the French for the following:

1 When I leave school
2 I like travelling
3 I haven't changed my mind
4 It's varied work
5 She has to work long hours
6 As for me
7 There are very few jobs
8 I would like to do something medical
9 You have to study for a long time
10 He will perhaps become

Talking about work

Nouns which refer to jobs often have different masculine and feminine forms.

	masculine	feminine
no change because masculine ends in -e	vétérinaire	vétérinaire
add -e	employé de bureau	employée de bureau
-(i)er → -(i)ère	boulanger infirmier	boulangère infirmière
-eur → -euse	vendeur	vendeuse
-teur → -trice	instituteur	institutrice
-ien → -ienne	mécanicien	mécanicienne

It can be easier to describe someone's work in general terms, like this:

– *Il/Elle travaille dans le marketing/dans l'informatique/dans les assurances/dans les finances/pour un organisme humanitaire.*

Or give the name of the company: *Il/Elle travaille chez Air Caraïbes.*

The most senior person, the manager or head of department, is often described as *chef*, e.g. *Elle est chef réceptionniste. Il est chef de produit* (product manager).

To say someone is unemployed, use *au chômage*: *Mon père est au chômage.*

To say someone is retired, use *retraité(e)* or *à la retraite*: *Mon grand-père est à la retraite.*

2

Match up the sentence halves.

1 Mon père est chef de cuisine et
2 Ma mère est réceptionniste
3 Je suis patient et travailleur et j'aime bien les enfants,
4 L'informatique, ça me passionne, alors
5 Moi, je voudrais faire quelque chose dans le secteur médical,

a et elle travaille dans un grand hôtel à Georgetown.
b j'espère être programmeur ou ingénieur.
c alors je serai peut-être instituteur.
d comme infirmière, pharmacienne ou même médecin.
e il travaille dans un restaurant créole à Castries.

3

Suggest a suitable job for these people.

1 Je suis fort en maths et j'aide mon oncle avec les comptes de son garage.
2 Je voudrais travailler dans un bureau avec d'autres employés. J'aime bien travailler en équipe.
3 Je ne suis pas forte en matières théoriques, mais j'adore le dessin et la mode et on me dit que j'ai un sens artistique.
4 Je suis assez fort en langues et en français et je m'intéresse aux affaires étrangères. Je voudrais un métier où je pourrais voyager et rencontrer des gens.
5 Je m'intéresse aux choses techniques et j'aime réparer les machines. J'espère bientôt avoir mon permis de conduire parce que j'aime bien les voitures.

LIEN

In the context of 'Home and family', you may want to talk about jobs and careers. For example, you may be asked what someone in your family does for a living or whether you have older brothers and sisters who are working.

ACTIVITÉ

1 Qu'est-ce que tu veux faire dans la vie? Pourquoi?
2 Est-ce que tu veux faire le même emploi que quelqu'un que tu connais (ton père, ta mère, ton oncle)?
3 Qu'est-ce que tu as l'intention de faire à 16 ans? (continuer mes études/ changer d'école/quitter l'école/chercher un emploi)

4

Write five sentences about the work of adults you know.

Example: *Mon père est maçon. Il aime bien son travail mais il dit que c'est fatigant. Ma tante est graphiste multimédia et elle travaille pour une entreprise à Kingston.*

On cherche du travail

1

Study the three job adverts (A–C) and answer the questions in English.

1 In which adverts are you offered free food?

2 What are you asked to do if you want to apply for the supermarket job?

3 What sort of young people are needed for the children's holiday centre?

4 What sort of activities will be involved there?

5 What sort of work is being offered at Le snack?

6 What benefits are mentioned if you work there?

A

Vous aimez le fast-food?

Une chaîne de fast-food demande étudiants et lycéens de 18 ans au minimum (filles ou garçons) pour la préparation et la vente du fast-food.

Vendredi, samedi et dimanche soirs, 10 heures par semaine.

Repas et uniforme gratuit.

Informez-vous auprès du restaurant, Le snack.

B

On a besoin de vous!

Le supermarché Bon Vivant recrute des jeunes (17 ans minimum), filles et garçons, pour le réassortiment des rayons.

Temps complet et temps partiel.

Écrivez une lettre de motivation avec CV au magasin.

C

On recherche animateurs/animatrices pour juillet et août.

Aimez-vous travailler avec les enfants de 5 à 14 ans? Êtes-vous patient et responsable?

Nous recherchons des jeunes (âge minimum: 17 ans), qui s'intéressent aux activités sportives et manuelles et qui sont disponibles pendant un mois minimum.

Vous serez nourri, logé, et payé.

Prenez contact avec Claude Duval, Centre de jeunes, Saint-Jean.

D

Magasin de sports recherche

vendeurs/vendeuses expérimentés

– anglais courant

– bonne présentation

Écrivez une lettre de motivation avec CV au magasin, Le monde du sport.

E

On recherche une jeune personne travailleuse et de bon caractère pour aider une grand-mère avec le ménage et le jardinage

Horaires flexibles: environ 3 heures par semaine

Références exigées.

S'adresser à: Mme Legros, 17 rue du château.

2

Read the two adverts opposite (D and E) and the incomplete statements below.
Select the best option to complete them, according to the information given in
advert D for 1 and 2, and advert E for 3 and 4.

1 Pour travailler dans ce magasin, il faut …

   a parler bien l'espagnol.

   b parler bien l'anglais.

   c parler un peu l'anglais.

   d étudier l'allemand.

2 C'est un travail qui pourrait intéresser
une personne qui …

   a s'intéresse au sport.

   b joue du tambour.

   c aime le cinéma.

   d travaille dans le tourisme.

3 Pour ce poste, il faut …

   a travailler en plein air et à l'intérieur.

   b travailler trois jours par semaine.

   c vendre des ustensiles de cuisine.

   d parler des langues étrangères.

4 Un avantage de ce poste est …

   a qu'on peut travailler dans un magasin.

   b qu'on est nourri et logé.

   c qu'on gagne beaucoup d'argent.

   d qu'on n'a pas d'horaires très rigides.

3

Read the letter, then copy and complete the application form
for Charlotte.

Une lettre de motivation

9 avenue de la Gare,
Saint-Jean

Centre de jeunes,
Saint-Jean

le mardi 6 mai

Monsieur,

J'ai vu votre annonce sur le travail d'animateur/animatrice et
ça m'intéresse beaucoup.

J'ai presque 18 ans et plus tard j'espère être institutrice.

J'aime beaucoup les enfants et de temps en temps, je fais du
babysitting pour mes voisins.

Comme loisirs, j'adore la natation et je fais de la voile. Au lycée je
joue au volley et au hand. J'étudie l'anglais depuis cinq ans.

L'année dernière, pendant les grandes vacances, j'ai travaillé dans
un supermarché, comme caissière. J'aime bien le contact avec le
public et on dit que je suis patiente et responsable.

Je serai libre à partir du 1er juillet jusqu'au 5 septembre.

Veuillez agréer, Monsieur, l'expression de mes sentiments
distingués,

Charlotte Dubois

Charlotte Dubois

4

Copy and complete this CV with the
details of a young person responding to
one of the adverts opposite. The details
do not need to be of a real person.

Curriculum vitae

Nom: _____

Prénom: _____

Adresse: _____

_____

Date de naissance: _____

Études: _____

Diplômes: _____

Connaissances de langues: _____

Sports pratiqués: _____

Loisirs: _____

Autres renseignements: _____

Nom: _____

Prénom: _____

Adresse: _____

_____

Sports pratiqués: _____

Langues: _____

Autres renseignements: _____

Dates de disponibilité: _____

2.13 Sommaire

School life

apprendre – *to learn*

la chorale – *choir*

le club – *club*

le collège – *school for 11–14 or 15-year-olds*

le cours – *lesson*

le/la demi-pensionnaire – *pupil who has lunch at school*

les devoirs (mpl) – *homework*

durer – *to last*

l'école (f) – *school*

l'élève (m/f) – *pupil*

l'emploi du temps (m) – *timetable*

enseigner – *to teach*

l'équipe (f) – *team*

l'étudiant(e) (m/f) – *student*

facultatif/ive – *optional*

faire des progrès – *to improve, make progress*

l'interne (m/f) – *boarder*

la leçon – *lesson*

le lycée – *school for 15–18-year-olds*

la mi-trimestre – *mid-term, half-term*

la natation – *swimming*

obligatoire – *compulsory*

l'orchestre (m) – *orchestra*

la pause de midi – *midday break*

la récréation – *break*

la rentrée scolaire – *return to school*

la retenue – *detention*

la sonnerie – *bell*

le trimestre – *term*

les vacances scolaires (fpl) – *school holidays*

School premises

(see page 29)

School subjects

(see page 32)

School tests and marks

le baccalauréat (le bac) – *main French school-leaving exam (at age 17–18)*

le bulletin scolaire – *school report*

le contrôle – *test*

la note – *mark*

passer/avoir un examen – *to take an exam*

réussir (à) un examen – *to pass an exam*

être reçu à un examen – *to pass an exam*

échouer à un examen – *to fail an exam*

l'épreuve (f) – *test, exam paper*

l'examen (blanc) (m) – *(mock) exam*

la bonne/mauvaise note – *a good/bad mark*

s'orienter vers (les sciences) – *to specialise in (science)*

Jobs

l'acteur/actrice (m/f) – *actor/actress*

l'agent de police (m) – *police officer*

l'agriculteur/trice (m/f) – *farmer*

l'arbitre (m/f) – *referee*

l'architecte (m/f) – *architect*

l'artiste (m/f) – *artist*

l'avocat(e) (m/f) – *lawyer*

le/la boucher/ère – *butcher*

le/la boulanger/ère – *baker*

le/la caissier/ière – *cashier*

le/la chanteur/euse – *singer*

le/la chauffeur/euse (de taxi) – *(taxi) driver*

le/la coiffeur/euse – *hairdresser*

le/la comptable – *accountant*

le/la conducteur/trice de bus/camion) – *bus/lorry driver*

le/la cuisinier/ière – *cook*

le/la danseur/euse – *dancer*

le/la dessinateur/trice – *designer*

le/la directeur/trice – *manager, director, headteacher*

l'électricien(ne) (m/f) – *electrician*

l'employé(e) (m/f) de banque – *bank employee*

l'employé(e) (m/f) de bureau – *office employee*

le/la facteur/trice – *postman/woman*

le/la fermier/ière – *farmer*

le/la fonctionnaire – *civil servant*

le/la garagiste – *garage owner/mechanic*

le/la gardien(ne) d'enfants – *childminder*

le gendarme – *policeman (national)*

le/la gérant(e) – *manager*

le/la graphiste multimédia – *web designer*

l'homme/la femme d'affaires – *businessman/woman*

l'hôtesse (f) de l'air – *air hostess*

l'infirmier/ière (m/f) – *nurse*

l'informaticien(ne) (m/f) – *IT specialist*

l'ingénieur (m) – *engineer*

l'inspecteur/trice (m/f) – *inspector*

l'instituteur/trice (m/f) – *teacher (primary school)*

le/la joueur/euse de football – *football player*

le/la journaliste – *journalist*

le maçon – *builder*

le/la maquilleur/euse – *make-up artist*

le/la mécanicien(ne) – *mechanic, train driver*

le médecin – *doctor*

le métier – *job*

le militaire – *soldier*

le/la moniteur/trice – *instructor*

le/la musicien(ne) – *musician*

le/la ouvrier/ière – *manual worker*

le pêcheur – *fisherman*

le/la pharmacien(ne) – *chemist*

le/la photographe – *photographer*

le/la pilote – *pilot*

le/la plombier/ière – *plumber*

le/la policier/ière – *police officer*

le (sapeur-)pompier – *firefighter*

le prêtre – *priest*

le professeur – *teacher*

le/la prof – *teacher*

le/la programmeur/euse – *programmer*

le/la réceptionniste – *receptionist*

le/la représentant(e) – *(sales) representative*

le routier – *lorry driver*

le/la secrétaire – *secretary*

le/la serveur/euse – *waiter/waitress*

le soldat/la femme soldat – *soldier*

le steward – *steward*

le/la technicien(ne) – *technician*

le/la vendeur/euse – *salesperson*

le/la vétérinaire – *vet*

le/la webmaster – *webmaster*

The world of work

le chômage – *unemployment*

être au chômage – *to be unemployed*

le/la chômeur/euse – *unemployed person*

le débouché – *career opportunity, opening*

disponible – *available*

l'employé(e) (m/f) – *employee*

l'employeur (m) – *employer*

faire dans la vie – *to do for a living*

gagner sa vie – *to earn your living*

les horaires de travail (mpl) – *hours of work*

le travail … – *a job …*

dans l'armée – *in the army*

dans le commerce – *in commerce/ business*

dans la fonction publique – *in the civil service*

dans l'informatique – *in computing*

dans l'industrie – *in industry*

dans le marketing – *in marketing*

en plein air – *in the open air, outdoors*

qui me permettra de voyager à l'étranger – *that will enable me to travel abroad*

le travail à temps partiel – *part-time work*

travailler à son compte – *to be self-employed*

travailler dans une usine – *to work in a factory*

GRAMMAIRE

The pronoun *y*: page 29

The time: page 31

The imperative: page 34

Saying what must be done (*devoir, il faut*, etc.): page 36

Saying what is forbidden (*il ne faut pas*, etc.): page 37

The imperfect tense: page 39

The past infinitive: page 41

aller + infinitive: page 45

The future tense: page 47

quand + future tense: page 48

Masculine and feminine words for jobs: page 48

Unit 2   Exemples de questions d'examen

These practice questions focus specifically on the topic of 'School and Career'.

Paper 1, Part A, Section I

Part A of this paper assesses listening comprehension. Ask a friend or family member to read the sentences aloud for you. In the exam there will be eight questions in this section. There are four questions here and a similar task with four questions on page 104.

For each question you will hear a single sentence. Choose from the four pictures, the one which BEST shows what the sentence says.

1 *Ma matière préférée est la géographie.*
2 *Aujourd'hui les cours se terminent à seize heures dix.*
3 *En EPS nous faisons de la natation.*
4 *Plus tard dans la vie je voudrais être médecin.*

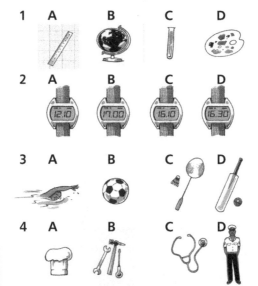

Paper 1, Part B, Section I

Part B of this paper assesses reading comprehension. In the exam there will be eight questions. There are four here and four on pages 160–161.

Each of the following sentences contains a blank space. Below each sentence are four suggested answers. Select the answer which BEST completes the sentence.

1 Ma matière préférée est la biologie parce que je … assez fort en sciences.

   a sais **b** sont **c** serai **d** suis

2 Aujourd'hui les garçons sont… parce qu'ils ont joué un match de football hier soir.

   a fatigué **b** fatiguée
   c fatigués **d** fatiguées

3 Je ne porte jamais de bijoux au collège parce que c'est …

   a permis **b** interdit
   c nécessaire **d** gentil

4 L'année dernière on ne … pas beaucoup de sport, mais cette année on joue au basket.

   a faisait **b** fait
   c faisais **d** faire

EXAM TIPS

Directed situations

The directed situations in Paper 2 may be open-ended so you have more choice in what you write.

Read each situation carefully, thinking about what is required (informal or formal register, language function, possible vocabulary, etc.).

Make sure you cover all the requirements.

You are asked to write one sentence or less, so avoid long, complex sentences.

Use phrases you know well in French, and avoid translating what you would say in English.

In this section you have to respond in French to ten situations described in English. However in this practice task, there are only five situations.

Write in French the information required for each of the situations given below. Do not write more than one sentence for each situation. For some situations, a complete sentence may not be necessary. Do not translate the situation given. Do not use abbreviations.

1 Your mother leaves you a note reminding you to do a household task. What does it say?

2 Your teacher will be arriving late for your lesson, but has left a message on the board saying what work you should do. What does the message say?

3 Send a message to your grandparents telling them about your exam results and your plans for the next school year.

4 You see a notice in the library that says that something is forbidden. What does the notice say?

5 Your aunt has invited you to an event, but you are not able to go. Write a note of apology explaining why.

Using the following outline as a guide, write in French a letter of NO MORE than 130–150 words. Use the tense or tenses appropriate to the topic.

Write a letter to a French friend to tell him or her about your school. Include:

i the location and facilities at the school
ii the subjects you study and what you think of them
iii something that happens this year which is different from last year
iv what you plan to do next year.

Read the passage aloud.

A famous writer and statesman

Aimé Césaire était écrivain et homme politique. Il est né à Basse-Pointe dans le nord-est de la Martinique. Son père était fonctionnaire et sa mère était couturière. Quand il était jeune, Césaire est allé au lycée à Fort-de-France, mais plus tard il a obtenu une bourse pour continuer ses études à Paris. Là, il a fait des études littéraires et il est devenu professeur de français. À Paris, il s'est marié et deux ans plus tard, il est rentré en Martinique avec sa femme. Tous les deux ont enseigné au même lycée à Fort-de-France.

Aimé Césaire a écrit beaucoup d'œuvres: des poésies, des pièces de théâtre, des essais et des discours. Il a été élu maire de Fort-de-France quand il avait trente-deux ans. Même après sa mort, il reste un personnage très important en Martinique.

EXAM TIPS

Writing a letter

• Write the place and date correctly at the head of the letter.

• Include suitable phrases to start and finish your letter.

• Decide which form of address is appropriate (*tu* or *vous*) and use it consistently. Remember to use the matching adjectives and pronouns too.

	tu	*vous*
your	*ton, ta, tes*	*votre, vos*
you*	*toi*	*vous*
you**	*te*	*vous*
please	*s'il te plaît*	*s'il vous plaît*

*direct and indirect object pronouns, see page 107.

**emphatic pronouns, see page 91.

3 La vie quotidienne

3.1   Une journée typique

OBJECTIFS

In this section you will:
* describe morning and evening routines
* revise reflexive verbs.

PHRASES UTILES

Le matin, … – *In the morning …*

de bonne heure – *early*

(assez) tôt – *(quite) early*

(assez) tard – *(quite) late*

Je me lève à … – *I get up at …*

Je me lave (le visage) – *I wash (my face)*

Je me brosse les dents. – *I brush my teeth.*

Je me douche. – *I have a shower.*

Je me coiffe. – *I do my hair.*

Je m'habille en uniforme scolaire. – *I wear my school uniform.*

Au petit déjeuner, je prends … – *For breakfast, I have …*

Je quitte la maison à … – *I leave the house at …*

Je vais au collège en bus/en voiture. – *I go to school by bus/by car.*

J'y vais à vélo/à pied. – *I go there by bike/on foot.*

LIEN

For a list of clothing, see page 129.

For a list of food, see page 128.

For the time, see page 31.

1

Find the answer to each question. Then adapt the answers so that they apply to your own morning routine.

1 À quelle heure est-ce que tu te lèves en semaine?

2 Qui se lève le premier chez toi?

3 Comment est-ce que tu t'habilles pour aller au collège?

4 Qu'est-ce que tu prends au petit déjeuner?

5 Quand est-ce que tu quittes la maison, le matin?

6 Et comment vas-tu au collège?

a J'y vais à pied parce que ce n'est pas loin.

b Je prends des céréales et des fruits, par exemple une banane ou du melon, et je bois un chocolat chaud.

c Je quitte la maison vers sept heures moins le quart.

d C'est ma mère. Elle se lève à six heures, parce qu'il y a beaucoup à faire le matin.

e Normalement, en semaine, je me lève de bonne heure le matin, vers six heures et quart.

f Je m'habille en uniforme scolaire – c'est un polo blanc et une jupe écossaise.

Reflexive verbs

When you talk about morning routine, you use reflexive verbs like *se réveiller* (to wake up), *se lever* (to get up), *se laver* (to get washed) and *s'habiller* (to get dressed). These verbs have an extra (reflexive) pronoun and often, the verb 'reflects back' onto the subject, in the sense of 'I call myself', 'I wash myself', and so on.

Most reflexive verbs are regular *-er* verbs and they all form the perfect tense with *être*, like this:

Hier, ma sœur s'est levée très tôt. (Yesterday my sister got up very early.)

See page 20 to help you remember how this works.

In the imperative (command form), the usual pronoun goes after the verb, and *te* changes to *toi*.

Réveillez-vous! Wake up!   *Réveille-toi!* Wake up!

See page 65 for negative commands.

Other useful reflexive verbs are: *se dépêcher* (to hurry), *s'appeler* (to be called), *s'amuser* (to enjoy yourself), *s'ennuyer* (to get bored), *s'asseoir* (to sit down).

Les cours commencent à ...
– *Lessons start at ...*

Les cours se terminent à ...
– *Lessons finish at ...*

Je rentre vers ... – *I get home at about ...*

Avant de faire mes devoirs, ... – *Before doing my homework, ...*

Le soir, ... – *In the evening ...*

Je me couche vers ... – *I go to bed at about ...*

ASTUCE

Using a construction like *avant de* + infinitive (before ...) will make your work more interesting.

Avant de rentrer, je retrouve mes copains et on discute de ce qu'on a fait pendant la journée.

Before going home, I meet up with my friends and we talk about what we've done during the day.

2

Read the passage aloud, then answer the questions below.

La journée de Thomas, collégien

Le matin, je me lève à six heures vingt et je prends vite mon petit déjeuner. Je suis souvent en retard, alors je me dépêche pour prendre le car pour le collège. Les cours commencent à sept heures. À midi, je rentre à la maison pour déjeuner. L'après-midi, les cours reprennent à deux heures et se terminent vers cinq heures.

Avant de rentrer, nous nous amusons un peu. On fait une partie de football, on joue de la musique ou on s'assied sur le trottoir pour discuter et plaisanter. Puis je rentre à la maison en bus et je commence mes devoirs. Chez nous, on dîne vers sept heures et demie. Après le déjeuner, j'aide à débarrasser la table. Puis je termine mes devoirs, ou je regarde la télé ou je me connecte à l'internet. Je me couche vers neuf heures et demie.

1 Why does Thomas often have to rush to catch the bus?
2 What does he do during the lunch break?
3 When do lessons finish?
4 What happens after school before he gets the bus?
5 What does he do to help at home?
6 What does he do in the evening?

ACTIVITÉ

Reply in French.
1 Tu te lèves à quelle heure en semaine?
2 Comment vas-tu au collège?
3 Les cours commencent à quelle heure?
4 Qu'est-ce que tu fais pendant la pause-déjeuner?
5 Les cours se terminent à quelle heure?
6 Est-ce que tu rentres directement à la maison?
7 Qu'est-ce que tu fais, quand tu rentres à la maison?
8 Tu as beaucoup de devoirs le soir?
9 À quelle heure est-ce que tu te couches?

En ville

In this section you will:

- talk about places in a town
- describe where places are
- say what you like best and least about a town.

Ma ville

Le mercredi après-midi, on n'a pas cours, alors j'aime bien me balader en ville.

J'habite à Fort-de-France, la capitale de la Martinique. C'est aussi la plus grande ville avec environ 90 000 habitants, un quart de la population de l'île.

La ville est située au bord de la mer, dans le sud-ouest de l'île. Il y a souvent des touristes en ville parce que c'est le principal port de la Martinique. Les ferries de Guadeloupe, de Dominique et de Sainte-Lucie arrivent régulièrement à la gare maritime. Il y a souvent des croisières qui font escale* au port pendant quelques nuits et il y a aussi un port de plaisance pour les voiliers et les bateaux de plaisance. Pas loin du port, il y a une plage où on peut se baigner.

Au centre-ville, il y a la bibliothèque Schœlcher, l'hôtel de ville et la cathédrale Saint-Louis. Il y a aussi un théâtre, des cinémas, un office de tourisme, un bureau de poste, des cafés et des restaurants.

Ce que j'aime en ville, c'est qu'il y a des marchés et des magasins en tous genres – j'adore le shopping. Ce que je trouve moins bien, ce sont les transports et la circulation. Les transports en commun s'arrêtent assez tôt le soir, en semaine et le week-end, donc il n'est pas facile de se déplacer si on n'a pas de voiture. Aux heures d'affluence, il y a beaucoup de circulation et cela contribue à la pollution.

Un endroit que j'aime bien est La Savane. C'est un grand espace vert où il y a des arbres qui protègent du soleil quand il fait très chaud.

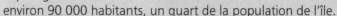

*faire escale – *to stop over, to call at (port)*

1

Read the article and find the French for these phrases:

1 I like to wander around town
2 By the sea
3 Not far from
4 Where you can bathe
5 What I like
6 Of all sorts
7 It's not easy to get around
8 During the rush hour
9 A place I really like

2

Make a list of all the places in
Fort-de-France mentioned in
the article.

ASTUCE

It's well worth learning
some key phrases for
expressing opinions, as
they can be used in many
different contexts.

PHRASES UTILES

Ce que j'aime, c'est qu'il y a ... – *What I like is that ...*

Ce que je trouve moins bien, c'est ... – *What I find less good is that ...*

Ce que j'ai surtout aimé, c'est le panorama du sommet de la
montagne. – *What I liked best of all was the view from the top of
the mountain.*

Ce que j'ai trouvé vraiment bien, c'est qu'il y avait une belle piscine.
– *What I really liked was that there was a lovely swimming pool.*

3

Make notes about your town, or a town you know, using the
headings given below. Then use this to prepare a short written
description of the town for a visitor. This will help you revise the key
vocabulary.

ville: _____

habitants: _____ cent(s)/mille(s)

situation: _____
dans le nord/sud/est/ouest, au bord de la mer, près des
montagnes, située sur ... (fleuve/rivière)

pour les jeunes: _____
(cinéma, complexe sportif, piscine, salle de jeux vidéo)

pour les touristes: _____
(monuments historiques, musée, jardin public, théâtre)

opinion: _____
Ce qui est bien, c'est qu'il y a ...

Ce que je n'aime pas, c'est qu'il n'y a pas de ...

ACTIVITÉ

Reply in French.

1 Où se trouve ta ville?

2 Qu'est-ce qu'il y a d'intéressant à voir?

3 Où vas-tu quand tu vas en ville?

VOCABULAIRE

En ville – In town

l'auberge (f) de jeunesse –
youth hostel

la banlieue – suburbs

le bâtiment – building

la bibliothèque – library

la cathédrale – cathedral

le centre commercial – shopping
centre

le centre sportif – sports centre

le centre-ville – town centre

le commissariat – police station

la gare (routière) – (bus) station

l'hôtel (m) de ville – town hall

le magasin – shop

la mairie – town hall

le marché – market

la municipalité – town council

le musée – museum

l'office (m) de tourisme – tourist
office

le parking – car park

la piscine – swimming pool

la piste cyclable – cycle track

le quartier – district

le restaurant – restaurant

la rue piétonne – pedestrian street

le stade – stadium

la station-service – gas station

le théâtre – theatre

la zone piétonne – pedestrian
area

Au port

les embarcadères (fpl) – docks

embarquer – to board

débarquer – to get off (boat)

la gare maritime – maritime
station/port

le bateau de plaisance –
pleasure boat

le voilier – yacht

la navette – shuttle (ferry)

Dans la rue

In this section you will:
- ask for and understand directions
- use prepositions.

VOCABULAIRE

à – to, at

au, à l', à la, aux – to the, at the

la banlieue – suburbs

au centre de – at/in the centre of

au coin de – at the corner of

à côté de – next to, beside

devant – in front of

derrière – behind

entre – between

en face de – opposite

loin de – far from

pas loin de – not far from

à proximité – nearby

Anne passe le week-end chez sa cousine, Clara, qui habite à Fort-de-France.

Clara: Qu'est-ce que tu veux faire en ville?

Anne: Je voudrais tout voir: les marchés, les magasins, le théâtre. On dit que la bibliothèque Schœchler est belle. C'est vrai?

Clara: Oui, le bâtiment est impressionnant. La bibliothèque est dans la rue de la Liberté, près de l'arrêt de bus.

Anne: Puis je voudrais aller à l'office de tourisme pour demander un dépliant sur la ville et une carte de la région. Est-ce que l'office de tourisme est près de la bibliothèque?

Clara: Euh, je ne sais pas. Quelquefois il y a un kiosque près de La Savane mais il n'est pas toujours ouvert. On va demander en ville. Tu veux faire autre chose?

Anne: Je ne sais pas. Le musée d'histoire, c'est intéressant?

Clara: Oui, c'est dans une belle maison et puis aujourd'hui, comme c'est le dernier samedi du mois, c'est gratuit. Le musée ferme à midi, alors on peut aller d'abord au musée, et ensuite au marché et au centre commercial. Le centre commercial est climatisé, alors c'est bien s'il fait très chaud.

1

Read the conversation and answer the questions.

1 Mention two places that Anne would like to see.
2 Where is the library?
3 What may be a problem with going to the tourist information kiosk?
4 Why do they decide to go to the museum first?
5 What is an advantage of going to the shopping centre?

2

Find the French for the following:

1 I'd like to see everything
2 Near the bus stop
3 It's not always open
4 The museum closes
5 It's air-conditioned

3

Tomorrow there's no school. Write a message to your friends suggesting you meet in town and saying where and when to meet up.

Prepositions

When using prepositions and phrases containing *à* or *de*, make sure you use the correct forms of these. So it's *à côté du marché* (next to the market), but *à côté de la poste* (next to the post office).

masculine	feminine	before a vowel or silent h	plural
au	à la	à l'	aux
du	de la	de l'	des

For a list of other prepositions of place, see *Sommaire* (Directions), page 74.

Read the situations and in each case, work out:
a What do you ask?
b What is the reply?

1 You cannot find a place in town, so you ask someone in the street.

2 You have got sunburnt and want to get some advice from the pharmacy. Ask a passer-by if there's a pharmacy nearby.

3 You want to know when the shopping centre closes.

4 You are in the shopping centre and need to use the rest room.

Using the grids below to help, work out how to say the following:

1 How do I get to the cathedral, please?
2 It's ten minutes on foot. At the crossroads, turn right.
3 Is the tourist office near here?
4 It's not far. Go straight ahead.
5 Excuse me, I'm looking for the post office.
6 It's very near. Take the first road on the left.

Pardon,	monsieur, madame,	pour aller	au marché, à l'office de tourisme, au commissariat,	s'il vous plaît?
		est-ce qu'il y a	un café une pharmacie des toilettes	dans le quartier? près d'ici?
		le parc, c'est loin?		
		je cherche le supermarché.		
		où se trouve l'église Sainte-Marie?		

Continuez tout droit.	*Go straight on.*
Descendez la rue jusqu'à/au/à la/à l'/aux …	*Go down the road as far as …*
Prenez la première/deuxième rue à droite/à gauche.	*Take the first/second road on the right/left.*
Au carrefour, tournez à droite/à gauche.	*At the crossroads, turn right/left.*
C'est tout près.	*It's very near.*
Ce n'est pas loin.	*It's not far.*
C'est très loin.	*It's a very long way.*
C'est à cinq minutes à pied.	*It's five minutes on foot.*
C'est après l'église.	*It's after the church.*
C'est avant le supermarché.	*It's before the supermarket.*
Ça ferme à quelle heure?	*What time does it close?*

On se connecte

In this section you will:
- talk about new technology
- say how regularly you do something.

ASTUCE

There are several ways to say how regularly you do something.

chaque jour/semaine/mois – every day/week/month

tous les jours – every day

tous les mercredis – every Wednesday

une/deux/trois fois par semaine – once/twice/three times a week

Read the forum texts and reply in English.

1 When does Marie use the internet?
2 What does her mother think?
3 What is Marie interested in?
4 When does Clément use the internet at school?
5 What did he search for last week?
6 What advantages does Justine mention?
7 What problem did Kévin's grandfather have and how was the problem resolved?

↑ ↻ Forum des jeunes des Antilles

Que pensez-vous de l'internet? Qu'est-ce que vous regardez comme sites?

Nous avons un ordinateur à la maison et je vais en ligne deux ou trois fois par semaine. Ma mère pense que les jeunes passent trop de temps sur l'ordi, alors elle est assez stricte avec nous. J'aime bien les forums parce qu'on peut communiquer avec des personnes dans le monde entier. Je m'intéresse à l'environnement et il est intéressant de partager des idées avec d'autres. **Marie**

Au CDI à notre collège on peut utiliser des ordinateurs pendant la récréation et la pause-déjeuner. Alors si on a un devoir de géo, on peut faire des recherches en ligne. La semaine dernière, par exemple j'ai cherché des sites sur les volcans aux Antilles et j'ai trouvé un tas d'infos. **Clément**

Moi, je vais en ligne chaque soir après avoir fait mes devoirs. Quand je me connecte, je regarde un site comme Facebook. J'ai un copain de vacances qui habite en Guyane Française et c'est bien de rester en contact avec lui. Notre ordinateur a une webcam alors nous pouvons avoir une conversation et nous voir en même temps. Normalement ça marche bien, mais ça dépend de la connexion. **Justine**

L'internet, ça va quand ça marche bien. Mon grand-père a eu beaucoup d'ennuis avec un virus sur son ordinateur, mais maintenant il a un antivirus qui se renouvelle régulièrement, alors ça va.
Kévin

2

Find a suitable answer (a–d) for each question (1–4) and read them all out in order.

1 À ton avis, est-ce qu'un téléphone cellulaire est nécessaire?

2 Quand est-ce que tu utilises ton portable?

3 Quels sont les inconvénients des téléphones cellulaires?

4 Est-ce qu'il y a des personnes qui sont trop dépendantes de leur portable?

a On n'a pas le droit d'utiliser son portable en classe, mais le soir je téléphone souvent à mes copains.

b Quelquefois le portable ne fonctionne pas parce qu'il y a des problèmes de connexion ou parce qu'on n'a plus de crédit, alors ça c'est pénible.

c Je pense que oui. En cas d'urgence, on peut toujours contacter quelqu'un, mais le portable doit être chargé.

d Je connais des gens qui utilisent tout le temps leur portable, par exemple dans la rue, et ils ne font pas attention à ce qui se passe autour d'eux. Dans les bus, ça peut déranger les autres passagers si on parle à haute voix avec son portable.

ACTIVITÉ

Reply in French.

1 Quand est-ce que tu vas en ligne? Qu'est-ce que tu fais principalement?

2 Quels sont tes sites préférés?

3 Quels sont les avantages de l'internet?

4 Quels sont les inconvénients des téléphones cellulaires?

Respond in French to the following situations.

1 You were doing your history homework on the computer when it crashed and you lost your work.

   a What do you tell your teacher?
   b What does your teacher say?

2 You are at a friend's house when you realise that your mobile has run out of charge.

   a What do you ask your friend? **b** What does your friend say?

VOCABULAIRE

l'adresse (f) e-mail – email address
le baladeur MP3 – MP3 player
le blog – blog
brancher – to plug in
charger – to charge with electricity
cliquer sur – to click on
l'e-mail (m) – email
effacer – to delete
en ligne – online
fermer – to shut down
le fichier – file
le forum – forum, online discussion
le lien – link
le mot de passe – password
le moteur de recherche – search engine
l'ordinateur (m) – computer
le pseudo – nickname
rechercher – to search for
le site web – website
la souris – mouse
surfer sur Internet – to surf the net
taper – to type
télécharger – to download
tomber en panne – to crash/stop working
la webcam – webcam

For more technology vocabulary, see page 74.

3.5   À la campagne

OBJECTIFS

In this section you will:
- talk about the countryside
- express worries and fears.

VOCABULAIRE

à la campagne – in the country

l'anse (f) – bay, cove

l'arbre (m) – tree

le bois – wood

le buisson – bush

la campagne – the country(side)

le champ – field

la colline – hill

cueillir – to pick

cultiver – to grow, cultivate

la ferme – farm

le fermier – farmer

la fleur – flower

la forêt – forest

le fruit – fruit

l'herbe (f) – grass

l'insecte (f) – insect

le morne – hill

le paysage – landscape, scenery

le piton – peak

la plage – beach

la plante – plant

en plein air – in the open air

la randonnée – ramble, hike

la ravine – gully, ravine

la rivière – river

le village – village

le volcan – volcano

For more vocabulary about the countryside, see page 74.

Le dimanche, nous allons souvent chez mes grands-parents qui habitent Basse-Pointe, une petite ville dans le nord-est de la Martinique. C'est une région très fertile, car elle est sur les pentes du volcan, la Montagne Pelée. On y cultive des bananes et des ananas. Mes grands-parents sont à la retraite maintenant, mais autrefois ils travaillaient dans une plantation de bananes.

Basse-Pointe se trouve sur la côte Atlantique. La côte est belle et sauvage avec des falaises blanches, mais il est dangereux de s'y baigner parce que la mer est très agitée.

Dans la région il y a deux temples hindous car dans les années 1850, des Indiens se sont installés là pour travailler dans les sucreries.

Mes grands-parents ont une petite maison avec un joli jardin où il y a des arbustes aux fleurs très colorées comme des hibiscus et des bougainvillées et des arbres comme des cocotiers et des bananiers.

Normalement, après le déjeuner du dimanche, nous faisons une promenade. Quelquefois, nous entrons dans la forêt où on voit des oiseaux, comme des colibris et des perroquets et, plus rarement, on voit des animaux comme des mangoustes et des agoutis. On dit qu'il y a des serpents mais je n'en ai jamais vu.

1

Complete the sentences with the word which fits best.

1 Basse-Pointe est une petite ville, située sur la … (**a** rivière **b** montagne **c** forêt **d** côte) Atlantique dans le nord-est de … (**a** la ville **b** la ferme **c** l'île **d** l'endroit).

2 On ne va pas à la plage pour … (**a** manger **b** nager **c** se promener **d** boire) parce que la mer est agitée et peut être dangereuse.

3 Comme c'est une région fertile on … (**a** vois **b** voit **c** voir **d** voient) beaucoup de fleurs et d'arbres.

4 Les colibris et les perroquets sont … (**a** des fleurs **b** des poissons **c** des oiseaux **d** des animaux).

A B C D

Complete the definitions. Then find the correct photo for each one.

1 C'est une fleur qu'on trouve dans tous les pays ... (**a** chaud **b** chaude **c** chauds **d** chaudes) et qui peut être rouge vif, jaune, rose ou orange. La fleur est très bien adaptée à la pollinisation ... (**a** avec **b** dans **c** par **d** sur) les insectes et les colibris.

2 C'est un oiseau ... (**a** dont **b** où **c** que **d** qui) se nourrit du nectar des fleurs et de petits insectes.

3 C'est un ... (**a** petit **b** petite **c** petits **d** petites) lézard dont la couleur change pour lui permettre de se camoufler. Il se nourrit des insectes qu'il capture avec sa langue collante.

4 On le ... (**a** vois **b** voit **c** voyez **d** voient) sur le sable des plages et dans les endroits humides. On le voit aussi sur les menus des restaurants, car il est très apprécié dans la cuisine locale!

ASTUCE

Many words for trees are formed from the name of the fruit and the ending *-ier*. So, if you see a new word ending in *-ier* and it fits the context, it may be the word for a tree.

Work out what these words mean:

un avocatier   *un cocotier*

un bananier   *un manguier*

un palmier

3

Read the conversation to find out how to say you're afraid of something:

1 I'm afraid of insects.
2 My sister is afraid of dogs.
3 My brother is afraid of mice.
4 Don't be frightened.
5 Don't worry too much.
6 You have to take care in the forest.

– De quoi as-tu peur?

– Moi, j'ai peur des serpents. Ça m'inquiète quand nous faisons une promenade dans la forêt.

– N'aie pas peur! On voit très rarement des serpents. Normalement ils gardent leurs distances et n'attaquent pas les humains.

– Mais je crains de marcher sur un serpent si je ne le vois pas.

– C'est vrai qu'il faut faire attention, mais ne t'inquiète pas trop.

GRAMMAIRE

The command form of *avoir* is irregular. It is not often used, but is useful in the following phrases:
N'aie pas peur! N'ayez pas peur! Don't be frightened!

Note how to give a negative command of a reflexive verb – the reflexive pronoun comes before the verb (unlike in a positive command):
Ne t'inquiète pas! Ne vous inquiétez pas! Don't worry!

The verb *craindre* (to be afraid of, to fear) can be used in two ways:

craindre de + infinitive
Je crains de marcher sur un serpent. I'm afraid of treading on a snake.

craindre que + subjunctive
Ils craignent que ce soit un serpent très venimeux. They're afraid that it may be a very poisonous snake.

The subjunctive is a verb form you will need to understand but not necessarily use; for more information, see *Grammaire* (14.13), page 177.

ACTIVITÉ

Using the outline below, write a letter or composition in French of no more than 130–150 words. Use appropriate tenses. Do not write your real name and address, but make sure you include the date in French and use an appropriate beginning and ending.

Describe a day in the countryside:

i Explain where you went and why
ii Describe how you spent the day and what you liked about it
iii Describe an incident that occurred
iv Say what you think about life in the country

3.6

À table!

OBJECTIFS

In this section you will:

• talk about mealtimes

• use the partitive article (*du, de la, de l', des*).

Manger, c'est important!

Dans beaucoup de familles, on prend trois ou quatre repas par jour. Le matin, on commence par le petit déjeuner. Normalement on mange du pain avec du beurre et de la confiture (des tartines) et on boit du jus de fruit ou une boisson chaude, comme du café ou du chocolat. Quelquefois on mange des yaourts et des fruits aussi.

On prend le déjeuner entre midi et deux heures. Beaucoup d'élèves sont demi-pensionnaires, c'est-à-dire qu'ils prennent le déjeuner dans la cantine à l'école, tandis que d'autres rentrent à la maison. Traditionnellement on mange un bon repas à midi, avec un hors-d'œuvre, comme des crudités; un plat principal, par exemple de la viande ou du poisson; des légumes ou de la salade verte; du fromage et un dessert. Quelquefois on prend un repas plus léger et plus rapide, comme une pizza ou des pâtes.

Quand les jeunes rentrent à la maison, après une journée à l'école, ils ont faim et ils prennent le goûter. On mange souvent un fruit et du pain avec de la confiture, du chocolat ou du Nutella. Comme boisson, on prend du sirop à l'eau, du jus de fruit ou de la limonade.

Le soir, on prend le dîner entre sept heures et huit heures. Normalement on mange plusieurs plats, comme à midi.

VOCABULAIRE

le repas – meal

le petit déjeuner – breakfast

le déjeuner – lunch

le dîner – dinner

le goûter – after-school snack

le repas de fête – meal for a special occasion

GRAMMAIRE

The word for 'some' changes according to the noun which follows:

masculine	feminine	before a vowel or silent 'h'	plural
du fromage	*de la* salade	*de l'*eau	*des* frites

Use *de* (*d'*) instead of *du/de la/de l'/des* in the following cases:

– after a negative (*ne … pas, ne … plus, ne … jamais*)
Je n'ai pas d'ignames. I haven't any yams.
Il n'y a plus de noix de coco. There are no coconuts left.

– after expressions of quantity. *un kilo d'oranges*

But not with the verb *être* or after *ne … que*:
Ce n'est pas de l'ananas, c'est de la mangue.
It's not pineapple, it's mango.
Il ne reste que de la glace à la vanille.
There's only vanilla ice cream left.

1

Find the correct answer (a–c) to each question (1–3). Then read out the conversation with a partner.

1 Qu'est-ce que tu fais à midi?

2 Est-ce que tu prends le goûter en rentrant chez toi?

3 Quel est ton plat préféré?

a Moi, j'aime bien le goûter: quand je reviens du collège, j'ai toujours faim et je prends un chocolat chaud et des tartines, et quelquefois un yaourt aux pêches. C'est bon, ça!

b Un plat que j'aime bien, ce sont les acras de crevettes. Dans notre ville il y a une dame qui prépare les acras le vendredi et le samedi soir et elle les vend. Ce n'est pas cher et c'est vraiment délicieux.

c À l'école primaire, je retournais à la maison pour déjeuner, tandis qu'au collège, je déjeune à la cantine. On mange assez bien. Pour commencer il y a de la salade ou des crudités, puis un plat principal, et après un fruit ou un yaourt. Quand je suis en ville avec mes copains, je préfère prendre un sandwich ou une pizza.

2

Work out how to say your favourite flavours, in reply to these questions.

1 Tu aimes les yaourts aux fruits? Quel parfum préfères-tu?

2 Qu'est-ce que tu aimes comme glace?

3 Tu aimes les tartes? Lesquelles?

4 Qu'est-ce que tu préfères comme jus de fruit?

3

L'ABC des fruits et légumes

Work through the alphabet, trying to think of the name of a different fruit or vegetable for each letter.

Example: ananas, brocoli, chou, ...

ASTUCE

For flavours of food use *au*, *à l'*, *à la* and *aux*:
un gâteau au coco,
la tarte à l'abricot,
une glace à la mangue,
le yaourt aux noisettes.

With fruit juice, use *de*:
un jus d'orange,
un jus de goyave.

ACTIVITÉ

Reply in French.

1 Qu'est-ce que tu manges et bois, d'habitude, au petit déjeuner?

2 Où manges-tu à midi, en semaine, et qu'est-ce que tu aimes manger?

3 Qu'est-ce que tu prends à manger et à boire quand tu rentres après l'école?

4 Le soir, on mange à quelle heure chez toi normalement?

5 Quel est ton repas préféré et pourquoi?

LIEN

For food and drink vocabulary see *Sommaire*, page 128.

Un repas en famille

Read this dialogue with a friend to practise what to say if you have a meal with a French-speaking family.

Marc et Pierre jouent dans la même équipe de football. Un jour, Marc est invité chez Pierre après l'entraînement.

Mme Dupin: Bonjour, Marc. Ça va?

Marc: Bonjour, madame. Ça va bien, merci.

Mme Dupin: Veux-tu quelque chose à boire? Il y a du jus d'orange, de la limonade, du Coca, du thé …

Marc: Un jus d'orange, s'il vous plaît.

....

Mme Dupin: On mangera vers sept heures et demie. Dis-moi, est-ce qu'il y a quelque chose que tu ne manges pas?

Marc: Euh… Je n'aime pas beaucoup le boudin.

Mme Dupin: D'accord, on n'en mangera pas.

....

Mme Dupin: À table, tout le monde. Marc, qu'est-ce que tu veux boire?

Marc: De l'eau, s'il vous plaît.

Mme Dupin: Pour commencer, il y a de la salade de tomates. Je te sers, tu aimes ça?

Marc: Oui, je veux bien.

Mme Dupin: Bon appétit!

....

Mme Dupin: Encore de la salade?

Marc: Non, merci. Ça me suffit.

Mme Dupin: Comme plat principal, il y a du blaff.

Marc: Mm, c'est vraiment délicieux, madame. J'adore le poisson.

Mme Dupin: Merci, Marc. Voilà des légumes. Sers-toi.

Marc: Pouvez-vous me passer le pain, s'il vous plaît?

....

Mme Dupin: Comme dessert, il y a de la glace ou des fruits. Qu'est-ce que tu prends?

Marc: De la glace, s'il vous plaît.

....

Mme Dupin: Tu en veux encore?

Marc: Oui, avec plaisir.

....

Mme Dupin: Tu prends du café?

Marc: Non, merci. Je ne bois pas de café.

LIEN

The topic of buying food and drink and eating out is covered in Unit 5.

1

Find the French for the following:

1 Do you want a drink?

2 Is there anything you don't eat?

3 I've had enough.

4 It's really delicious.

5 Help yourself.

6 Do you want some more?

7 I don't drink coffee.

2

Pair up the two parts of each sentence.

1 Je ne mange pas de viande …

2 Chez nous, on ne mange pas de bœuf …

3 Je ne mange pas de produits qui contiennent des noix ou de l'arachide …

4 Mon petit frère ne supporte pas les boissons qui contiennent de la caféine, comme le Coca …

5 Mon père doit manger régulièrement et il ne mange pas de sucreries …

6 Nos voisins ne mangent pas de porc …

7 Ma mère fait très attention à ce qu'elle mange …

a parce qu'ils sont musulmans et que manger du porc est interdit par leur religion.

b parce que j'y suis allergique.

c parce qu'elle est au régime.

d parce que ça le rend hyperactif et après, il a mal à la tête.

e parce que je suis végétarien.

f parce que nous sommes hindous et les hindous ne mangent pas de bœuf.

g parce qu'il est diabétique.

Mes plats favoris

Quelquefois j'aide ma grand-mère à faire la cuisine. J'aime bien faire les acras de morue. C'est comme des beignets et c'est fait avec de la farine, de l'oignon, du piment, du thym et de la morue. Ça se mange chaud et c'est vraiment délicieux.

Un dessert que j'aime bien est la tarte à la christophine. C'est très bon.

ACTIVITÉ

Reply in French.

1 Quel est ton plat favori? Quels en sont les ingrédients?

2 Qu'est-ce que tu n'aimes pas manger?

3 Qui fait la cuisine chez toi? Quand est-ce que tu aides à faire la cuisine?

Respond in French to these situations.

1 You are having a meal with a family. When asked whether there is any food you don't eat, explain that you are allergic to nuts (*aux fruits à coque et à l'arachide*).

  a What do you say? **b** What is the reply?

2 After the meal, you offer to help with the dishes, but your host explains there is a dishwasher.

  a What do you say? **b** What is the reply?

VOCABULAIRE

les acras (mpl) – fritters

l'arachide (f) – peanut/ groundnut (oil)

le blaff – fish stew

le bœuf – beef

le boudin – black pudding

la christophine – christophine

les crevettes (fpl) – shrimps

les fruits à coque (mpl) – nuts

la morue – cod

le piment – (hot) pepper

le porc – pork

les sucreries (fpl) – sweet things

la viande – meat

See also 5.7, page 119.

Ça ne va pas!

In this section you will:

- describe some common symptoms
- identify parts of the body
- use *avoir* expressions
- express sympathy.

VOCABULAIRE

avoir l'air – to seem

avoir besoin (de) – to need (to)

avoir de la chance – to be lucky

avoir envie (de) – to want (to)

avoir faim – to be hungry

avoir de la fièvre – to have a temperature

avoir froid – to be cold

avoir honte (de) – to be ashamed (of)

avoir lieu – to take place

avoir mal à – to be in pain, to have an ache

avoir mal au cœur – to feel nauseous, to want to vomit

avoir peur (de) – to be afraid of

avoir raison – to be right

avoir soif – to be thirsty

avoir sommeil – to be sleepy

avoir tort – to be wrong

ASTUCE

Remember that the verb *avoir* is used in various expressions, where the verb 'to be' is used in English.

Mal au ventre

Léo: Je ne me sens vraiment pas bien.

Enzo: C'est vrai? Qu'est-ce qui ne va pas?

Léo: J'ai mal à l'estomac.

Enzo: Tu as peut-être mangé quelque chose qui n'était pas bon? Qu'est-ce que tu as mangé à midi?

Léo: J'étais au restaurant et j'ai mangé des fruits de mer, alors c'est peut-être ça.

Enzo: C'est possible. De toute façon, reste à la maison aujourd'hui, bois beaucoup d'eau et ne mange pas grand-chose. Si ça ne va pas mieux ce soir, on appellera le médecin.

Un coup de soleil

Anne: Oh là là, j'ai vraiment mal à la tête.

Clara: Et tu as le visage tout rouge. Tu as soif?

Anne: Oui, j'ai soif. Donne-moi un verre d'eau, s'il te plaît. J'ai eu tort de rester au soleil à midi. J'avais sommeil et j'ai dû m'endormir.

Clara: Oui, le soleil était très fort. Tu as besoin de quelque chose d'autre?

Anne: Je ne sais pas, je me sens très fatiguée.

Clara: Alors, allonge-toi sur le canapé. Ça va mieux?

Anne: Non, j'ai envie de vomir.

Clara: Alors, tu ne vas vraiment pas bien. Je vais appeler le médecin.

1

Read the two conversations.

1 What symptoms does Léo have? What is a possible cause? What action is advised before calling the doctor?

2 Make a list of all of Anne's symptoms.

2

Check you know all parts of *avoir* in different tenses (see *Les verbes*, page 182). Practise by completing these sentences.

Present tense

1 Moi, j'... chaud et j' ... soif.

2 Tu ... l'air fatigué. Est-ce que tu ... mal aux pieds?

3 Nous ... besoin d'un médecin parce que le bébé ... de la fièvre depuis deux jours.

Imperfect tense

1 Hier, j'... mal à la gorge, mais aujourd'hui ça va mieux.

2 Samedi dernier, ma sœur ... de la fièvre et elle ... très mal à l'estomac.

3 Mes parents ... peur qu'elle soit très malade.

Future tense

1 La semaine prochaine, j' ... besoin de ton aide, si possible, pour ma fête d'anniversaire.

2 Ah oui, tu ... quinze ans vendredi, n'est-ce pas?

3 Où est-ce que la fête ... lieu?

Le corps humain

Check you know the different parts of the body, by writing a list of captions for the photos. For help, look at *Sommaire* on page 75.

GRAMMAIRE

The verb *avoir peur que* is followed by a verb in the subjunctive form:

J'avais peur qu'il soit très malade. (I was afraid that he might be very ill.)

The verb *soit* is the present subjunctive of *être*. You may need to recognise this in the CSEC exam, but you won't have to use it.

For more about the subjunctive, see *Grammaire* (14.13), page 177.

PHRASES UTILES

Here are some useful phrases to express sympathy.

Tu n'as vraiment pas de chance. – *You've been really unlucky.*

Quel dommage! – *What a pity.*

J'étais désolé(e) d'apprendre que tu n'allais/vous n'alliez pas bien. – *I was very sorry to hear that you weren't well.*

Je pense à toi/vous. – *I'm thinking of you.*

Bonne récupération! – *Get well soon!*

To offer your condolences, you can say:
Mes plus sincères condoléances.

ACTIVITÉ

Respond in French to these situations.

1 Your friend is not feeling well.

a What does (s)he say? **b** What is your response?

2 Your friend's little sister is crying.

a What do you say to her? **b** How does she respond?

Write in French the information required for each of the following situations. Do not write more than one sentence.

1 You send a 'Get well' card to your grandfather. What two things do you write on the card?

2 You are not well and send a message to your friend explaining why you can't play football, as planned.

Je suis malade

Read what Nicolas says when he telephones the dentist.

Réceptionniste: Allô.

Nicolas: Bonjour, madame. Est-ce que je peux avoir un rendez-vous? J'ai mal aux dents depuis deux jours et j'aimerais voir un dentiste le plus tôt possible.

Réceptionniste: Demain matin, ça ira?

Nicolas: Ce n'est pas possible aujourd'hui?

Réceptionniste: Voyons ... si, vous avez de la chance. Le dentiste pourra vous voir cet après-midi. Pouvez-vous venir à quinze heures?

Nicolas: Oui, ça ira. Je viendrai à quinze heures cet après-midi. Merci, madame.

Réceptionniste: C'est à quel nom, monsieur?

Nicolas: Duhamel, Nicolas.

Réceptionniste: Merci, au revoir, monsieur.

Nicolas: Au revoir, madame.

1

1 For how long has Nicolas had toothache?
2 When does the receptionist suggest he attend first of all?
3 When is the appointment which is finally agreed?

2

Find the pairs.

1 Qu'est-ce qui ne va pas?
2 Je ne me sens pas bien du tout.
3 Prenez un comprimé avec le repas trois fois par jour.
4 J'ai mal à la tête depuis trois jours.
5 Restez au lit et buvez de l'eau.
6 Je me suis cassé la jambe.
7 Je vais vous faire une ordonnance.
8 Je suis allergique au sparadrap.
9 Prenez le médicament avant de vous coucher.
10 Je me suis fait mal au pied en jouant au volley.

a I've had a headache for three days.
b I hurt my foot while playing volleyball.
c I'll give you a prescription.
d I've broken my leg.
e Take the medication before going to bed.
f Stay in bed and drink water.
g What's wrong?
h I'm allergic to plasters.
i Take one tablet with a meal, three times a day.
j I don't feel at all well.

qui and que

Both *qui* and *que* can link two sentences together and relate to people or things. They are called relative pronouns.

The pronoun **qui** is in the role of the subject of the verb (doing the action) and is usually followed directly by a verb. It is never shortened when it comes before a vowel.

Ma mère qui a une toux et qui a mal à la gorge est allée à la pharmacie. My mother, who has a cough and a sore throat, went to the chemist's.

Le pharmacien lui a recommandé un sirop qui a mauvais goût. The chemist recommended a linctus, which has a nasty taste.

The pronoun **que** is in the role of the object of the verb (has the action done to it) and is often followed by a noun or a pronoun. It is often shortened to *qu'*.

J'ai perdu l'ordonnance que le médecin m'a faite. I've lost the prescription which the doctor gave me.

Comment s'appelle le médecin qu'on a vu à l'hôpital? What's the name of the doctor who we saw at the hospital?

The present participle

En + a present participle is a useful way of saying 'while -ing' and 'by -ing', when the subject is the same for both verbs. You can use it to explain how something happened:

*Je suis tombé **en jouant** au football.* I fell while playing football.

It's easy to form the present participle:
– take the *nous* form of the verb: *nous jouons*
– omit *-ons*. Add *-ant*: *jouant*

3

Fill the gaps in these definitions with *qui* or *que* (*qu'*), then find in the box the name of the thing or person they describe.

1 C'est un liquide ... on boit quand on doit prendre un comprimé.

2 C'est la personne … soigne les malades sous la direction d'un médecin.

3 Les gens ... ont des symptômes ... ne sont pas très graves vont à ce magasin.

4 C'est quelque chose ... le médecin donne aux malades s'ils doivent prendre des médicaments.

5 C'est un insecte ... pique, surtout le soir.

6 C'est un médicament ... on prend quelquefois si on a mal à la tête.

> de l'aspirine   de l'eau   la pharmacie   l'infirmier/l'infirmière
> un moustique   une ordonnance

4

Complete each explanation using the present participle of the verb given at the end.

1 Je suis tombé en ... l'escalier. (*descendre*)

2 Elle s'est coupé le doigt en ... les légumes. (*couper*)

3 Ils se sont fait piquer par des moustiques en ... le soir. (*sortir*)

4 Mon copain s'est fait piquer par un serpent en ... dans la forêt. (*marcher*)

5 Ma copine s'est tordu la cheville en ... sur la plage. (*courir*)

Respond in French to the situations.

1 You are at the doctor's as you are not well.

  a What does the doctor ask?
  b What do you say?

2 You are at the pharmacy with a friend who has not been well this morning and you explain his/her symptoms.

  a What do you say?
  b What does the pharmacist reply?

Write in French the information required for each situation. Do not write more than one sentence.

1 You have seen your doctor and he has written some advice for you. What two things are you advised to do?

2 Write a message to a friend saying that your mother is not well and has a doctor's appointment. What two things do you write?

3.10 Sommaire

Places in town

(see page 59)

Directions

(see page 60)

C'est après l'église. – *It's after the church.*

C'est avant le supermarché. – *It's before the supermarket.*

C'est sur votre droite. – *It's on your right.*

C'est sur votre gauche. – *It's on your left.*

C'est droit devant vous. – *It's right in front of you.*

à – *to, at*

au/à la/à l'/aux – *to the, at the*

à côté de – *next to, beside*

au bout de – *at the end of*

au coin de – *at the corner of*

devant – *in front of*

derrière – *behind*

en face de – *opposite*

entre – *between*

aux feux – *at the traffic lights*

le carrefour – *crossroads*

le rond-point – *roundabout*

la rue – *street*

le trottoir – *pavement/sidewalk*

Getting around

la circulation – *traffic*

circuler – *to get around/about*

conduire – *to drive*

se déplacer – *to travel around*

l'embouteillage (m) – *bottle neck, traffic jam*

le panneau – *sign*

le parking – *car park*

rouler – *to drive, move*

la route – *road*

le sens unique – *one-way system*

stationner – *to park*

le stationnement – *parking*

In the country

(see page 64)

l'arbre (m) – *tree*

le bois – *wood*

le buisson – *bush*

la campagne – *the country(side)*

le champ – *field*

la colline – *hill*

cueillir – *to pick*

cultiver – *to grow, cultivate*

la ferme – *farm*

le fermier – *farmer*

la fleur – *flower*

la forêt – *forest*

le fruit – *fruit*

l'herbe (f) – *grass*

l'insecte (f) – *insect*

le morne – *hill*

le paysage – *countryside*

la plante – *plant*

en plein air – *in the open air*

la randonnée – *walk, ramble, hike*

la rivière – *river*

le village – *village*

Animals

le canard – *duck*

le cheval – *horse*

la chèvre – *goat*

le cochon – *pig*

le mouton – *sheep*

le oiseau – *bird*

le poney – *pony*

la poule – *hen*

la vache – *cow*

Birds and wild animals

l'agouti (m) – *agouti*

l'anolis (m) – *small lizard*

le cabri – *kid, young goat*

le caïman – *caiman, alligator*

le cochon marron – *wild boar*

le colibri – *hummingbird*

le coquillage – *shell*

le crabe – *crab*

la crevette – *shrimp*

le lambi – *conch*

la langouste – *crayfish, spiny lobster*

le lézard – *lizard*

le mabouya – *lizard*

la mangouste – *mongoose*

le perroquet – *parrot*

le serpent – *snake*

Food and drink

(see page 67, 69 and 5.7 page 119)

Mealtimes

(see page 66)

A family meal

(see page 68)

Diet requirements and health

être végétarien(ne) – *to be vegetarian*

je ne supporte pas … – *I can't tolerate …*

je suis allergique à … – *I'm allergic to …*

ça me rend malade – *it makes me ill*

ça le/la rend hyperactif/ive – *it makes him/her hyperactive*

le régime – *diet*

Technology

l'adresse (f) e-mail – *email address*

le baladeur MP3 – *MP3 player*

le blog – *blog*

brancher – *to plug in*

charger – *to charge with electricity*

le clavier – *keyboard*

cliquer sur – *to click on*

l'écran (m) – *screen*

l'e-mail (m) – *email*

effacer – *to delete*

en ligne – *online*

fermer – *to shut down*

le fichier – *file*

le forum – *forum, online discussion*

l'imprimante (f) – *printer*

le lien – *link*

le mot de passe – *password*

le moteur de recherche – *search engine*

numérique – *digital*

l'ordinateur (m) – *computer*

le pseudo – *nickname*

rechercher – *to search for*

sélectionner – *to highlight*

le site web – *website*
la souris – *mouse*
sauvegarder – *to save*
surfer sur Internet – *to surf the net*
taper – *to type*
tchater – *to chat online*
télécharger – *to download*
tomber en panne – *to crash/stop working*
la touche – *key*
la webcam – *webcam*

Naming parts of the head

la tête – *head*
la bouche – *mouth*
le cerveau – *brain*
les cheveux (mpl) – *hair*
la dent – *tooth*
la gorge – *throat*
la langue – *tongue*
la lèvre – *lip*
le menton – *chin*
le nez – *nose*
l'œil (m) – *eye*
l'oreille (f) – *ear*
le sourcil – *eyebrow*
le visage – *face*
la voix – *voice*
les yeux (mpl) – *eyes*

Parts of the body

le corps – *body*
le bras – *arm*
la cheville – *ankle*
le cœur – *heart*
le cou – *neck*
le coude – *elbow*
la cuisse – *thigh*
le derrière – *behind*
les doigts (mpl) – *fingers*
les doigts de pied (mpl) – *toes*
le dos – *back*
l'épaule (f) – *shoulder*
l'estomac (m) – *stomach*
le genou – *knee*
la hanche – *hip*
la jambe – *leg*
la main – *hand*

les orteils (mpl) – *toes*
l'os (m) – *bone*
la peau – *skin*
le pied – *foot*
le poignet – *wrist*
la poitrine – *chest*
le pouce – *thumb*
le sang – *blood*
la taille – *waist*
le talon – *heel*
le ventre – *stomach*

At the doctor's and dentist's

chez le médecin – *at the doctor's*
chez le dentiste – *at the dentist's*
avoir de la fièvre – *to have a temperature*
avoir mal au cœur – *to feel nauseous*
avoir mal – *to have a pain, to hurt/ache*
blessé(e) – *injured*
une blessure – *injury*
bouger – *to move*
le cabinet du médecin – *doctor's consulting room*
le chirurgien – *surgeon*
le coup de chaleur – *heatstroke*
la coupure – *cut*
le docteur – *doctor*
dormir – *to sleep*
douloureux/euse – *painful*
enflé(e) – *swollen*
l'entorse (f) – *sprain*
examiner – *to examine*
grave – *serious*
la grippe – *flu*
guérir – *to get better, heal*
les heures de consultation (fpl) – *doctor's consulting hours*
l'hôpital (m) – *hospital*
l'insolation (f) – *sunstroke*
malade – *ill*
le/la malade – *patient*
la maladie – *disease, illness*
le médicament – *medication, medicine*
l'ordonnance (f) – *prescription*
le pansement – *sticking plaster, dressing*
la piqûre – *sting; injection*
le plâtre – *plaster (cast)*

prendre rendez-vous – *to make an appointment*
la radio – *X-ray*
les rayons X (mpl) – *X-ray*
se blesser – *to injure oneself*
se brûler – *to burn oneself*
se casser (le bras) – *to break (one's arm)*
se couper – *to cut oneself*
se faire mal – *to hurt oneself*
se reposer – *to rest*
sévère – *serious*
souffrir – *to suffer*
tomber malade – *to fall ill*
tousser – *to cough*
vomir – *to vomit, throw up*

GRAMMAIRE

Reflexive verbs: page 57

Prepositions: page 61

Imperative of *avoir* and reflexive verbs: page 65

craindre de + infinitive: page 65

craindre que + subjunctive: page 65

The partitive article (*de, du, de la, de l', des*): page 66

Expressions with *avoir*: see *Vocabulaire* page 70

avoir peur que + subjunctive: page 71

qui and *que*: page 73

en + present participle: page 73

These practice questions focus specifically on the topic of 'Daily Routines'.

EXAM TIPS

The listening exam

Listen to as much French as possible, e.g. French TV and radio stations, French websites, etc. This will help you to get used to French sounds and intonation and will also improve your pronunciation.

Check you know the pronunciation of French numbers, percentages (*dix pour cent*), time and the 24-hour clock, dates, and key expressions of time (*hier, aujourd'hui, demain*, etc.).

Words which are spelt the same in French and English are often pronounced differently. Each syllable of a French word is normally stressed equally, whereas in English, there is often a stronger emphasis on one syllable.

You rarely hear the final consonant in a French word, so you won't hear the final letter in the following words: *l'art, fruit, riz, sport, vent*.

In most cases, you won't hear the final 's' in a plural word so *grand* and *grands* sound the same.

Paper 1, Part A, Section IV

Part A of this paper assesses listening comprehension. Ask a friend or family member to read the passage aloud for you.

This multiple-choice task assesses your ability to listen to and understand a passage in French. It will normally consist of two parts: Part A and Part B.

The passage will be read to you at normal pace three times. Before the test, you will be given the following instructions.

The examiner will read the passage straight through once. You will then have three minutes to look at the questions in English on the text. There are two groups of questions.

The passage will be read to you again, but this time in two parts. After Part A has been read, you will have five minutes in which to select the BEST answer for each of the first group of questions. The procedure will then be repeated for Part B.

The passage will then be read a third time, straight through, and you will have four minutes for final revision.

The end-of-year exams

Part A

Chaque année, j'attends les grandes vacances avec impatience, mais avant les vacances, on doit passer des examens de fin de l'année et pour moi, ça, c'est la panique.

L'année dernière, j'ai commencé trop tard et c'était un vrai désastre. J'ai surtout travaillé les deux dernières semaines, mais je n'avais pas assez de temps. Et ma plus grande erreur, c'est que j'ai révisé la veille et même le matin de mon examen et je suis arrivé à l'école dans un état de confusion totale.

Part B

Alors cette année, ça va être différent. J'ai demandé des conseils à mes camarades de classe. Ils m'ont dit de commencer à réviser trois mois avant les examens, et de préparer un emploi du temps avec toutes les matières à réviser. Comme ça, on ne risque pas de travailler longtemps sur les matières qu'on aime bien et de négliger les autres. Et chose importante, cette année je vais éteindre mon portable pendant les révisions. Comme ça, je ne risquerai pas de lire mes messages au lieu de travailler.

Part A

1 What does the narrator look forward to each year?

  a Christmas shopping

  b the long summer holidays

  c her birthday

  d going to a restaurant for a special meal

2 What is her attitude towards exams?

  a she feels prepared

  b she always does well

  c she gets very stressed

  d she doesn't care if she does well or badly

3 When did she start revising for the exams last year?

  a two months before

  b two weeks before

  c two days before

  d the night before

4 What was her biggest mistake last year?

  a revising the night before and the morning of the exam

  b revising for the wrong exam

  c not finishing the questions

  d answering too many questions

Part B

1 Who did she turn to for advice this year?

  a her teachers

  b her friends

  c her parents

  d her older brother and sister

2 According to their advice, when should she start revising?

  a four months before

  b four weeks before

  c three months before

  d two months before

3 What advantage does she give of having a revision timetable?

  a she can plan her leisure time around it

  b she can work out how many hours to revise each day

  c it will help her revise all subjects, not just those she likes best

  d she can count off the days until the last exam

4 What else will she do differently this year?

  a revise with friends

  b look at past papers

  c turn off her cell phone when she's working

  d listen to music while she's revising

EXAM TIPS

The listening exam (cont.)

If the word ends in -e, you will hear the final consonant, as in *contente, classe, grande*.

When you're taking the exam, look at the title for the listening passage and questions. Think about the sort of French vocabulary that might be used.

Listen carefully and try not to panic if there is a word you don't recognise. You often don't need to understand every word in order to answer the questions.

Make sure you give your answer in the correct way and that it is clear for the examiner.

Try to answer questions by a process of deduction, but as a last resort, make a guess so that you complete all the questions.

Unit 3 — Exemples de questions d'examen

EXAM TIPS

It's useful to know some common prefixes to help you understand French.

Prefixes (at the beginning of a word)

1 re- added to a verb gives the idea of 'again':
lire – to read
relire – to read again

2 in-/im- added to an adjective gives the idea of 'not' or makes the adjective opposite in meaning:
utile – useful
inutile – useless
prévu – planned
imprévu – unplanned, unexpected

3 dé-/dés- is similar to the English prefix 'dis' and has the effect of changing the word into its opposite:
agréable – pleasant
désagréable – unpleasant

4 sou-/sous- often means 'under', 'below' or 'less':
souligner – to underline
le sous-sol – basement

5 para-/pare- gives the idea of 'against':
parapluie – umbrella
(= protection against rain)
le pare-brise – windscreen

6 pré- is sometimes found at the beginning of a word and gives the sense of looking ahead or something that comes before:
prévu – planned
prévenir – to warn, advise

Paper 1, Part B, Section III

The text below contains blank spaces indicating that words are left out. For each blank there are four suggested answers. Select the answer that is BEST in the context.

La vie d'un médecin

– Que fait ton père dans la vie?

– Il est médecin.

– C'est ...1... une journée typique?

– C'est long, parce que mon père est le seul médecin du village ...2... nous habitons. À partir de huit heures du matin, le téléphone ...3... tout le temps. C'est ma mère qui répond et qui prend les messages. Ensuite mon père ...4... pour faire ses visites. Quand il rentre, il y a déjà des clients qui attendent pour ...5... voir. Il déjeune en vitesse parce qu'il veut commencer ses consultations le plus tôt possible. ...6... il repart pour faire d'autres visites et il ne rentre que vers huit heures du soir.

1 **a** pourquoi **b** quand **c** qui **d** comment
2 **a** que **b** où **c** dans **d** au
3 **a** bouge **b** parle **c** sonne **d** chante
4 **a** quitte **b** quittent **c** part **d** pars
5 **a** le **b** la **c** les **d** y
6 **a** Puis **b** Pour **c** Plus **d** Pas

Paper 2, Section I, Directed situations

In this section you have to respond in French to ten situations described in English. Note that in this practice task, there are only five situations.

Write in French the information required for each of the situations given below. Do not write more than one sentence for each situation. For some situations, a complete sentence may not be necessary. Do not translate the situation given. Do not use abbreviations.

1 Your cousin sends you a message asking what two things you would like to do when you go there for the weekend. What do you reply?

2 You have recently had a meal with friends. Send them a message thanking them for the meal and saying what you especially enjoyed.

3 You are out with friends and will be late home. Send a message to your mother explaining why you will be late and when you expect to get home.

4 You visit some former neighbours but they are not at home. Leave a note expressing disappointment and saying how you plan to contact them again. What does the note say?

5 Your penpal asks you for advice about preparing for exams. What two suggestions do you give?

Read the following passage carefully. Do not translate, but answer the questions in English. Make sure you identify by number the question to which your answer refers.

A healthy lifestyle

J'ai de la chance d'être presque toujours en pleine forme. La dernière fois que j'ai été malade, c'était il y a trois ans quand j'ai eu la grippe et que j'ai manqué une semaine d'école.

Quand j'étais plus jeune, j'avais toujours faim et je mangeais tout le temps. J'adorais le chocolat, les bonbons, tout ce qui est sucré. Maintenant je fais plus attention et je mange beaucoup moins de sucreries.

Pour garder la forme, je sais qu'il faut faire régulièrement de l'exercice mais je dois avouer que je ne suis pas très sportive. Je fais de temps en temps de la natation mais je n'aime pas les sports d'équipe parce que je ne cours pas vite. Un jour, j'aimerais faire de la plongée parce que j'adore la mer et les poissons.

Moi, je ne fume pas, mais j'ai des amis qui fument parfois.

En général, je mène une vie active, je m'amuse, je ris, je suis optimiste. Tout cela est important pour être en pleine forme.

1 Why does the author feel she is lucky?
2 What happened three years ago and what was the consequence?
3 What did she do when she was younger that wasn't good for her health?
4 What suggests that she realises that it wasn't sensible?
5 What comments does she make about regular exercise?
6 Give one sport that she takes part in.
7 Why does she feel that she's not good at team sports?
8 Which sport would she like to try in the future and why?
9 What comments does she make about smoking?
10 What four things does she mention that contribute to her health?

Reply in French.

1 Qu'est-ce que tu prends au petit déjeuner?
2 À quelle heure est-ce que tu quittes la maison le matin?
3 Qu'est-ce que tu fais pendant la pause-déjeuner?
4 Décris une journée typique.
5 Que vas-tu faire samedi prochain?
6 Comment serait un week-end idéal?

EXAM TIPS

Reading comprehension

- The reading passage is generally between 130 and 150 words.
- Read the title of the passage to gain a general idea of the content.
- Read the passage several times for the general sense.
- Identify key words or elements of the passage.
- Read the questions carefully.
- Answer in English but do not simply translate directly from the passage.
- Use a complete sentence for your answer, but write concisely and to the point.
- Check that your answers make sense and accurately reflect what is said in the text.

Mes loisirs

Qu'est-ce que tu fais pendant tes moments de loisirs? Est-ce que tu fais partie d'un club ou d'une équipe de sport? Aimes-tu la lecture?

Pour me détendre, j'aime sortir avec mes amis. On va en ville ou on va à la plage. Généralement, je sors le samedi ou pendant les vacances parce que je n'ai pas beaucoup de temps libre en semaine. Mes parents ne sont pas contents si je rentre tard quand il y a école le lendemain. **Camille**

Ma passion, c'est la voile. Je fais partie d'un club de voile et mon oncle est l'entraîneur du club. On organise des courses en mer chaque week-end. Je m'entraîne régulièrement. Un jour, j'espère participer aux Jeux Olympiques. **Nathan**

Comme passe-temps, j'aime faire la cuisine. Pendant les vacances, je fais souvent la cuisine avec ma grand-mère. Ma spécialité, c'est la tarte à l'ananas. En plus, pour me détendre, j'aime surfer sur Internet et regarder les sites sur la cuisine et le cinéma. Mon frère aime faire des jeux vidéo. Il a tous les derniers jeux et il joue souvent avec ses copains, mais ça ne m'intéresse pas du tout. **Élodie**

Moi, je m'intéresse beaucoup à l'informatique. Au collège, je fais partie du club informatique et nous avons fait quelques pages web pour le site du collège. C'était très intéressant. Actuellement, je suis en train de préparer une page web pour ma famille. Plus tard, je voudrais être programmeur. **Mathieu**

Pendant mon temps libre, j'aime faire des photos. Pour mon anniversaire, mes parents m'ont donné un nouvel appareil numérique et je prends tout le temps des photos. Ensuite je les télécharge sur l'ordinateur et quelquefois j'ajoute des effets spéciaux – c'est amusant. À part ça, j'aime écouter de la musique sur mon baladeur MP3 et, en plus, je lis de temps en temps des magazines. **Lisa**

ASTUCE

Look out for word families – words that are related and come from the same root. You can often work out the meaning of a noun or verb by knowing other similar words. Look at the verbs below: can you work out the meanings of the nouns linked to them?

jouer – **to play**
un jouet – toy
un jeu – game
un joueur/une joueuse …
chanter – **to sing**
un chanteur/une chanteuse …
une chanson …
danser – **to dance**
un danseur/une danseuse …
une danse …
vendre – **to sell**
un vendeur/une vendeuse …
la vente …

1

1 Find at least six different leisure activities mentioned in the text.
2 Copy out at least five phrases, which you could use or adapt to describe your own leisure activities.
3 Choose one of the people in the text and give a short description of their leisure interests. You could work with a partner: one of you describes the person's leisure interests and the other guesses the identity of the person described.

Adverbs

To make your work more varied and interesting, use adjectives and adverbs. Adverbs add more meaning to verbs, expressing how, how much, when or where something happened.

For example, in the sentence, *Ils jouent bien au football*, *bien* is an adverb and adds emphasis to the verb *joue*. It would be equally correct, grammatically, to say: *Ils jouent au foot*.

Adverbs have only one form so you don't need to worry about agreement.

In French, you can turn many adjectives into adverbs: just add *-ment* to the feminine form of the adjective.

adjective		adverb	English
masculine	**feminine**		
lent	*lent**e***	*lente**ment***	*slow**ly***
facile	*facile*	*facile**ment***	*easi**ly***

Here are some useful adverbs that don't end in *-ment*:

beaucoup a lot   *bien* well

mal badly   *quelquefois* sometimes

souvent often   *toujours* always

vite quickly

2

Complete the phrases with a different leisure activity for each one.

1 Pendant mon temps libre, j'aime …

2 Je m'intéresse beaucoup à/au …

3 Mon passe-temps préféré est …

4 Comme loisirs, je …

5 Je déteste …

6 Je trouve … vraiment ennuyeux.

7 Mes amis aiment …, mais ça ne m'intéresse pas du tout.

8 Le week-end, en famille, on …

Reply in French.

1 Quels sont tes passe-temps préférés?

2 Tu fais partie d'une équipe ou d'un club?

3 Qu'est-ce que tu n'aimes pas faire pendant ton temps libre?

4 Qu'est-ce que tu aimes faire quand tu sors avec tes amis?

Comme passe-temps, j'aime/je n'aime pas la peinture/le dessin.

J'adore/Je déteste la natation/le roller.

Je m'intéresse au cinéma/à la musique/à l'équitation/aux échecs.

La lecture, ça m'intéresse un peu/ beaucoup/énormément.

La musique, ça me passionne.

Le sport, c'est ma passion.

La cuisine, ça ne m'intéresse pas (du tout).

Je fais partie d'un groupe/d'une chorale/d'une équipe.

Je vais à un club de jeunes/de théâtre/d'informatique.

Je n'aime pas du tout le football/ le cricket/la voile/la musique classique.

À mon avis, c'est ennuyeux.

Je sors très peu/de temps en temps le soir/en semaine.

J'aime sortir le samedi.

Je retrouve mes amis tous les week-ends.

J'aime aller en boîte/au club des jeunes.

Tu fais du sport?

In this section you will:
- talk about sport
- use the verbs *faire de, jouer à, savoir*.

POINT-INFO

French schoolchildren have two or three hours of sport per week, shown on their timetable as EPS (*éducation physique et sportive*).

The most common school sports are athletics, gymnastics, swimming, handball and volleyball.

Sports such as football and tennis are usually played in clubs outside school.

Je suis très sportif. Au collège, on fait deux ou trois heures de sport par semaine, mais à mon avis, ce n'est pas assez. Comme sports individuels, on fait de la gymnastique, de l'athlétisme et de la natation. Comme sports d'équipe, nous faisons du hand, du volley et du basket. **Lucas**

Mon sport préféré est le football, mais malheureusement on ne fait pas de foot au collège. Cependant, je suis membre d'un club de football et je joue au football deux ou trois fois par semaine. On s'entraîne après l'école le mercredi et le vendredi, et il y a souvent un match le samedi après-midi. Samedi dernier, par exemple, nous avons joué un match à domicile pour le championnat régional. Nous avons bien joué et nous avons gagné 4 à 1 – c'était un bon résultat. **Alex**

Ma sœur aussi adore le sport et elle veut être prof de sport. Elle joue au badminton et elle fait partie d'une équipe. Elle y joue tous les jeudis et elle participe aux tournois régionaux. **Marie**

Find the French for the following:

1 In my opinion
2 Unfortunately
3 However
4 We train
5 A home match
6 It was a good result
7 She's part of a team

5-4-3-2-1

Find examples for each category. Look at pages 86–87 for help.

5 team sports
4 individual sports
3 water sports

2 racket sports
1 school sport

GRAMMAIRE

faire, jouer, savoir

The verb *faire* + *du/de la/de l'* is often used with sports. Make sure you know how it is used in different tenses.

*Aujourd'hui, je **fais** de l'athlétisme. Demain, je **ferai** du vélo.*

*Hier, j'**ai fait** une randonnée dans la forêt.*

*Quand j'étais petit(e), je **faisais** tous les jours de la natation.*

*Si j'avais beaucoup d'argent, je **ferais** de la plongée.*

When used with sports or games, the verb *jouer* is followed by *au/à la/à l'/aux*.

Tu joues au tennis?

Hier soir, on a joué aux dominos.

To say you know, or don't know, how to play a game, use *savoir + jouer/faire*.

Tu sais jouer au handball?

Oui, mais je ne sais pas jouer au badminton.

VOCABULAIRE

s'entraîner – to train

l'équipe (f) – team

pratiquer un sport – to practise/ do a sport

le sport d'équipe – team game

le sport individuel – individual sport

le sport nautique – watersport

sportif/ive – sporty, interested in sport

le stade – stadium

le terrain – ground

le tournoi – tournament

3

Practise using the verb *faire* in different tenses to complete these sentences.

1 L'été dernier, j'… … de la voile pour la première fois.
2 À mon avis, on ne … pas assez de sport au collège.
3 Quand j'habitais au bord de la mer, je … tous les jours de la natation.
4 Mon frère … partie d'un club de kayak et tous les samedis il … du kayak.
5 Samedi dernier, j'… … du kayak avec lui.
6 Je veux bien … du ski, mais ce n'est pas possible aux Antilles.
7 Si j'avais le temps, je … tous les jours du sport.

ACTIVITÉ

Reply in French.

1 Qu'est-ce que tu fais comme sports au collège?
2 Quand est-ce que tu fais du sport au collège?
3 Penses-tu qu'on fait assez de sport à ton collège?
4 Qu'est-ce que tu fais comme sports en dehors de l'école?
5 Est-ce qu'il y a un sport que tu aimerais essayer?
6 Sais-tu nager, faire de la voile, ou jouer au badminton?
7 As-tu déjà fait de la plongée?

Il faut voir ça!

Le tour de la Martinique des Yoles rondes est l'événement sportif le plus important de l'année en Martinique. Il s'agit de faire le tour de l'île en yole, bateau traditionnel équipé d'une voile rectangulaire. La course a lieu fin juillet–début août, et comprend sept ou huit étapes. À chaque arrivée d'étape, les supporters s'assemblent sur les plages pour encourager les équipes.

Le football est peut-être le sport le plus populaire du monde. Chaque année en Martinique il y a un championnat amateur pour les quatorze meilleurs clubs de football.

Le Tour cycliste international de Guadeloupe est une course cycliste qui fait le tour de l'île. Pour les Guadeloupéens, la course est aussi importante que la célèbre course cycliste, le Tour de France, qui a lieu chaque année en France. La course se déroule au mois d'août et elle est divisée en étapes qui durent chacune une journée. Le coureur qui est en tête du classement général (qui a le meilleur temps global) porte le maillot jaune.

Au mois de novembre, il y a le **Semi-marathon international de Fort-de-France** qui attire des coureurs ayant dix-huit ans ou plus, de beaucoup de pays. Le départ est à six heures et demie du matin à Fort-de-France et l'itinéraire couvre 21,2 km.

 1

1 What is a yole?
2 Where do supporters gather at the end of each stage of the yole race?
3 How many football clubs take part in the amateur football championship?
4 When does the cycling tour of Guadeloupe take place?
5 How would you know by watching the cyclists which one has the best time overall?
6 How old do you have to be to take part in the half-marathon of Fort-de-France?
7 What time does the race start?

Comparisons

To compare one person or thing with another, you use *plus* (more), *moins* (less) or *aussi* (as) before the adjective, followed by *que* (than/as):

	plus		He's taller than me.
Il est	moins	grand que moi.	He's less tall than me.
	aussi		He's as tall as me.

Remember to make the adjective agree in the usual way:

*Mon frère est plus **âgé** que ma sœur. Ma sœur est plus **âgée** que moi. Mon frère et ma sœur sont plus **âgés** que moi.*

Note: *bon – meilleur* (good – better);
mauvais – pire or *plus mauvais* (bad – worse)

The superlative

You use the superlative to say that something is the best, the biggest, the most expensive, etc. Use *le plus, la plus* or *les plus*, and the correct form of the adjective.

*Fort-de-France est **la plus grande** ville de Martinique.*
*Les coureurs **les plus rapides** sont en tête de la course.*

Adverbs

For adverbs, comparatives and superlatives are formed in the same way, but do not change form for masculine or feminine. Use *mieux* and *le mieux* to say 'better' and 'the best'.

*Le vainqueur, c'est la personne qui a couru **le plus vite**.*
*Lisa chante mieux que moi, mais Ann chante **le mieux**.*

l'arbitre (m/f) – referee
avoir lieu – to take place
Ça/Cela a lieu – it takes place
il s'agit de – it's about
le départ – start
la course – race
marquer un but – to score a goal
l'équipe (f) – team
le match – match
le match nul – draw
faire match nul – to draw
jouer à domicile – to play a home game
jouer à l'extérieur – to play an away game
le championnat – championship
le tournoi – tournament
la mi-temps – half time
le vainqueur – winner
See also page 87.

2

Choose the right word to fill each gap. Then read out the conversation.

– Tu as ...(1)... (**a** vois **b** vue **c** vu **d** voir) le match hier soir?

– Non, c'était bien?

– Oui, très bien. C'était le Club Colonial contre le Club Franciscain. C'était ...(2)... (**a** vrai **b** vraiment **c** puis **d** ensuite) passionnant. Le match a commencé ...(3)... (**a** lent **b** lentement **c** prochement **d** étroitement), mais après vingt minutes, le Club Colonial a marqué un but. Et un peu ...(4)... (**a** moins **b** mieux **c** plus **d** puis) tard, les Franciscains aussi ont marqué un but, puis un deuxième. Alors à la mi-temps, le score ...(5)... (**a** étaient **b** être **c** été **d** était) deux à un.

– Et le Club Colonial? Ils ...(6)... (**a** est **b** sont **c** ont **d** avoir) marqué des buts pendant la deuxième mi-temps?

– Non, mais à la ...(7)... (**a** dernier **b** dernière **c** derniers **d** dernières) minute, les Franciscains ont marqué un troisième but, alors ils ont gagné le match, trois à un.

– Alors, le Club Franciscain était la ...(8)... (**a** meilleure **b** meilleur **c** mieux **d** meilleurs) équipe.

– Oui, ils ont mieux joué hier que la semaine dernière.

Use the outline to write a letter to a friend of no more than 130–150 words. Use appropriate tenses.

You attended an important sporting event recently.

i Say when and where the event was held

ii Give details about the event, attendance, atmosphere

iii Give your opinions about the event and sports events in general

iv Mention an important event that your friend might like to see in the future

1

C'est quel sport?

1 C'est un sport d'équipe qui est très populaire dans le monde entier. Il s'agit de faire passer un ballon en se servant des pieds et de marquer des buts. Pour les matchs, on a besoin de deux équipes de onze joueurs, d'un ballon et d'un terrain. Mais souvent on pratique ce sport dans un espace en plein air avec uniquement un ballon et quelques joueurs.

2 C'est un sport de combat, un art martial et un sport olympique qui se pratique un peu partout, mais surtout en Asie, parce que ce sport a ses origines en Chine. On porte une tenue blanche en coton et une ceinture de couleur, qui indique leur niveau. Les débutants portent une ceinture blanche.

3 Pour ce sport, il faut deux équipes de cinq joueurs (garçons ou filles). On y joue avec un ballon rond. Il y a beaucoup de règles mais l'objectif principal est de marquer le plus grand nomber de «paniers». Ce sport est joué dehors ou dans un gymnase.

GRAMMAIRE

The passive

The passive form of the verb is used when the subject, instead of doing something (= active form), has something done to it (= passive).

Thomas scored the goal. (Active: Thomas did the action.)

The goal **was scored** by Thomas. (Passive: 'The goal' appears before the verb and is the object of the action done by Thomas.)

The passive is simply a form of *être* and a past participle. The past participle is used like an adjective and agrees with the subject.

*Le dernier but **a été marqué** par Thomas.*
The final goal **was scored** by Thomas.
*Elle **a été blessée** en faisant de l'escrime.*
She **was injured** while fencing.

It is often neater to avoid using the passive, turning the sentence round and using the pronoun *on*. Compare the English and French versions here:
On pratique ce sport … This sport is played … (One plays this sport …)
On dit que … It is said that … (One says that …)
On m'a averti que … I have been informed that … (One has informed me that …)

Sometimes, a reflexive verb can replace a passive:
Ça se joue sur un terrain spécial. It's played on a special ground.
Ce sport se pratique … This sport is practised …

Des athlètes célèbres

Nom	Usain Bolt	Teddy Riner	Jessica Ennis
Date et lieu de naissance	21 août 1986 Trelawny (Jamaïque)	le 7 avril 1989 Les Abymes (Guadeloupe)	28 janvier 1986 Sheffield (Grande-Bretagne)
Taille	1m 96	2m 04	1m 65
Sport	athlétisme le sprint du 100m et du 200m	judo	athlétisme le pentathlon, l'heptathlon
	Aux Jeux Olympiques à Londres en 2012, il a gagné trois médailles d'or.	Aux Jeux Olympiques à Londres en 2012, il a gagné la médaille d'or pour le judo (plus de 100kg).	Aux Jeux Olympiques à Londres en 2012, elle a gagné la médaille d'or pour l'heptathlon.

2

Look at the details of the athletes and answer the questions.

1 Qui est le/la plus grand(e)?   4 Qui est le/la plus jeune?

2 Qui est le/la plus petit(e)?   5 Qui n'est pas né(e) aux Caraïbes?

3 Qui est le/la plus âgé(e)?

Choose one of the athletes and write three facts about him/her.

ACTIVITÉ

Write a paragraph about the following.

1 Explain a sport or game for someone who knows nothing about how it is played.

2 Describe an athlete or sports personality that you admire.

VOCABULAIRE

l'athlétisme (m) – athletics
le badminton – badminton
le basket-ball – basketball
la canne à pêche – fishing rod
le cyclisme – cycling
la danse – dance, dancing
l'équitation (f) – horse riding
l'escalade (f) – climbing
l'escrime (f) – fencing
le football – football
gagner – to win
le golf – golf
la gymnastique – gymnastics
le handball – handball
le hockey – hockey
le/la joueur/euse – player
le judo – judo
le karaté – karate
le kayak – kayaking
la natation – swimming
le patin à roulettes – roller skating
la pêche – fishing
la piste – track
la planche à voile – windsurfing
la plongée – underwater diving
le roller – rollerblading
le skate – skateboarding
le ski nautique – water skiing
le tennis – tennis
le tir à l'arc – archery
le VTT – mountain biking
la voile – sailing
le volley(ball) – volleyball
le yoga – yoga

La musique et la danse

In this section you will:
• talk about music and dance.

Salut,

Merci de ton message. J'ai passé un très bon week-end. Ici en Guadeloupe, il y avait un grand festival de musique caribéenne, avec beaucoup de concerts gratuits partout dans l'île. Il y avait de la musique zouk, du reggae, du soca et de la musique calypso de Trinidad et Tobago.

La musique et la danse, ça me passionne. Toute ma famille fait de la musique. Mon père joue de la clarinette, mon frère aîné joue du trombone, mon autre frère joue du tambour, ma sœur joue du violon, et moi je joue de la guitare. Ma mère ne joue pas d'un instrument mais elle a une très belle voix et elle chante dans la chorale de l'église.

La musique est très importante dans notre village. Pendant les jours de fête, comme le carnaval, on entend de la musique toute la journée et tout le monde aime danser. On danse surtout des danses traditionnelles, comme la biguine, la mazurka et la polka. Des jeunes et des moins jeunes y participent – c'est amusant.

Moi, j'aime bien la musique traditionnelle, mais je préfère la musique plus moderne, comme le zouk. Mon frère aime le reggae, surtout la musique de Bob Marley.

Et toi, quel genre de musique aimes-tu? Est-ce que tu joues d'un instrument de musique? Est-ce que tu aimes danser?

À bientôt,

Julie

GRAMMAIRE

When talking about playing a musical instrument, the verb *jouer* is followed by *du/de la/de l'/des*.

*Quand il était plus jeune, mon frère jouait **du** kazoo, mais maintenant il joue **de la** clarinette.*

1

Read Julie's email and answer these questions.

1 Find two facts about the music festival in Guadeloupe.
2 In Julie's family, who plays the trombone?
3 Which instrument does her sister play?
4 Who is the only person who doesn't play an instrument?
5 How do you know that this person is musical?
6 Name one of the dances mentioned.
7 What kind of music does Julie prefer?

2

Choose a different musical instrument to complete each sentence.

1 Moi, je joue … depuis trois ans.

2 Mon ami(e) joue … dans un groupe.

3 Le week-end prochain, mon copain jouera … au concert.

4 L'année dernière, je jouais … avec l'orchestre du collège.

5 Quand j'étais plus jeune, je jouais …

6 Je voudrais apprendre à jouer …

7 Quand elle était petite, ma mère jouait …

8 Parmi mes amis, l'instrument de musique le plus populaire est …

3

Read the text and answer the questions.

1 When did Lucas attend the concert?

2 How did he find out that Youssou N'dour was doing a tour in the Caribbean?

3 Where was the concert being held locally?

4 Why was it a good thing that he bought the tickets early?

5 What does he say about the concert? (Mention at least two things.)

POINT-INFO

Fête de la musique (Faites de la musique)

In France and many other countries there is a big music festival around 21st June. Amateur and professional musicians pick up their instruments and play music in concert halls, in bars and cafés and on the streets.

Un concert inoubliable

Samedi dernier, j'ai assisté à un concert fantastique de musique du monde avec Youssou N'dour, le célèbre chanteur africain. Comme tu le sais, c'est mon chanteur préféré. Quand j'ai lu dans le journal qu'il allait faire une tournée aux Antilles, je me suis tout de suite renseigné sur les billets et les lieux des concerts. J'ai acheté deux billets pour ma copine et moi pour le concert au stade de notre ville. Heureusement que je les ai achetés en avance parce que tous les billets étaient vendus bien avant le concert. Comme je te l'ai dit, le concert a eu lieu au stade. Il y avait beaucoup de monde et une ambiance fantastique. C'était vraiment super. **Lucas**

ACTIVITÉ

Reply in French.

1 Tu aimes écouter de la musique? Quand? Où?

2 Tu joues d'un instrument de musique? Si oui, depuis quand?

3 Est-ce que tu connais quelqu'un qui joue d'un instrument?

4 Quel est ton instrument de musique préféré?

5 Tu aimes danser? Quand as-tu dansé récemment?

6 Est-ce que tu chantes dans une chorale ou avec un groupe?

Letter

Using the outline below, write a letter in French of no more than 130–150 words. Use appropriate tenses.

You attended a concert recently, which you really enjoyed. Write a letter to a friend to tell them about it.

i Say who was performing and why you wanted to see the concert

ii Say how you booked the tickets and who you went with

iii Describe the performance, audience, atmosphere, etc.

iv Mention a few other facts about the performer(s) and their future plans.

Qu'est-ce que tu aimes regarder à la télé?

Théo

Quand je suis chez mes grands-parents, je regarde souvent des documentaires, parce qu'ils aiment bien ça. Ma grand-mère aime surtout les émissions sur la nature et sur les autres pays. C'est assez intéressant. Mon grand-père et moi, nous préférons les émissions sportives et les jeux.

Marion

Quant à moi, ma chaîne favorite est TF1. On y trouve de tout: de la télé-réalité, des jeux, des feuilletons, le journal, des films et beaucoup plus. Mais ce que je n'aime pas, c'est la publicité. Quand on coupe un film pour passer cinq minutes de pub, ça m'énerve énormément!

Chez nous, on regarde toujours «Urgences». À mon avis, c'est la meilleure série parce que ça montre la vie quotidienne à l'hôpital. Ma sœur veut être médecin et elle ne manque jamais un épisode.

Juliette

Ma mère regarde toujours les informations pour être au courant de ce qui se passe dans le monde. Selon elle, c'est important. Moi, je n'aime pas les feuilletons ni la télé-réalité, mais j'aime les dessins animés. Ça me fait toujours rire.

Antoine

1

Read the comments about TV.
1 Who likes watching sport?
2 Who thinks it's important to watch the news?
3 Who can't stand the adverts?
4 Who likes a real-life programme set in a hospital?
5 Who likes cartoons?

2

Write a message to a friend about your favourite TV programme. Say what kind of programme it is, when it's on, give some details and say why you like it.

Emphatic pronouns

In discussions, people use extra pronouns to emphasise their opinions or stress who they are talking about:
*Moi, j'adore les séries à la télé. Et **toi**, tu les regardes?*
I really like soap operas on TV. Do you watch them?
*Et **vous** autres, qu'en pensez-vous?*
And what about the rest of you, what do you think?

Emphatic pronouns can also be called stressed or disjunctive pronouns.

moi – me	*nous* – we/us
toi – you	*vous* – you
lui – he/him	*eux* – they/them (m)
elle – she/ her	*elles* – they/them (f)
soi – oneself	

Besides being used for emphasis, they are used after prepositions, such as *avec* (with), *après* (after), *pour* (for), *sans* (without):
*Je suis d'accord **avec eux**.* I agree with them.
*Je suis entièrement d'accord **avec toi**.* I entirely agree with you.
*C'est pour qui, le jus d'orange? C'est **pour elle**.*
Who's the orange juice for? It's for her.

They can be used after à to show who something belongs to:
*Ce magazine est **à toi**?* Is this magazine yours?
*Ah non, il n'est pas **à moi**!* No, it's not mine!

One common use is after *chez*:
*J'irai **chez lui** en août.* I'll stay with him in August.
*Faites comme **chez vous**.* Make yourself at home.

Expressions with *ça me* + verb are useful ways to express opinions, in writing and conversation. Learn these and collect any more that you come across.

Ça me fait toujours rire!
It always makes me laugh!

Ça m'énerve! It gets on my nerves!

Ça m'intéresse beaucoup. That really interests me./I'm really interested in that.

Ça ne m'intéresse pas du tout. I'm not at all interested in that.

3

Find the best answer (a–d) for each question (1–4) about radio listening habits. Then work out your own answers to the four questions.

1 Quand est-ce que tu écoutes la radio?
2 Tu l'écoutes quand tu fais tes devoirs?
3 Et en général, tu écoutes quel genre d'émissions?
4 Tu trouves qu'il y a trop de pub à la radio?

a C'est vrai qu'il y a beaucoup de pub à la radio, mais ça ne me dérange pas trop.

b J'écoute surtout les émissions et les chaînes musicales. Comme ça, je peux écouter les nouvelles chansons avant de les acheter. Il y a des animateurs qui sont bons aussi.

c Moi j'aime bien écouter la radio. Je l'écoute le matin, quand je me réveille, et le soir avant de me coucher.

d Ça dépend. Si j'ai un devoir qui n'est pas trop difficile, quelquefois j'écoute de la musique en même temps. Mais si je dois vraiment me concentrer, je préfère ne rien écouter.

ACTIVITÉ

Reply in French.
1 Qu'est-ce que tu préfères, la télé ou la radio?
2 Quelle sorte d'émission préfères-tu?
3 Quand est-ce que tu regardes la télé?
4 Que penses-tu de la publicité à la télé ou à la radio?
5 Qu'est-ce que tu as regardé à la télé récemment? C'était bien?

Tu aimes les films?

POINT-INFO

Cinema is an important aspect of French culture. There are ciné-clubs in many places, where people meet to watch a film and then discuss it.

The César Award is the French film award which recognises excellence in different categories of films (best film, best foreign film, best actor, best actress, etc.), like the Oscars in the US.

There is an annual film festival in May at Cannes, in the south of France.

Read the descriptions (A–D) and identify the four films. Here are some titles to choose from:

Le Livre de la Jungle   **LA GUERRE DES ÉTOILES**

Cendrillon   *Le Roi Lion*   **TITANIC**

Casino Royale   Marley   **Le Monde ne suffit pas**

ASTUCE

Note that the present tense can be used to narrate the plot of a film or a book.

Many of the phrases used on these pages to describe a film could also be used to describe a book or a TV programme.

A C'est un dessin animé de Walt Disney qui raconte l'histoire d'un petit lion qui s'appelle Simba, dont le père, Mufasa, est le roi de la jungle. Tous les animaux respectent Mufasa pour sa sagesse et sa générosité, sauf son frère, le lion Scar, qui est affreusement jaloux du roi. Scar complote d'éliminer Mufasa et son fils, Simba. Il encourage le petit Simba à se lancer dans des aventures dangereuses. Mais à la fin, après beaucoup de problèmes et d'événements extraordinaires, Simba devient, lui-même, le roi de la jungle.

B Ce film est sorti il y a longtemps mais il est récemment ressorti en 3D. C'est l'histoire d'un paquebot, qui avait été construit en Irlande en 1912. À l'époque c'était le paquebot le plus grand et le plus moderne du monde. Il est parti pour son premier voyage de Southampton le 10 avril 1912 avec environ deux mille personnes à bord. Parmi les passagers, un artiste pauvre et une jeune fille de famille riche se sont rencontrés et sont tombés amoureux. Mais, quatre jours après son départ, le paquebot a heurté un iceberg avec des conséquences désastreuses.

C C'est un film documentaire qui raconte la vie du célèbre musicien jamaïquain de musique reggae. Le film décrit sa vie depuis son enfance en Jamaïque jusqu'à sa longue maladie. Il est mort d'un cancer le 11 mai 1981 à Miami. Le film montre comment il a fait reconnaître et accepter la musique reggae dans le monde, malgré des difficultés. Le film reconnaît l'immense influence du musicien bien après sa mort.

D C'est un film d'espionnage de James Bond avec beaucoup d'effets spéciaux et de cascades spectaculaires. Dans ce film, l'agent 007 affronte Le Chiffre, banquier du terrorisme international. Bond doit faire une partie de poker à haut risque au casino pour ruiner Le Chiffre. Sa camarade, Vesper, l'accompagne pour veiller à ce que Bond prenne soin de l'argent du gouvernement britannique, fourni pour le jeu de poker. Mais, comme dans tous les films de Bond, rien ne se passe comme prévu.

PHRASES UTILES

Ça se passe ... – *It takes place ...*

X et Y jouent dans ce film. – *X and Y act in this film.*

C'est un film comique. – *It's a comedy film.*

... d'amour – *... love story/ romance*

... d'aventures – *... adventure film*

... à suspense – *... thriller*

... d'épouvante – *... horror film*

... historique – *... period drama*

... de science-fiction – *... science-fiction film*

... fantastique – *... fantasy film*

... policier – *... crime film*

les effets spéciaux (mpl) – *special effects*

2

Make a note of useful phrases to put into your own description of a film. Then write a paragraph describing a film you know, without giving the title. If you work with a friend, you can exchange your descriptions and guess the film.

3

Complete the sentences.

1 Un film que j'ai vu récemment, c'est …

2 Dans ce film, … joue le rôle principal.

3 C'est un film … (avec beaucoup d'effets spéciaux/avec de la belle musique/avec des acteurs que j'aime)

4 Un film que je voudrais voir est …

5 Je préfère les films … (comiques/romantiques/policiers/fantastiques)

6 Je ne regarde jamais les films de/d' … (science-fiction/espionnage/ épouvante) parce que …

7 Ma vedette de cinéma préférée est …

8 Normalement je regarde des films … (au cinéma/en DVD/sur l'ordinateur/à la télé)

ACTIVITÉ

Reply in French.

1 Quel est le dernier film que tu as vu?

2 Quel genre de films aimes-tu?

3 As-tu une vedette de cinéma préférée?

4 Décris le meilleur film que tu as vu – le genre de film, les vedettes, etc.

5 Quel film voudrais-tu voir? Pourquoi?

6 On tourne souvent des films basés sur des livres à succès. Dans ces cas, est-ce que tu préfères le livre ou le film en général?

OBJECTIFS

In this section you will:

• talk about books and reading

• use direct object pronouns.

POINT-INFO

Tintin was created by **Georges Rémi**, a Belgian writer and illustrator, who signed himself as Hergé. This name comes from the pronunciation of his initials in reverse (RG)! The 23 Tintin stories have been translated into many languages, and some have been made into films.

Maryse Condé is a famous Caribbean writer, born in Guadeloupe. Her books are set in different parts of the world and reflect different cultures. Her most famous work is a two-part historical novel, *Ségou*, set in the African kingdom of Ségou (now part of Mali).

She was influential in getting the President of France to fix a day to commemorate the abolition of slavery and this was first commemorated on 10 May 2006.

1

Find the answer which fits best with each question about reading. Then read the whole conversation aloud.

1 Est-ce que tu aimes la lecture?

2 Quel genre de livres t'intéresse le plus?

4 Est-ce que tu es en train de lire un livre actuellement?

3 Comment est-ce que tu choisis un livre?

5 Quel est le dernier livre que tu as lu?

6 Quel est ton livre favori?

a Le dernier livre que j'ai lu, c'était une bande dessinée de Tintin. C'était amusant et facile à lire.

b Moi, j'aime bien lire parce que ça me permet de me détendre. J'aime bien les livres de Harry Potter. Quand on commence à les lire, on ne les lâche plus.

c Mon livre préféré est «Le Seigneur des Anneaux» de Tolkien. C'est un livre plein d'action et d'aventures. Je l'ai lu deux fois.

d En ce moment je lis «À la Croisée des Mondes» de Phillip Pullman. Je l'aime bien et quand je l'aurai fini, je le prêterai à ma copine.

e J'aime bien la science-fiction et les livres de fantaisie et quelquefois je lis aussi des romans policiers.

f Je choisis souvent les livres d'un auteur que je connais, ou bien je demande à mes copains s'ils ont un livre à me recommander.

Direct object pronouns

These are words like *le*, *la*, *l'* and *les*, meaning 'it', 'him', 'her' and 'them'. Using them avoids too much repetition and makes a conversation or a piece of writing flow better.

The pronoun goes before the verb (unlike in English):

Je l'aime bien. I like it/him/her.

Je l'ai lu deux fois. I've read it twice.

*Quand on commence à **les** lire, on ne **les** lâche plus.*
Once you start reading them, you never give them up.

See *Grammaire* (8.2), page 170 for more information about using direct object pronouns in the perfect tense.

2

Choose the correct pronoun (**le**, **la**, **les**, **l'**, **y**) to complete these sentences. Which noun does the pronoun replace each time?

1 On passe un bon film au cinéma. Je veux bien … voir.

2 Les billets pour le concert sont chers, mais je veux vraiment … aller.

3 Les Martiniquais sont fort en voile. On … a vus l'année dernière quand ils ont gagné beaucoup de courses.

4 Tu aimes les histoires de Tintin? Moi, je … aime bien.

5 Tu as vu mon livre? Je ne … trouve pas.

6 Mes amis sont allés au concert samedi. Tu … as vus pendant la soirée?

7 Tu vas à la bibliothèque quelquefois? Moi, je n'… vais presque jamais.

3

Write a message to a friend in which you describe a book which you have enjoyed reading.

Say what kind of book it is and where the story takes place: *C'est un livre d'aventures/de science-fiction/un roman historique. Cela se passe à/en … dans l'avenir/dans les années 30…*

Say who the main characters are: *Le héros/L'héroïne s'appelle …*

Say what it's about: *Le livre raconte l'histoire de …*

Say what happens at the end: *À la fin/Finalement …*

Give your opinion of the book: *C'est un livre (vraiment) intéressant/passionnant. C'est une histoire (très) émouvante/amusante.*

ACTIVITÉ

Reply in French.

1 Quand est-ce que tu lis? (le soir, sur la plage, quand je n'ai rien d'autre à faire, jamais)

2 Quel genre de livres t'intéresse le plus?

3 Quel est le dernier livre que tu as lu? C'était comment?

4 Quel est ton livre favori? Pourquoi?

OBJECTIFS

In this section you will:
- make arrangements to go out
- accept or decline an invitation
- read and write information about events.

1

Read out the conversation with a friend. Then change the highlighted words to make a different conversation.

– Alors, qu'est-ce qu'on va faire samedi?

– Si on allait au musée pour voir la nouvelle exposition?

– Ah non, moi, ça ne me dit pas grand-chose.

– Qu'est-ce qu'il y a au cinéma?

– Il y a un film de James Bond. Ça t'intéresse?

– Bof, pas tellement.

– Moi non plus. Je n'aime pas les films de Bond.

– J'aimerais mieux faire quelque chose en plein air.

– On pourrait peut-être faire une randonnée à la campagne.

– Bonne idée! On peut faire un pique-nique.

– D'accord. Où est-ce qu'on se voit?

– Sur la place du marché à onze heures, ça va?

– Oui, entendu! À samedi, alors!

PHRASES UTILES

Ideas for what to do

Il y a un concert samedi soir.

Il y a un match demain après-midi.

On y va?

On pourrait (peut-être) aller à la plage/au parc.

Agreeing

Oui, d'accord. À plus tard.

Entendu. À deux heures, alors.

Oui, ça va. À ce soir.

Bonne idée!

Oui, je veux (je voudrais) bien faire ça.

Oui, allons-y!

Hesitating

Ça dépend.

Hum! Je ne sais pas, moi.

Je ne sais pas si j'ai assez d'argent.

Qu'est-ce qu'il y a d'autre à faire?

Disagreeing

Non, j'aimerais mieux faire autre chose.

Non, merci, je ne peux pas.

Je n'ai pas tellement envie.

Giving reasons

Il n'y a plus de billets.

Il fait trop chaud.

C'est trop cher.

Arranging a meeting place

Si on se voyait à … heures?

Rendez-vous devant le cinéma.

Suggesting an alternative

Non, pas devant le cinéma, si on se voyait au café/dans le foyer?

Write a reply to this message, giving your suggestions for Saturday.

Qu'est-ce qu'on va faire, samedi? Où est-ce qu'on se voit et à quelle heure?

Jean

3

Look at the posters and note the following details for each class.

1 When it will take place (date, time, frequency)

2 Cost and target group

3 Venue

4 Deadline for registration

5 One advantage of the class

Cours de théâtre pour enfants et adolescents

Vous avez toujours voulu être sur scène? Vous aimez faire du théâtre, mais vous manquez de confiance?

Le club théâtre vous invite à participer aux ateliers de théâtre.

Les cours auront lieu à la Médiathèque, rue de la Libération, tous les samedis du 2 au 28 août, de 10h à 13h.

À la fin de l'atelier, vous aurez l'occasion de passer une audition pour un rôle dans une pièce, Mathilde.

Prix de 4 classes:
20 euros pour les adolescents; 10 euros pour les moins de 11 ans.

N'hésitez pas!
Inscrivez-vous avant le 15 juillet.

Stage de photo numérique

Niveau: débutant et intermédiaire

On vous invite à apprendre à faire de belles photos numériques et à manipuler les photos sur ordinateur.

Vous n'avez pas d'appareil?
Pas de problème. Tout le matériel sera fourni pendant le stage et vous utiliserez les ordinateurs modernes du centre. À la fin du stage vous pourrez imprimer dix photos de votre choix.

Dates du stage:
du 3 au 5 juillet inclus, de 14h à 17h.

Prix:
15 euros

Lieu:
Centre culturel, place de la Mairie.

N'hésitez pas à vous inscrire.
Date limite des inscriptions le 25 juin.

ACTIVITÉ

Contextual announcement

You have been asked to write a poster to advertise a course which will take place during the school vacation. Write an announcement of about 80–100 words to advertise the course and to encourage people to attend.

Include the following information.

i Name of the course and deadline for applications

ii Who the course is for

iii When and where the course will take place

iv Advantages of attending the course

v Further information to attract participants

OBJECTIFS

In this section you will:
- make excuses and apologise
- give reasons
- use the pluperfect tense.

PHRASES UTILES

Apologising

Excuse-moi./Excusez-moi.
– *Sorry.*

Pardonnez-moi!/Pardon!
– *Excuse/Forgive me!*

Je te/vous prie de m'excuser.
– *Please excuse me.*

Je suis vraiment désolé(e)
– *I'm really sorry*

... de ne pas être venu(e).
– *... that I couldn't come.*

J'ai dû attendre/venir à pied.
– *I had to wait/to come on foot.*

Explaining

Je ne l'ai pas fait exprès.
– *I didn't do it on purpose.*

Ce n'était pas (de) ma faute.
– *It wasn't my fault.*

Accepting an apology

Je vous en prie. – *Never mind.*

Ça ne fait rien. – *It doesn't matter*

Ce n'est rien. – *It doesn't matter.*

Ce n'est pas grave. – *It's not important.*

More informal

N'en parlons plus. – *Let's forget it.*

Il n'y a pas de mal. – *There's no harm done/No problem.*

Ne t'en fais pas./Ne vous en faites pas. – *Don't worry.*

1

Read the notes and say what each person is apologising for and the reason given.

1 Je suis vraiment désolée mais je ne peux pas aller au concert avec toi samedi parce que je dois faire du babysitting. Merci quand même.

2 Merci bien pour l'invitation chez toi. Je m'excuse mais je ne peux pas venir parce que nous allons chez mes grands-parents ce jour-là.

3 Veuillez excuser mon fils pour son absence au cours de natation. Il est très enrhumé.

4 Je suis désolé mais je n'ai pas fait mes devoirs de sciences. J'étais malade pendant le week-end.

5 Merci de l'invitation à ta fête d'anniversaire, mais malheureusement je ne peux pas l'accepter. Nous partons en vacances vendredi prochain. J'espère que tu t'amuseras bien.

POINT-INFO

Formal and informal language

In your exams, and when speaking to adults in a formal situation, you should use correct standard French. However, young people speaking among themselves often use more informal language, with these features:

- using *tu* to address each other
- shortening words – *d'ac* for *d'accord, resto* for *restaurant, corres* for *correspondant, l'ordi* for *l'ordinateur*
- missing out some syllables – *T'as vu ça?* for *Tu as vu ça?, J'trouve pas mon sac* for *je ne trouve pas…, Ça s'trouve où?* for *Ça se trouve où?*
- slang expressions such as *la bouffe* (food), *le bouquin* (book), *Y'a pas de mal* (No problem).

2

Read the three conversations and choose the word that fits best in each gap.

A – Excuse-moi d'être en retard. Je suis ... (*part/parti/partir/partis*) de bonne heure, mais je me suis rendu compte que j'avais oublié ... (*mon/ma/mes/des*) portable. Je suis rentré le ... (*cherche/cherchez/cherchent/chercher*) mais je ne l'ai pas trouvé.

B – Salut, Michel, c'est Ben à l'appareil. Je suis vraiment ... (*désolé/désolée/désolés/désolées*) de ne pas être venu ce matin. J'ai ... (*de/dû/dois/doit*) aller au stade avec l'équipe de volley. On m'avait dit que le match ... (*être/es/étaient/était*) samedi après-midi, mais on m'a contacté pour me dire que le match était ce matin.

  – Je ... (*comprend/comprends/comprenons/comprendre*), Ben. Ce n'est pas grave. Ne t'en fais pas.

C – Salut, Maman! Je m'excuse mais je ... (*vas/va/vais/vont*) rentrer tard ce soir. Louis et moi, nous avons quitté le cinéma tout de suite après le film, mais quand nous ... (*sont/êtes/avons/sommes*) arrivés à l'arrêt de bus, le dernier bus était déjà parti. Alors, nous rentrons à pied. Je ... (*serai/seras/sera/seront*) à la maison à onze heures et demie.

  – Merci d'avoir téléphoné. Ça va ... (*êtes/est/était/être*) tard et tu as école demain! Dépêche-toi!

  – Je ne l'ai pas ... (*faire/fais/fait/faites*) exprès, Maman. À bientôt!

3

Complete the sentences with the correct verb from the list in the pluperfect tense.

commencer, entendre, oublier, partir, prendre, recevoir

1 Je suis allée chez Ginou, mais elle ... déjà ...
2 Je ne t'ai pas téléphoné, parce que j' ... de charger mon portable.
3 Je suis arrivé trop tard au cinéma et le film ... déjà ...
4 Thomas n'a pas téléphoné parce qu'il n' ... pas ... mon texto.
5 Je ne suis pas allé au concert, parce que je n' ... pas ... assez d'argent.
6 Il est arrivé en retard, parce qu'il n'... pas ... son réveil.

> **ACTIVITÉ**
>
> **Directed situations**
>
> Write one sentence in French for each of the situations below.
>
> **1** You have been invited to a friend's birthday celebration but are unable to attend. Write a note of apology and give a reason for not being able to accept.
>
> **2** You are out with friends and cannot get home for the agreed time. Send your parents a message to explain why you will be late and say when you expect to get home. (Use full words, not text abbreviations.)

> **GRAMMAIRE**
>
> **The pluperfect tense**
>
> When you want to describe something that happened in the past, you normally use the **perfect** tense, but if you want to describe something that had happened before then, that is, further back in the past, then you need to use the **pluperfect** tense.
>
> In English, it is translated as 'had done', 'had opened', etc.
>
> *Elle **était** déjà **partie** quand je suis arrivé.*
> She had already left, when I arrived.
>
> *Je lui **avais dit** que ce n'était pas un bon film, mais il est allé le voir quand même.*
> I had told him that it wasn't a good film, but he went to see it anyway.
>
> The pluperfect tense is formed in a similar way to the perfect tense, with two parts: an auxiliary verb and a past participle. The same rules about using *avoir* or *être* and about agreement of the past participle apply to both tenses. The difference is that in the pluperfect tense, the auxiliary verb (*avoir* or *être*) is in the imperfect tense not the present.
>
> *j'**avais oublié*** I had forgotten
> *ils **étaient partis*** they had left
>
> See also *Grammaire* (14.11), page 177.

C'était bien?

OBJECTIFS

In this section you will:
• talk about what you did at the weekend
• give your opinions.

Read the speech bubbles and decide which describe a good weekend.

1 Samedi après-midi, je voulais sortir avec mes amis, mais j'ai dû rester à la maison avec le bébé, parce que ma mère devait sortir.

2 Samedi soir, mes amis et moi sommes allés au concert de musique reggae au vélodrome. Il y avait beaucoup de monde et l'ambiance était fantastique!

3 Vendredi soir, je devais aller au cinéma avec mon copain, André, mais il était malade. Alors je ne suis pas sortie.

4 L'après-midi, notre collège a participé au championnat d'athlétisme régional et nous avons gagné la coupe. Tout le monde était très heureux.

5 Samedi, c'était l'anniversaire de mon frère et nous avons fait une balade en kayak. À midi nous avons trouvé un petit coin tranquille et nous avons mangé un bon repas créole.

6 Moi, je suis allé à un match de football, mais c'était décevant. On n'a pas bien joué et on a fait match nul.

7 Samedi, comme d'habitude, j'ai travaillé au supermarché. J'avais oublié qu'on avait un contrôle de science lundi, alors dimanche j'ai dû réviser toute la journée – quel week-end!

ASTUCE

Try to give your opinions when appropriate, as it makes your work more interesting and shows a greater range of vocabulary.

8 Vendredi soir, mes amis sont venus chez moi et nous avons regardé un film. C'était un dessin animé et c'était vraiment rigolo.

2

Une conversation

Reconstruct the conversation by finding the correct answers (a–e) to the questions (1–5) and read out the conversation. Then work out your own answers to the questions.

1 Qu'est-ce que tu as fait pendant le week-end?

2 C'est quoi comme événement?

3 Tu es allé où?

4 Tu y es allé avec qui?

5 C'était comment?

a Il y avait une bonne ambiance. C'était vraiment sympa.

b Pendant un week-end en juin, tout le monde joue de la musique et il y a des concerts un peu partout.

c J'ai participé à la fête de la musique. J'ai passé un très bon week-end.

d J'y suis allé avec mon frère et ma petite amie.

e Je suis allé sur la place principale où il y avait des groupes qui jouaient de la guitare et du tambour.

PHRASES UTILES

Describing an event

J'ai assisté à ... – *I attended ...*

une pièce de théâtre – *a play*

un spectacle – *a show*

C'était ... – *It was ...*

au stade – *at the stadium*

en plein air – *outdoors*

à l'hôtel de ville – *at the town hall*

Il y avait beaucoup de monde. – *There were a lot of people there.*

Il n'y avait pas beaucoup de jeunes. – *There were not many young people there.*

Il y avait une bonne ambiance. – *There was a good atmosphere.*

Giving opinions

C'était vraiment ... – *It was really ...*

À mon avis, c'était ... – *In my opinion it was ...*

Moi, je l'ai trouvé ... – *As for me, I found it ...*

bien – *good*

génial – *brilliant*

décevant – *disappointing*

moche – *horrible*

ennuyeux – *boring*

pas mal – *not bad*

intéressant – *interesting*

J'étais un peu déçu(e). – *I was a bit disappointed.*

Je ne l'ai pas aimé. – *I didn't like it.*

ASTUCE

The verbs below are *faux amis* ('false friends'), i.e. they have a different meaning from the one you might guess. Make sure you learn their correct meanings.

attendre means 'to wait for', not 'to attend'

assister à means 'to attend', not 'to assist/help someone to do something', which would be *aider à*

rester means 'to stay', not 'to rest'.

ACTIVITÉ

1 Write a short message to a friend saying what you did at the weekend. Mention at least two things.

2 You have returned to school after a long weekend and discuss what you have done with a friend. Imagine your conversation.

4.12 Sommaire

Hobbies

les passe-temps (mpl) – *hobbies*
le cinéma – *cinema*
collectionner – *to collect*
la couture – *sewing*
la cuisine – *cooking*
être fana de – *to be a fan of*
être membre d'un club – *to be a member of a club*
faire des promenades/balades/randonnées – *to go for walks*
faire du théâtre – *to do drama*
faire partie de – *to belong to*
le jeu de société – *board game*
le jeu vidéo – *video game*
jouer aux cartes/dominos/échecs – *to play cards/dominoes/chess*
la lecture – *reading*
les loisirs (mpl) – *leisure*
la musique – *music*
la peinture – *painting*
la photo(graphie) – *photography*

Sport

(see page 87)

At the cinema

l'acteur (m) – *actor*
l'actrice (f) – *actress*
la cascade – *stunt*
le cinéma – *cinema*
la comédie – *comedy*
le dessin animé – *cartoon*
doublé – *dubbed*
durer – *to last*
l'écran (m) – *screen*
les effets spéciaux (mpl) – *special effects*
le film – *film*
... comique – *comedy film*
... d'amour – *love story*
... d'aventures – *adventure film*
... d'épouvante – *horror film*
... de science-fiction – *science-fiction film*
... fantastique – *fantasy film*
... historique – *period drama*
... policier – *crime film*
... à suspense – *thriller*
jouer – *to act*
le rôle principal – *main role*
la séance – *performance, showing*
sortir – *to come out (film)*
ressortir en 3D – *to come out again in 3D format*
sous-titré – *subtitled*
une vedette (de cinéma) – *(film) star*
en version originale – *with original soundtrack*

Leisure

s'amuser – *to have a good time*
avoir lieu – *to take place*
le bal – *dance*
la boîte (de nuit) – *(night) club*
le cirque – *circus*
le club de jeunes – *youth club*
le concert – *concert*
la discothèque – *disco*
une exposition – *exhibition*
la fête – *party*
la fête foraine – *funfair*
le feu d'artifice – *firework display*
le musée – *museum*
le parc d'attractions – *theme park*
la soirée – *party*
le spectacle – *show*
le théâtre – *theatre*

Music and dance

la batterie – *drums*
la chanson – *song*
le/la chanteur/euse – *singer*
la chorale – *choir*
le clavier (électronique) – *(electronic) keyboard*
danser – *to dance*
la flûte – *flute*
la flûte à bec – *recorder*
le groupe – *group*
la guitare – *guitar*
l'instrument (m) de musique – *musical instrument*
la musique (classique/pop) – *(classical/pop) music*
l'orchestre (m) – *orchestra*
le piano – *piano*
le rock – *rock music*
sur scène – *on stage*
le tambour – *drum*
le trombone – *trombone*
la trompette – *trumpet*
le violon – *violin*

Listening to the radio

l'animateur/trice (m/f) – *presenter*
l'auditeur/trice (m/f) – *listener*
à l'antenne – *on air*
le baladeur MP3 – *MP3 player*
diffuser – *to broadcast*
l'émission (f) – *programme*
le flash info – *newsflash*
l'interview (f) – *interview*
le jeu – *game*
la météo – *weather*
la publicité/la pub – *adverts*
le reportage – *(news) report*
la station de radio – *radio station*

Reading

l'auteur (m) – *author*
la BD (bande dessinée) – *comic strip book*
la bibliothèque – *library*
l'écrivain (m) – *writer*
emprunter – *to borrow*
le héros/l'héroïne – *hero(ine)*
l'histoire (f) – *story*
la lecture – *reading*
lire – *to read*
le livre de poche – *paperback*
le personnage – *character*
la pièce (de théâtre) – *play*
prêter – *to lend*
le roman d'amour/fantastique/policier – *romantic/fantasy/detective novel*
le titre – *title*

TV

la chaîne – *channel*

culturel(le) – *cultural*

le dessin animé – *cartoon*

le documentaire – *documentary*

éducatif/ive – *educational*

l'émission (sportive) – *(sports) programme*

le feuilleton – *'soap', serial*

les informations/les infos (fpl) – *news*

le jeu – *game show*

le journal – *news programme*

la pub(licité) – *adverts*

la série (policière/américaine) – *(detective/American) series*

la télé-réalité – *reality TV*

Talking about films

Tu as vu …?/As-tu vu …? – *Have you seen …?*

Oui, je l'ai vu. – *Yes, I've seen it.*

Non, je ne l'ai pas vu. – *No, I haven't seen it.*

Je voudrais le voir. – *I would like to see it.*

Je n'ai pas envie de le voir. – *I don't want to see it.*

On dit que c'est bien comme film. – *People say it's a good film.*

Comment l'as-tu trouvé? – *What did you think of it?*

Je l'ai trouvé nul. – *I thought it was silly.*

Moi, je ne l'ai pas aimé. – *I didn't like it.*

C'était … – *It was …*

   amusant – *amusing*

   drôle – *funny*

   passionnant – *fascinating*

   rigolo (fam.) – *funny*

Il y avait beaucoup d'effets spéciaux. – *There were lots of special effects.*

Giving opinions

À mon avis, … – *In my opinion, …*

Je (ne) suis (pas) d'accord avec toi. – *I (dis)agree with you.*

Qu'est-ce que tu en penses? – *What do you think of it/them?*

Ça me fait rire. – *It makes me laugh.*

Ça détend. – *It's relaxing.*

Ça divertit. – *It's entertaining.*

Ça m'intéresse. – *I find it interesting.*

Ça m'énerve. – *It annoys me.*

Je trouve ça bête. – *I find that stupid.*

Je déteste ça! – *I hate that!*

Making suggestions and responding

(see page 96)

GRAMMAIRE

Adverbs: page 81

faire, jouer, savoir: page 83

Comparisons: page 85

The superlative: page 85

The passive: page 86

jouer de: page 88

Emphatic pronouns: page 91

Direct object pronouns (*le, la, l', les*): page 95

Formal and informal language: page 98 (*Point-info*)

The pluperfect tense: page 99

These practice questions focus specifically on the topic of 'Sports and Recreation'.

EXAM TIPS

The oral exam

The oral exam is a test of skill rather than of giving accurate factual information. It's an opportunity to demonstrate your ability to communicate on any four of the six topics of the syllabus.

Make sure you can understand basic questions and instructions, such as: *Où se trouve…?, Parle-moi…, Décris…, Combien coûte…?*

When reading aloud, try to show that you understand the passage, by using good expression and intonation.

Listen to as much French as possible and practise reading and speaking aloud to improve your pronunciation and confidence.

Remember that final consonants are rarely sounded, so *il parle* and *ils parlent* sound the same.

Paper 1, Part A, Section I

Part A of this paper assesses listening comprehension. Ask a friend or family member to read the sentences aloud for you. In the exam there will be eight questions in this section. There are four questions here and a similar task with four questions on page 54.

For each question you will hear a single sentence. Choose from the four pictures the one which BEST shows what the sentence says.

1 *Comme passe-temps, j'aime la lecture.*
2 *Le cyclisme, ça ne m'intéresse pas du tout.*
3 *Mon frère aime la musique reggae et il joue du tambour.*
4 *On peut faire une promenade à cheval demain.*

Paper 1, Part B, Section IV

Part B of this paper assesses reading comprehension.

The text below is followed by incomplete statements or questions at the top of the next page. Select the completion that is BEST according to the information given in the text.

Fête de la science

Lycée Napoléon

Plantes tropicales – chimie des couleurs et des arômes

Lors d'une matinée en laboratoire, réalisation d'expériences sur la chimie des plantes aromatiques de nos jardins créoles et leur application dans la vie quotidienne.

Pour: lycéens et grand public.
Durée: 2 heures.
Samedi de 10h00 à 12h00.
Prévoir: blouse blanche, chaussures fermées, cheveux attachés.
Renseignements et inscriptions à louis.fermat@ananas.fr

1 L'événement aura lieu …
  a dans une usine.
  b dans une école.
  c dans un jardin.
  d dans un magasin.

2 Pour y participer, il faut y aller …
  a le matin.
  b l'après-midi.
  c samedi soir.
  d dimanche matin.

3 On ne devra pas mettre …
  a de sandales.
  b de chaussures.
  c de bottes.
  d de tennis.

4 Ce serait un bon événement pour les personnes qui s'intéressent …
  a à la musique.
  b au théâtre et au cinéma.
  c aux jeux vidéo.
  d aux sciences.

Paper 2, Section III, Contextual announcement

Use the following information to write a poster of about 80–100 words in French.

You and your friends want to organise a fund-raising event at your school. Write a poster to advertise the event and to encourage people to attend.

Responses to all the cues below must be included in the poster.

i Name of the event and details
ii Who should attend the event
iii Advantages of attending the event
iv When and where the event will take place
v Further information to attract participants

Paper 3, Section III, Oral – Conversation

Reply in French.

1 Quels sont tes passe-temps?
2 Qu'est-ce que tu as fait pour fêter ton anniversaire l'année dernière?
3 Quelle sorte de musique aimes-tu?
4 Comment est-ce que tu aimes passer le week-end?
5 Parle de ton émission de télé favorite.
6 Si tu en avais l'occasion, quel sport aimerais-tu pratiquer?

EXAM TIPS

Avoiding common errors

- Set out dates correctly (e.g. *le 5 mai*) and spell days and months accurately.
- Check that the subject and verb endings match.
- Make sure adjectives agree in gender and number with the noun.
- Don't miss out the final 's' on plurals! You don't pronounce this when speaking, but you need to write it, e.g. *les magasins*.
- When using the perfect tense, make sure there is an auxiliary verb (*avoir* or *être*). See pages 175–176 to revise which one to use.
- Make sure the past participle of verbs using *être* agrees with the subject (*elle est arrivée, nous sommes allés*).
- Some verbs are often followed by an infinitive, e.g. *je dois partir*.
- For 'to leave', use *quitter* with a noun (*Je quitte la maison.*) and *partir* without a noun (*Nous sommes partis avant minuit.*)
- Use the future tense after *quand*, when it refers to a future time (*Quand j'irai en France l'année prochaine* …).

5 On fait des courses

5.1   On a besoin de quoi?

OBJECTIFS

In this section you will:

- talk about things you need to buy
- discuss different shops and what you can buy there
- revise the partitive article: *du/de la/de l'/des*
- use the pronouns *me, te, nous, vous.*

1

Read the conversation and make a list of the items Mme Grimaud and her son need to buy.

Mme Grimaud: *Je dois aller en ville ce matin. Nous avons besoin de beaucoup de provisions pour le week-end. Il nous faut du pain, du lait, de la viande, du riz, des fruits et des légumes. Tu peux venir avec moi, s'il te plaît, Luc?*

Luc: *Oui, d'accord. Mais ce serait plus vite fait si on allait au supermarché.*

Mme Grimaud: *Peut-être, mais je préfère aller dans les petits magasins et au marché. Les produits frais sont de meilleure qualité et normalement c'est moins cher.*

Luc: *Comme tu veux. Il me faut aussi de nouvelles baskets. On peut aller au magasin de chaussures?*

Mme Grimaud: *On fera ça une autre fois. Aujourd'hui, nous allons acheter des provisions.*

ASTUCE

Groups of similar words often have the same gender. This is the case with names for shops ending in *-ie* which are feminine, e.g. *la boulangerie.* But note these other words for shops which are masculine: *le magasin, le marché, le supermarché.*

GRAMMAIRE

To say that you need something, use the verb *avoir besoin de* (literally, to 'have need of' or 'be in need of').
J'ai besoin d'un dictionnaire. Ma petite sœur a besoin de crayons.

Notice that *de* or *d'* is used instead of the full partitive here.

To revise the full partitive, see page 66.

You can also use *il faut* with an appropriate pronoun:
il me faut – I need (literally, 'it is necessary to me')
Il te faut quelque chose en ville? – Do you need anything from town?

2

Complete the sentences with *du, de la, de l', des.*

1 Ma voisine travaille à la boulangerie. Elle vend ... pain et ... croissants.
2 À la boucherie on achète ... viande, par exemple ... steak ou ... poulet.
3 Pour acheter ... porc et ... jambon, on va à la charcuterie.
4 Dans une alimentation générale, on peut acheter ... eau minérale et ... lait.
5 Chez le marchand de glaces, on trouve ... glaces à tous les parfums.
6 Si on a besoin ... timbres, on peut aller à la poste ou au tabac.
7 À la librairie-papeterie on peut acheter ... livres et ... crayons.
8 Mon magasin préféré est la pâtisserie! On y achète ... gâteaux.

LIEN

For a list of specialist shops, see page 128.

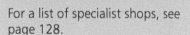

Pronouns *me, te, nous, vous*

The pronouns *me, te, nous, vous* are direct and indirect object pronouns, so, for example, *te* is used to say both 'you' and 'to you'.

me	me, to me, for me	*Tu peux **me** prêter de l'argent?*	Can you lend me some money? (indirect – to me)
te	you, to you, for you	*Je **te** dois combien?*	How much do I owe you? (indirect – to you)
nous	us, to us, for us	*Maman vient **nous** chercher en voiture.*	Mum will collect us in the car. (direct)
vous	you, to you, for you	*On **vous** attend.*	We're waiting for you. (direct)

In most cases, a pronoun goes before the verb: *Je **t'**invite.*

With the perfect tense, a pronoun goes before the auxiliary verb: *On **m'**a offert ce CD.*

When there is a verb followed by an infinitive, the pronoun usually goes before the second verb: *Elle va **me** rendre l'argent demain.*

ASTUCE

False friends (*des faux amis*)

Watch out for words which look similar in French and English but have different meanings.

des baskets – trainers (a basket is *un panier*)

la librairie – bookshop (a library is *une bibliothèque*)

le pain – bread (pain is *la douleur*)

See also page 101.

3

Complete the two conversations with *me, te, nous* or *vous*. Shorten *me* and *te* to *m'* and *t'* before a vowel.

A – Maman, est-ce que tu peux ... prêter dix euros?

– Mais pourquoi? Je ... ai déjà donné ton argent de poche.

– Oui, mais je ... ai acheté un cadeau d'anniversaire et maintenant je n'ai plus rien.

B – Vous avez un problème? Je peux ... aider?

– Oui, merci! Pouvez-vous ... expliquer où nous pouvons acheter des médicaments.

– Aucun problème, je vais ... montrer où se trouve la pharmacie.

– C'est très gentil. Je ... remercie.

4

List five things you'd like to buy; then complete these sentences with names of items and shops:

1 J'ai besoin d'un/d'une/de ...

2 Je voudrais acheter du/de la/de l'/des ...

3 Je vais d'abord ..., ensuite ... et enfin ...

ACTIVITÉ

Reply in French.

1 Qu'est-ce qu'il y a comme magasins près de chez toi?

2 À quelle heure ouvrent les magasins le samedi? Quand est-ce qu'ils ferment?

3 Tu aimes faire du shopping avec tes ami(e)s, avec tes parents ou seul(e)?

4 Quel est ton magasin préféré?

Respond in French to the following situation.

You have moved into a new area and want to know where the nearest bakery is.

a What do you ask your neighbour?

b What does your neighbour reply?

On achète des provisions

OBJECTIFS

In this section you will:
- shop for food
- use expressions of quantity
- use the conditional.

GRAMMAIRE

Remember that the words for 'some', *du/de la/de l'/des*, are shortened to *de* or *d'*:

- with expressions of quantity (*un kilo de bananes*)
- after a negative (*pas de pain*), though not with the verb *être* (*ce n'est pas du sucre*).

ACTIVITÉ

Plan a meal for your family or some friends. Make a shopping list in French for the food you will need, using different expressions of quantity.

Example: *100g de pâté*

VOCABULAIRE

un kilo de – a kilo of

un demi-kilo de – ½ kilo of (about 1lb)

cent grammes de – 100 grams of

un morceau de – a piece of

une portion de – a portion of

une rondelle de – a round slice of (sausage, etc.)

une tranche de – a slice of (ham, pâté, etc.)

Practise reading the food buying conversations aloud with a friend. Then change the items purchased and the prices.

Au marché

Mme Renard, qui habite à Paris, passe ses vacances en Martinique avec son mari. Elle achète des provisions au marché.

Mme Renard: *Bonjour. Je voudrais un kilo de patates douces. Et les ananas sont à combien?*

Le marchand: *Deux euros, la pièce. Ils sont très bons, je vous assure.*

Mme Renard: *Bon, j'en prendrai un. Et les avocats, ils sont mûrs?*

Le marchand: *Il y en a qui sont mûrs et d'autres qu'il faut garder deux ou trois jours avant de les manger.*

Mme Renard: *Bon, alors, je les laisse. Et ça, qu'est-ce que c'est, comme fruit?*

Le marchand: *Ce sont des pommes cannelles. C'est un peu comme le corossol.*

Mme Renard: *Alors, j'en prends deux, et donnez-moi un kilo de bananes, des vertes, s'il vous plaît.*

Le marchand: *Voilà et avec ceci?*

Mme Renard: *Vous avez des papayes?*

Le marchand: *Ah non, je regrette, il n'y en a plus. Mais il y a des goyaves qui sont de bonne qualité ou bien des mangues.*

Mme Renard: *Ah oui, les mangues, c'est combien?*

Le marchand: *Trois euros le kilo.*

Mme Renard: *Très bien, j'en prendrai un demi-kilo.*

Le marchand: *Voilà, c'est tout?*

Mme Renard: *Oui, c'est tout. Ça fait combien?*

Le marchand: *Ça fait six euros cinquante.*

Mme Renard: *Attendez, je crois que j'ai de la monnaie. Voilà.*

Le marchand: *C'est exact. Merci, madame, et au revoir.*

Mme Renard: *Merci, monsieur. Au revoir.*

À la charcuterie

M. Renard va à la charcuterie.

La charcutière: *Bonjour, monsieur. Vous désirez?*

M. Renard: *Bonjour, madame. Je voudrais quatre tranches de jambon, s'il vous plaît.*

La charcutière: *Ce jambon-ci, monsieur?*

M. Renard: *Oui, c'est ça.*

La charcutière: Alors, quatre tranches de jambon, ce sera tout?

M. Renard: Non, je voudrais une portion de salade niçoise.

La charcutière: Voilà – de la salade niçoise. Et avec ça?

M. Renard: Je voudrais six rondelles de saucisson.

La charcutière: Voilà le saucisson. C'est tout ce qu'il vous faut?

M. Renard: Oui, c'est tout. C'est combien, s'il vous plaît?

La charcutière: Voyons … Ça vous fait neuf euros quarante en tout.

M. Renard: Voilà. Au revoir, madame, et merci.

La charcutière: Au revoir, et merci à vous.

POINT-INFO

The ingredients for *salade niçoise* (originally from Nice in the south of France) vary but often include: tomatoes, black olives, anchovies, boiled eggs, garlic, lettuce, all mixed in an olive oil dressing.

GRAMMAIRE

The phrase, *je voudrais* (I would like) is the **conditional** of the verb *vouloir* (to wish or want).

The conditional is easy to form. It combines the future tense (which gives the stem) and the imperfect tense (which gives the endings). Verbs which are irregular in the future tense are also irregular in the conditional:

infinitive	future	conditional
vouloir	*je voudrai* – I **will** like	*je voudrais* – I **would** like
pouvoir	*tu pourras*	*tu pourrais*
avoir	*il aura*	*il aurait*
aller	*nous irons*	*nous irions*
faire	*vous ferez*	*vous feriez*
être	*ils seront*	*ils seraient*

Useful expressions

j'aimerais mieux – I would prefer
on pourrait – one/we could
ça serait bien – that would be good
il y aurait – there would be

See *Grammaire* (14.10), page 177 for more details.

VOCABULAIRE

Les fruits (mpl) – Fruit
l'avocat (m) – avocado pear
l'abricot (m) – apricot
l'ananas (m) – pineapple
la banane – banana
le citron vert – lime
le corossol – soursop
la goyave – guava
la grenade – pomegranate
le kiwi – kiwi fruit
la mangue – mango
le maracoudja – passion fruit
le melon – melon
la noix de coco – coconut
l'orange (f) – orange
le pamplemousse – grapefruit
la papaye – pawpaw, papaya
la pomme cannelle – sweet sop, sugar apple
la pomme cythère – june plum, golden apple
la sapotille – naseberry, sapodilla

1

Complete the sentences using the conditional of the verb given at the end.

Example: 1 *voudriez*

1 Alors, qu'est-ce que vous … faire samedi? (*vouloir*)

2 On … aller aux magasins? (*pouvoir*)

3 Moi, je n'… pas faire ça, je déteste le shopping. (*aimer*)

4 Ce … bien d'aller à la plage. (*être*)

5 Ah non, il y … trop de monde à la plage. (*avoir*)

6 Nous … aller au cinéma. (*pouvoir*)

7 Bonne idée, je … bien voir le nouveau film de James Bond. (*vouloir*)

Au supermarché

Sophie et Lisa font des courses pour la famille au supermarché.

Sophie: On doit acheter beaucoup de choses? Ça vaut la peine de prendre un chariot?

Lisa: Oui, prenons un chariot, ce sera plus facile. J'ai une pièce d'un euro. Qu'est-ce qu'il y a sur la liste?

Sophie: Voyons: du sucre, des œufs, du beurre, du lait, du fromage, de la glace, des pâtes, du poulet, deux boîtes de tomates, des chips, de l'Orangina …

Lisa: Alors commençons au rayon des boissons.

Sophie: Tu vois de l'Orangina?

Lisa: Ah non, regarde! Il n'y en a plus.

Lisa: Si on prenait de la limonade?

Sophie: D'accord. Ensuite cherchons du sucre et des œufs, puis on passera à la crémerie.

Lisa: Voilà, nous avons presque tout, non?

Sophie: Oui, mais il nous faut de la glace. Alors, allons aux «Surgelés».

Lisa: Regarde, cette glace est en promotion. On peut acheter trois boîtes pour le prix de deux.

Sophie: C'est parfait! On en prendra une à la vanille et quoi d'autre? Qu'est-ce que tu aimes comme parfum?

Lisa: Moi, j'aime bien la glace au chocolat.

Sophie: Bon, on prendra ça et aussi de la glace aux noisettes. Voilà, c'est fait. Allons à la caisse. Regarde, il faut faire la queue.

Lisa: Tu as goûté à ces barres aux céréales? Elles sont vraiment délicieuses.

Sophie: Ah bon? Elles sont en promotion aussi. Prenons un paquet de cinq barres.

Caissière: Vous avez besoin d'un sac?

> Nous regrettons de vous informer que nous n'avons pas d'Orangina en ce moment. Nous espérons en avoir pour la fin de la semaine.

GLACES
EN PROMOTION
Parfums au choix
3 boîtes pour le prix de 2

Sophie: Non, merci. J'ai deux grands sacs.

Caissière: ... Voilà, ça fait trente-deux euros trente.

Sophie: Ah non! Je n'ai pas assez d'argent. J'ai seulement trente euros. Tu peux me prêter les deux euros trente? Je te les rendrai demain.

Lisa: Oui, les voilà.

Sophie: C'est parce qu'on a acheté les trois boîtes de glace. N'importe, tout le monde aime la glace!

1

Read the dialogue and reply in English.

1 What was on the girls' shopping list when they started?
2 What were they not able to buy, and what did they buy instead of that?
3 What flavours of ice cream did they buy?
4 Which additional item did they buy as they queued to pay?
5 What was the problem for Sophie at the checkout?
6 How was it resolved?

GRAMMAIRE

Making suggestions

To say the French equivalent of 'let's do something', use the *nous* form of the verb in the present tense, without the pronoun *nous*:

Voyons! Let's see!

Cherchons du café et du sucre. Let's look for the coffee and sugar.

You can also suggest something by using *si* + the imperfect tense: *Si on prenait de la limonade?* How about getting some lemonade?

Another way to make a suggestion is with *ça vaut la peine*: *Ça vaut la peine de prendre un chariot?* Is it worth taking a trolley?

2

Complete the suggestions by using the correct form of the verb given in brackets.

1 ... au rayon de l'alimentation. (*commencer*)
2 Ensuite ... aux «Fruits et légumes». (*aller*)
3 Il n'y a plus de clémentines, alors si on ... des goyaves? (*prendre*)
4 Non, je n'aime pas ça. ..., qu'est-ce qu'il y a d'autre? (*voir*)
5 Ça ... la peine de téléphoner à ta mère? (*valoir*)
6 Je suis très fatiguée. Si on ... au café? (*aller*)

ACTIVITÉ

Directed situations

You are shopping in a supermarket and need to buy a product for a recipe. However, the product is not available on the shelf and a notice informs customers of a problem. What does the notice say? Write no more than one sentence in French.

Oral situations

Respond to each situation in French.

1 You can't find an item you need and ask an assistant.
   a What do you say?
   b What is the reply?
2 Your mother prefers to shop at the market and in small shops but you prefer the supermarket.
   a What does she suggest?
   b What is your reply?
3 At the supermarket check-out, the assistant offers you a carrier bag.
   a What does he/she say?
   b How do you reply?
4 You see a fruit in the fruit and vegetable section which you don't recognise.
   a What do you ask the vendor?
   b What is the reply?

C'est combien?

In this section you will:
- discuss prices
- use higher numbers
- talk about different currencies.

1

Match up the prices below (1–6) with the items on the right (a–f). Then practise reading out the prices.

Example: un melon – trois euros soixante-cinq la pièce

1 un euro cinquante
2 deux euros vingt
3 deux euros quatre-vingt-cinq
4 trois euros vingt-cinq
5 trois euros soixante-cinq
6 quatre euros quatre-vingt-dix

En promotion cette semaine

a melon
€ 3,65 la pièce
b kiwi
€ 2,20 le lot de 10
c barres aux céréales
moins 25% € 3,25
le paquet de 5 barres
d lait
€ 1,50 la brique
de 1 litre
e beurre
€ 2,85 la barquette
de 250g
f riz
€ 4,90 la boîte de 500g

2

Match up the situations (1–6) with their French responses (a–f). Then read the French aloud to practise these phrases.

1 You are at a supermarket check-out and realise that you don't have enough money. Explain the problem and tell the assistant that you'll leave one of the items you were going to buy.

2 You realise that you don't have enough money for something. Ask your friend if he/she can lend you the money and say when you'll be able to return it.

3 You see something you like in a shop but decide it's too expensive. Explain why you can't buy it and ask if there's anything cheaper.

4 You see something you'd like to buy but don't have any local money. Ask if you can pay in a different currency.

5 Explain that you've bought some items at a good price today and now you have no money left.

6 Tell your mother about a special offer and ask if she can lend you some money to buy it.

a Je l'aime bien, mais c'est trop cher pour moi. Avez-vous quelque chose de moins cher?

b Je suis désolé mais je n'ai pas assez d'argent, alors je ne prendrai pas la plaquette de beurre.

c J'ai trouvé des tee-shirts qui étaient en solde, alors j'en ai acheté deux et maintenant je n'ai plus d'argent.

d J'ai vu un jean d'une bonne marque en promotion en ville. Tu peux me prêter de l'argent pour l'acheter?

e Je n'ai pas assez d'argent pour le bus. Tu peux me prêter de l'argent? Je te le rendrai demain.

f Je voudrais bien l'acheter mais je n'ai pas d'euros. Est-ce que je peux payer en dollars américains?

Où est-ce qu'on peut changer de l'argent? – *Where can I change money?*

Les banques ferment à quelle heure? – *When do the banks close?*

J'ai oublié mon porte-monnaie. – *I've forgotten my purse.*

Je ne trouve pas mon porte-feuille. – *I can't find my wallet.*

Je n'ai pas assez d'argent. – *I don't have enough money.*

Je suis désolé(e). – *I'm sorry.*

Qu'est-ce que je peux faire? – *What can I do?*

Est-ce que vous pouvez mettre ces choses de côté? – *Can you put these things to one side?*

Je reviendrai le plus tôt possible. – *I'll come back as soon as possible.*

3

You need the right kind of money when you travel! Choose the correct word to complete the article.

En Martinique, en Guadeloupe et en Guyane Française, la devise ...(1)... (**a** officielle **b** officiel **c** officielles **d** officiels) est l'euro. La monnaie et les billets sont les mêmes que ...(2)... (**a** celui **b** celle **c** ceux **d** celles) utilisés en France et dans les pays de l'euro-zone en Europe.

À Saint-Martin, bien que l'euro soit la devise officielle, le dollar ...(3)... (**a** américain **b** américaine **c** américains **d** américaines) est largement utilisé ...(4)... (**a** sur **b** sous **c** à **d** dans) les magasins, les hôtels et les restaurants.

En règle générale, les banques sont ...(5)... (**a** ouverte **b** ouvertes **c** fermé **d** fermée) du lundi au vendredi de 8h00 à 16h00. Elles ...(6)... (**a** suis **b** ont **c** sont **d** font) fermées le samedi et le dimanche.

Toutes les banques et la plupart ...(7)... (**a** aux **b** des **c** les **d** deux) hôtels font le change des devises étrangères. Il existe également des guichets automatiques de change et des bureaux de change aux aéroports et près des ports.

En Haïti, c'est différent. On n'utilise ...(8)... (**a** par **b** pour **c** pas **d** rien) l'euro. La devise haïtienne est la gourde.

ASTUCE

Look at this phrase from the text:

bien que l'euro soit la devise officielle ... (although the euro is the official currency ...)

The verb *soit* is the present subjunctive of *être*. You may need to recognise this in the CSEC exam, but you won't have to use it.

For more about the subjunctive, see page 177.

VOCABULAIRE

l'argent (m) (de poche) – (pocket) money
une banque – bank
un billet – banknote
une carte bancaire – bank (debit) card
une carte de crédit – credit card
changer – to change
un chèque de voyage – traveller's cheque
dépenser – to spend
la devise – currency
un distributeur automatique – ATM, cash dispenser
faire des économies – to save up
la monnaie – small change; currency
une pièce – coin

ACTIVITÉ

Respond in French to these situations. For help, look at the *Phrases utiles*.

1 Some French tourists need to get some local currency and want to know:
  a where they can change money
  b at what time the banks close today.
What two questions do they ask?

2 You are out shopping when you realise that you have left your money at home.
  a Explain to the sales assistant and ask for help.
  b How does he/she respond?

LIEN

To revise high numbers in French, see the list on page 24.

Au centre commercial

In this section you will:
- read about shops and services in a shopping mall
- understand publicity material
- use the pronouns me, te, nous, vous.

1

Read the leaflet about a new shopping centre. Then choose the options that best complete the following sentences.

1 On peut utiliser le wifi …
  a au niveau 1.
  b mais c'est payant.
  c sans payer.
  d au cybercafé seulement.

2 L'hypermarché est ouvert …
  a six jours par semaine.
  b tous les jours.
  c seulement jusqu'à dix-huit heures.
  d cinq jours par semaine.

3 Les clients n'auront pas trop chaud parce que/parce qu'…
  a il y a un centre médical.
  b il y a un grand hypermarché.
  c le centre est fermé.
  d le centre est climatisé.

4 On peut changer de l'argent …
  a au niveau 1.
  b sur l'escalier roulant.
  c au bureau de tabac.
  d après neuf heures du soir.

Tout pour le shopping

Le nouveau centre commercial Océan vous invite à faire vos achats dans les conditions les plus favorables. On vous offre plus de 100 commerces, des services, des restaurants, tout dans un espace moderne et climatisé.

Horaires
Du lundi au jeudi de 9h à 20h30, le vendredi et le samedi de 9h à 21h. Votre hypermarché est aussi ouvert le dimanche de 9h à 12h30.

Une centaine de magasins
Plus de 100 magasins: des magasins de mode, des magasins de chaussures, des librairies, des papeteries, des bijouteries, des parfumeries, des magasins de sport, des magasins de jeux, des magasins de cadeaux. Vous trouverez également un bureau de tabac, des opticiens, des coiffeurs et une pharmacie.

Un hypermarché pour tous vos besoins
Si vous cherchez de l'alimentation, vous trouverez au centre un grand hypermarché pour tous vos besoins.

À votre service
Pour vous simplifier la vie, vous trouverez tous les services nécessaires: deux banques (niveau 2), un bureau de change (niveau 1) et un bureau de poste (niveau 1).

Vous pouvez vous connecter à Internet gratuitement, n'importe où dans le centre, grâce au Wifi.

Il y a un centre médical au niveau 1. Au point information (niveau 1), des hôtesses peuvent vous renseigner et vous aider.

Pour votre confort
Les différents niveaux sont desservis par des escaliers roulants.

Vous trouverez des toilettes publiques à tous les niveaux.

Le temps des loisirs
Faire du lèche-vitrine sans avoir ni trop chaud ni trop froid, boire un verre à une terrasse, essayer la cuisine régionale ou exotique ou passer un bon moment au cinéma, rien de plus simple: des salles de cinéma et des restaurants vous attendent jusqu'à 21 heures.

Ne tardez pas! On vous attend au nouveau centre commercial Océan.

ACTIVITÉ

Some French visitors want to know about shopping facilities in your country. Describe a shopping centre or a large store, answering these questions:

Quand est-ce que le centre est ouvert?
Qu'est-ce qu'il y a comme magasins?

Bijoux pour tous

Vous avez besoin d'une montre, d'un bracelet, d'un collier, de boucles d'oreille?

Ne cherchez plus! À notre bijouterie, vous trouverez de nombreux accessoires pour parfaire votre look.

Vous cherchez quelque chose de spécial pour une personne que vous aimez?

Nos vendeurs vous aideront à choisir le cadeau idéal et on vous fera un paquet-cadeau gratuit avec carte de vœux.

Et cette semaine, nous vous offrons une remise exceptionnelle de quinze pour cent sur toutes les boucles d'oreille et les montres.

Alors, précipitez-vous à Bijoux pour tous!

**Ne tardez pas.
La promotion se termine le 22 avril.**

ACTIVITÉ

Contextual announcement

Use the following information to write an announcement of about 80–100 words in French.

You have been asked by the owner of a small specialist shop to write a poster to advertise some special offers for students.

Include all the following information in the announcement.

i The name of the shop
ii Details of what the shop sells, including four items that can be bought there
iii Two advantages of buying from the shop
iv Details of a special offer, saying how long the offer is available
v An incentive to visit the shop

2

1 Name four items you could buy in this shop.
2 What do they offer to customers buying a gift?
3 What is the special offer this week?
4 On what date does the offer end?

3

Complete the poster for a new stationer's, choosing the best option for each gap.

Papeterie du Château

Tout pour la vie scolaire!

1 N'oubliez pas de …
(a visite b visitons c visitent d visiter) notre nouvelle papeterie,
au 12 rue du château.

2 Nous avons un …
(a grand b grande c grands
d grandes) choix de cahiers, classeurs, stylos, calculatrices et trousses à des prix …
(a poliment b comment
c vraiment d lentement) abordables.

3 Vous … (a le b la c y d les)
trouverez tout ce qui est nécessaire pour la rentrée scolaire.

4 Ouvert du lundi au samedi de 9h à 18h …
(a dans b sous c nous d sans)
interruption.

On a le choix

ASTUCE

The names of some specialist shops follow this pattern:
un magasin de sports,
un magasin de jeux.
Can you work out how to say:
a music shop, a shoe shop, a gift shop?

Pierre:	Tu viens au centre commercial avec moi cet après-midi? Je dois acheter un cadeau d'anniversaire pour mon petit frère.
Olivier:	Oui, bien sûr. Qu'est-ce que tu vas lui acheter?
Pierre:	Aucune idée.
Olivier:	Et moi, je voudrais de nouvelles baskets. J'en ai besoin pour le stage de volleyball.
Pierre:	Il faut aller au magasin de sport alors?
Olivier:	Oui, et je veux aussi voir ce qu'il y a à l'hypermarché. Quelquefois ils ont des promotions intéressantes.

Au magasin de sport

Pierre:	Regarde ces ballons de football. Celui-ci n'est pas cher.
Olivier:	Oui, c'est vrai.
Pierre:	Je vais peut-être l'acheter pour mon frère.
Olivier:	Bon moi, je vais regarder les baskets.
Pierre:	Il y en a beaucoup.
Olivier:	Oui, alors celles-ci sont d'une bonne marque et celles-là aussi. Je vais essayer celles-ci.
Pierre:	Regarde, il y a beaucoup d'équipement pour le cyclisme. Tu aimes ces gants verts?
Olivier:	Oui, ils sont bien, mais je préfère ceux-là en gris.
Pierre:	Oui, mais regarde le prix! Ils sont beaucoup trop chers pour moi.
Olivier:	Oui, ils sont chers, c'est vrai.
Pierre:	J'aime bien ces lunettes de soleil.
Olivier:	Mais elles sont trop grandes pour toi. Essaie celles-là. Oui, elles te vont mieux. Tu les prends?
Pierre:	Non. Je vais acheter le ballon et c'est tout.
Olivier:	D'accord, alors allons au café maintenant, et ensuite on ira à l'hypermarché.

 1

Read the conversation and find out:

1 Why does Olivier want to buy trainers?
2 Why does he also want to look in the hypermarket?
3 In the sports shop, what does Pierre look at first?
4 Does he decide to buy it? Why?
5 Give two other things they look at in the sports shop.
6 Where do they decide to go when they leave the shop?

Find the French:

1 This one isn't expensive.
2 There are a lot of them.
3 These are a good make.
4 Do you like these green gloves?
5 I prefer those.
6 Try those ones.
7 They suit you better.

GRAMMAIRE

This (one) or that (one)

'This' or 'that' before a noun is *ce* (or *cet* before a vowel), *cette* or *ces*. So 'these gloves' in French is *ces gants*.

But when you don't want to name the noun, you use a pronoun instead: *celui*, *celle*, *ceux* or *celles*. The table shows when to use each form.

Adding -*ci* and -*là* after the pronoun distinguishes more clearly between 'this one here' and 'that one there'.

masculine singular	feminine singular	masculine plural	feminine plural	English meaning
ce before vowel or silent 'h': *cet*	*cette*	*ces*	*ces*	this, these
celui	*celle*	*ceux*	*celles*	the one(s)
celui-ci	*celle-ci*	*ceux-ci*	*celles-ci*	this one, these ones
celui-là	*celle-là*	*ceux-là*	*celles-là*	that one, those ones

3

Complete the sentences with the correct word.

1 Tu aimes … (*ce/cette/ces*) lunettes?
2 Tu préfères … (*cet/cette/ces*) raquette-ci ou … -là (*celle/ceux/celles*)?
3 … (*Ce/Cet/Ces*) sac de sports est à qui?
4 Je crois que c'est … (*celui/ceux/celles*) de ma sœur.
5 Et … (*cet/cette/ces*) baskets sont … (*celui/celle/celles*) de ma sœur aussi.
6 Avez-vous des gants comme … -ci (*celui/celle/ceux*) mais en noir?
7 Je me demande si on a … (*ce/cet/ces*) maillot de bain en d'autres couleurs.
8 Regarde … (*ce/cet/ces*) chaussettes. Elles sont amusantes.
9 J'aime aussi … -là (*celui/celle/celles*) qui sont rayées.
10 … (*Ce/Cet/Ces*) imperméable est à Olivier, non? Il a dû le laisser dans le magasin.

4

Invent your own way to complete each sentence.

1 Cet après-midi, nous … .
2 Ce soir, je … .
3 Est-ce que tu aimes ces …?
4 J'ai essayé deux … mais finalement j'ai choisi … .
5 Il y avait un grand choix de … et j'ai décidé d'acheter … parce que … .
6 J'ai cherché longtemps et enfin j'ai choisi ce/cet/cette/ces … . parce que … .

ACTIVITÉ

Respond to each situation in French.

1 You and your sister are discussing a birthday present for your grandmother.
   a How do you express your preference?
   b What reason do you give?
2 You are buying a present for your father and ask the assistant for a particular item.
   a What do you ask?
   b What does the assistant suggest?
3 You and your friend are out shopping and your friend cannot decide on a gift for her mother.
   a What comment do you make about the gift she is considering?
   b What do you suggest she does?

On prend un snack

In this section you will:

- buy snacks and drinks
- use *lui* and *leur* (indirect object pronouns).

POINT-INFO

In a French café you can often buy snacks as well as hot and cold drinks. There are fast-food outlets in the main towns, including some French chains, such as Quick, which sells burgers and chips, and Délifrance, which serves croissants, sandwiches, quiches, etc.

Snack Élizé is a well-established local snack chain in Martinique with snack bars in Fort-de-France and other main towns. They specialise in local produce and offer chicken, brochettes and fresh fruit juice.

Au café

Pierre: Moi, j'ai soif. On va au café?

Olivier: Bonne idée, je voudrais prendre une glace. Il fait chaud.

Serveur: Bonjour, messieurs, qu'est-ce que je vous sers?

Pierre: Alors, pour moi, un jus de goyave.

Serveur: Désolé, nous n'avons plus de goyave. Il y a du jus d'orange, d'ananas ou de prune.

Pierre: Bon! Je prendrai un jus de prune.

Serveur: Un jus de prune. Et pour vous?

Olivier: Pour moi, un verre de limonade, s'il vous plaît. Qu'est-ce que vous avez comme glaces?

Serveur: Vanille, mangue, banane, ananas, chocolat.

Olivier: Un glace à la banane, s'il vous plaît.

Pierre: Et qu'est-ce que vous avez comme sandwichs?

Serveur: Nous avons des sandwichs au jambon et au fromage.

Pierre: Alors, je prends un sandwich au fromage, s'il vous plaît.

...

Serveur: Voilà, un jus de prune, une limonade, une glace, un sandwich.

Olivier: Pardon, monsieur, j'avais commandé une glace à la banane, mais vous m'avez apporté une glace à la vanille.

Serveur: Excusez-moi, c'est une erreur. Je vais tout de suite vous chercher une glace à la banane.

...

Pierre: Monsieur, l'addition, s'il vous plaît.

Serveur: Voici l'addition, monsieur.

1

Complete the summary of the snack bar visit.

Pierre et Olivier sont ...(1)... (*allé/allés/allées*) au café. Pierre ...(2)... (*voulais/voulait/voulaient*) commander un jus de goyave mais il n'y en avait plus. Alors il ...(3)... (*ai/as/a*) commandé un jus de prune et un sandwich au fromage. Comme il ...(4)... (*fait/faisait/faisaient*) chaud, Olivier a ...(5)... (*choisir/choisi/choisit*) une glace à la banane. Le serveur leur a ...(6)... (*apporter/apportes/apporté*) les boissons et les snacks. Mais il a ...(7)... (*faire/fait/fais*) une erreur. Au lieu d'une glace à la banane, il a apporté une glace à la ...(8)... (*goyave/prune/ vanille*). Il s'est excusé et il est (*revenu/revenue/revient*) avec une glace à la banane.

2

Read the conversation aloud but change the drinks and snacks.

GRAMMAIRE

Lui means 'to' or 'for' him/her/it.

Leur means 'to' or 'for' them.

The actual word 'to' or 'for' is often omitted in English, but its sense remains.

The pronoun *lui* replaces a masculine or feminine singular noun, often when that noun was used in a phrase beginning with *à* or *au*:
*Qu'est-ce que tu vas offrir **à ton frère**? Je vais **lui** offrir un ballon de football.*

In the same way, the pronoun *leur* replaces a plural noun, often when it was used in a phrase beginning with *à* or *aux*:
*Le serveur a apporté des boissons **aux garçons**. Il **leur** a aussi apporté une glace et un sandwich.*

Like *me*, *te*, *nous*, *vous* (see page 107) these pronouns go just before a verb, before an auxiliary verb in a perfect tense, or before an infinitive used after another verb.

3

Practise using *lui* and *leur* to replace the underlined phrases.

Example: 1 *Je lui achète un cadeau.*

1 J'achète un cadeau <u>pour ma sœur</u>.
2 Nous achetons une boîte de chocolats <u>pour mes grands-parents</u>.
3 J'ai offert un DVD <u>à ma mère</u>.
4 Je ne sais pas quoi acheter <u>pour mon père</u>.
5 J'enverrai une carte de Noël <u>à mon ami en Martinique</u>.
6 J'ai déjà téléphoné <u>à tous mes amis</u>.
7 J'écris un message <u>à mon prof de français</u>.

ACTIVITÉ

Using 80–100 words, write a message to a friend in which you describe a visit to a café or snack bar. Include the following:

i   When you went to the café and who was with you
ii   The name of the café and where it's situated
iii The items ordered
iv   A problem with the order
v   How it was resolved

VOCABULAIRE

Les casse-croûte – Snacks
la crêpe – pancake
le croissant – croissant
les frites (fpl) – chips
la glace au chocolat/à la vanille/ à l'abricot – chocolate/vanilla/ apricot ice cream
la pizza – pizza
le sandwich au thon/au pâté/ au saucisson sec – tuna/pâté/ salami sandwich

ASTUCE

Note how to give flavours or fillings. In most cases, use *au* (*à la*, *à l'*, *aux*):

une glace à la banane/au chocolat

un sandwich au fromage
un pain au chocolat
des accras à la morue
une crêpe aux crevettes
une tarte à la christophine
For fruit juice, use *de* or *d'*:
un jus d'ananas
un jus de prune

Où manger?

In this section you will:
- choose a restaurant and make a reservation
- use the pronoun *en*.

Read the advert and the statements. Choose the option which fits best.

Le Bateau bleu

1 Le restaurant se trouve ...
- **a** à la campagne.
- **b** dans une ville au bord de la mer.
- **c** près de l'aéroport.
- **d** sur une colline.

2 On peut y aller ...
- **a** seulement le soir.
- **b** cinq jours par semaine.
- **c** 364 jours par an.
- **d** six jours par semaine.

3 Le restaurant ferme ...
- **a** à midi.
- **b** à minuit.
- **c** à onze heures du matin.
- **d** à onze heures du soir.

Le Bateau bleu

Un restaurant typique très animé

Face à la mer, en plein bourg

Heures de service: *de 9h à 23h sans interruption, ouvert tous les jours de l'année sauf le vendredi saint.*

Spécialités: *salade créole, boudin fait maison, crabe farci, fricassée de chatrou, glace locale, fruits de saison*

Plats de 7,50 à 18 €

On fait une réservation

Two friends call in at a restaurant to make a reservation: read the conversation and note the most useful phrases.

Daniel: Pour trouver un restaurant, allons au bord de la mer. Là, il y en a beaucoup. Tu aimes le calalou?

Élodie: Euh, je ne sais pas, je n'en ai jamais mangé.

Daniel: Alors tu pourras goûter ça, c'est bon! C'est une soupe de légumes qu'on sert avec du porc ou des crabes. Voilà un restaurant où l'on sert de la cuisine créole. Qu'est-ce que tu en penses? On peut y manger vendredi soir avec mon frère et sa fiancée.

Élodie: Oui, ça a l'air bien. On fait une réservation?

Daniel: Oui, allons-y.

...

Daniel: Bonjour. Je voudrais réserver une table pour vendredi, le quinze juillet.

Employé: Oui. C'est pour combien de personnes?

Daniel: Pour quatre personnes.

Employé: Et à quelle heure?

Daniel: Huit heures, ça va?

Employé: Oui, j'ai une table pour huit heures. C'est à quel nom?

Daniel: Dubosc.

Employé: En salle ou en terrasse?

Daniel: En salle, s'il vous plaît.

Employé: Bon, c'est fait. À vendredi.

Daniel: Merci, au revoir.

2

Match up the sentences (1–5) with their meanings (a–e).

1 Je n'en ai pas besoin.
2 Je n'en ai pas.
3 Il n'y en a plus.
4 On va en manger demain.
5 Il n'en reste que deux.

a There are none left.
b There are only two left.
c I don't need any.
d I don't have any.
e We'll eat some tomorrow.

ACTIVITÉ

Contextual dialogue

You are planning a special lunch for your grandmother's birthday and phone a restaurant to find out what they offer and whether they have availability for the date and time of the celebration. Mention some special requirements. Complete the dialogue you have with the restaurant employee. Include all the cues listed below.

i Greetings
ii Date and time for the lunch
iii Number of diners
iv Any special requests you have
v Contact details

Employé: Allô, bonjour.

Moi: ....

Employé: Oui, alors c'est pour quelle date?

Moi: ....

Employé: Et vous voulez réserver pour quand exactement?

Moi: ....

Employé: Entendu, et c'est pour combien de personnes?

Moi: ....

Employé: Nous servons des plats végétariens. Vous préférez une table à l'intérieur ou sur la terrasse?

Moi: ....

Employé: Est-ce qu'il y a d'autres choses à prévoir?

Moi: ....

Employé: C'est noté. Alors, c'est tout?

Moi: ....

Employé: Pouvez-vous me donner votre nom et vos coordonnées?

Moi: ....

Employé: Je vous remercie. Au revoir.

GRAMMAIRE

The pronoun **en** can mean 'of it', 'of them', 'some', or 'any'.

In French it is essential to include *en* in sentences, whereas in English its equivalent is often omitted:
Il y en a beaucoup.
There are a lot (of them).

En often replaces an expression beginning with *du, de la, de l', des* or *de* + noun:
*Tu veux **du jambon**? Oui, j'**en** prendrai une tranche.*
Do you want any ham? Yes, I'll have a slice (of it).

Like other pronouns, *en* usually goes before the verb or an infinitive.

Tu aimes les fruits de mer?
*On va **en** manger ce soir.*

In the perfect tense, *en* goes before the auxiliary verb:
Tu as déjà mangé du boudin?
*Non, je n'**en** ai jamais mangé.*

Au restaurant

In this section you will:

- discuss items on the menu
- order a meal
- deal with problems and arrange payment.

POINT-INFO

A restaurant menu will usually include a list of *hors d'œuvres* (starters), *poissons* (fish), *viandes* (meat dishes), *légumes* (vegetables), *salades* (salads) and sometimes *pâtes* (pasta) and pizzas. Some restaurants also offer *plat du jour* (dish of the day).

You could just choose *un plat principal* (a main course).

To complete the meal, some diners choose *un dessert* (dessert) or *du fromage* (cheese) and *du café* (coffee).

When you receive *l'addition* (the bill), you may notice a charge for *le couvert* (cover charge), which covers the cost of the table setting, etc.

Normally a service charge is included in the bill so you're not obliged to leave a tip, but it is appreciated if the service has been good.

With a friend, read out this restaurant sequence together.

Serveur: Bonsoir, messieurs-dames.

Vous: Bonjour, monsieur. Avez-vous une table pour deux personnes, s'il vous plaît?

Serveur: Vous préférez être en salle ou sur la terrasse?

Vous: Sur la terrasse.

Serveur: Il faut attendre un petit moment. Ça ira?

Vous: Oui, on peut attendre un peu.

...

Serveur: Voilà, monsieur, madame. Voilà la carte. Vous prenez un apéritif?

Vous: Oui, une bière et un jus d'orange.

...

Serveur: Voilà. Vous êtes prêts à commander?

Vous: Le plat du jour, qu'est-ce que c'est?

Serveur: C'est du poulet colombo.

Vous: Et le touloulou, c'est quoi exactement?

Serveur: Ce sont des petits crabes de terre qu'on prépare avec du riz. Ça a un goût de coco et de piment. C'est très apprécié.

Vous: Alors je prendrai le poulet colombo et pour mon ami(e) les brochettes de crevettes.

Serveur: Et comme boisson, qu'est-ce que vous voulez?

Vous: Une carafe de vin blanc et une carafe d'eau, s'il vous plaît.

Serveur: Entendu.

...

Serveur: Vous prenez un dessert?

Vous: Qu'est-ce que vous nous recommandez?

Serveur: Il y a le blanc-manger coco, fait avec du coco et du lait. C'est très bon, ou bien des fruits de saison ou de la glace locale.

Vous: Alors, pour mon ami(e) des fruits, et pour moi, le blanc-manger coco, s'il vous plaît.

Serveur: Très bien. Vous voulez du café après?

Vous: Non, merci.

...

Vous: On peut avoir l'addition, s'il vous plaît?

Serveur: Oui, monsieur.

1

Read the restaurant situations (1–4) and find the dialogue (A–D), which best matches the situation.

1 You and your two friends have ordered a dessert or cheese and there is a problem when the waiter brings the food.

2 You are about to start your meal, but something is missing.

3 You have checked the bill and think there may be an error, but you may be wrong.

4 You have a food allergy and need to check the ingredients of the item you would like to order.

A – Pardon, monsieur, mais je n'ai pas de fourchette.
– Oh excusez-moi, madame. Je vais vous en chercher une tout de suite.

B – Voilà, deux sorbets et une assiette de fromage.
– Mais monsieur, on a commandé un sorbet et deux assiettes de fromages.
– Ah bon? Excusez-moi, je vais l'échanger.

C – Pardon, madame, mais est-ce qu'il y a des noisettes dans ce gâteau?
– Oui, c'est possible.
– Alors, je regrette, mais je suis allergique aux fruits à coque.
– Ah, oui, je comprends. Alors, vous voudriez autre chose?
– Oui, je voudrais un sorbet à l'ananas, s'il vous plaît.

D – Monsieur, je crois qu'il y a une erreur dans l'addition.
– Ah bon?
– Nous avons pris deux menus à 15 euros, mais le prix total est 34 euros.
– Oui, monsieur. Mais vous avez commandé du cabri, n'est-ce pas?
– Oui, du cabri grillé.
– Alors, le cabri grillé est en supplément, monsieur. Voilà, c'est marqué sur la carte.
– Ah oui, vous avez raison. Je n'avais pas vu ça.

PHRASES UTILES

La carte, s'il vous plaît. – *Can I have the menu, please?*

Vous êtes prêts à commander? – *Are you ready to order?*

On va prendre le menu à 15 euros. – *We'll have the 15-euro menu.*

Qu'est-ce que vous recommandez? – *What do you recommend?*

Le plat du jour, qu'est-ce que c'est? – *What's the dish of the day?*

Est-ce qu'il y a de la viande dedans? – *Is there any meat in it?*

Qu'est-ce que vous avez comme légumes/glaces? – *What kind of vegetables/ice cream do you have?*

Comme boisson, une carafe de vin rouge. – *To drink, a carafe of red wine.*

L'addition, s'il vous plaît. – *The bill, please.*

C'était très bon. – *It was very good.*

On peut avoir encore du pain?/un autre verre? – *Can we have some more bread?/another glass?*

Est-ce que je peux revoir la carte? – *Can I see the menu again?*

ACTIVITÉ

Order a meal for yourself at a restaurant, choosing items listed in this section or other dishes you know, and then explain a problem with your order or the bill.

On achète des vêtements: un débardeur ...

Cliente:	Bonjour, madame. J'ai vu un débardeur en vitrine. Vous l'avez en quelles couleurs?
Vendeuse:	Lequel? Vous pouvez me l'indiquer? Ah oui, celui-là, nous l'avons en rose, en bleu marine et en vert foncé. C'est joli cette couleur, je trouve.
Cliente:	Je peux essayer le rose?
Vendeuse:	Oui, bien sûr. Vous faites quelle taille?
Cliente:	Du 42.
Vendeuse:	Voilà, la cabine d'essayage est là-bas.
...	
Vendeuse:	Oui, il vous va bien.
Cliente:	Et c'est à combien?
Vendeuse:	20 euros.
Cliente:	Hmm, je ne sais pas. Je vais y réfléchir.

... un pantalon ...

Client:	Pardon, monsieur, ce pantalon coûte combien?
Vendeuse:	Euh ... 68 euros, monsieur.
Client:	Et vous l'avez en 46?
Vendeuse:	En quelles couleurs?
Client:	Gris.
Vendeuse:	Je suis désolée, monsieur, je ne l'ai plus en gris, mais je l'ai en noir. Vous voulez l'essayer?
Client:	Non, merci. J'ai besoin d'un pantalon gris. Est-ce qu'il serait possible de commander le pantalon en gris en 46?
Vendeuse:	Je vais téléphoner pour savoir s'il en reste dans notre magasin principal.
Client:	C'est gentil, merci.

... et des chaussures

Vendeur:	Qu'est-ce que vous désirez, monsieur?
Client:	Je voudrais une paire de chaussures comme celles-ci.
Vendeur:	Bien sûr. Vous faites quelle pointure?
Client:	48.
Vendeur:	Voilà, monsieur.
Client:	... Oui, elles me vont bien. Elles sont à combien?
Vendeur:	Celles-là sont à 90 euros.
Client:	Elles sont chères, mais elles sont confortables.

Vendeur: C'est une très bonne marque et les chaussures sont d'une
            excellente qualité.

Client: Bon, je les prends.

Vendeur: Vous ne le regretterez pas, monsieur, j'en suis certaine.

ACTIVITÉ

Write a letter to your French
penfriend of no more than
130–150 words, using the
outline as a guide. Use
appropriate tenses. Do not
write your own name and
address, but include the date in
French and use an appropriate
beginning and ending.

i   Ask a question about
    shopping and give your views

ii Mention something which
    you have bought recently
    and which you are pleased
    with

iii Ask what your friend thinks
    about fashion and brands
    and give your own views

iv Say what kind of clothes you
    would buy if you had lots of
    money

1

For each question (1–4), find two matching answers (a–h), and then
write out your own answer.

1 Qu'est-ce que tu portes de préférence le week-end?

2 Que penses-tu de la mode et des vêtements de marque?

3 Est-ce qu'il y a des couleurs que tu aimes souvent mettre ou que tu ne mets jamais?

4 Aimes-tu porter des bijoux?

a Je mets un petit bracelet quand je sors.

b J'aime porter un jean ou un short et un tee-shirt, et si j'ai froid, je
   mets un sweat.

c Moi, je m'achète des vêtements de marque, mais seulement
   pendant les soldes quand ils sont moins chers; sinon, j'achète des
   vêtements sans marque.

d Moi, je mets souvent des couleurs foncées, comme le noir, le bleu
   marine, le marron, le gris foncé. Je trouve qu'elles me vont bien.

e Si je sors, je mets une tenue un peu plus habillée, comme une robe
   ou un pantalon et une veste.

f Moi, j'adore les couleurs vives, comme le rouge, et je n'aime pas
   les couleurs qui manquent d'éclat comme le beige.

g Je ne porte jamais de boucles d'oreille parce que je n'ai pas les
   oreilles percées et les boucles d'oreille me font toujours mal. Par
   contre j'aime les colliers.

h Pour moi, la mode n'a aucune importance: je porte toujours les
   mêmes choses – un short et un tee-shirt.

OBJECTIFS

In this section you will:
- explain a problem with something you have bought
- complain about faulty goods.

1

Au service clientèle

Read the situations (1–5), then find the conversation (a–e) which corresponds to each one.

1 Your father bought some socks but they are too small. He asks you to go back to the shop to change them. You exchange them for a larger pair.

2 You bought an electronic item recently, but it was faulty so you return it to the shop for a refund.

3 Your mother bought an item of clothing but when she got home she noticed there was a flaw in the material. She asks you to take the item back for an exchange.

4 You were given an item of clothing for your birthday, but you don't like the colour, so you ask if you can change it.

5 You bought an item of clothing in the sales, but you've decided you don't want it after all. You go back to the shop to ask if you can have an exchange or a refund.

a – J'ai acheté ce portable l'autre jour, mais il ne marche pas.
– Faites voir. Ah oui, vous avez raison … et vous avez le reçu. Bon, on peut soit remplacer le portable, soit vous rembourser.
– Pouvez-vous me rembourser, s'il vous plaît?

b – On m'a offert ce tee-shirt comme cadeau, mais je n'aime pas la couleur. Est-ce que je peux l'échanger?
– Vous avez le reçu?
– Non, malheureusement pas, parce que c'était un cadeau.
– Ah bon. Normalement on ne fait pas d'échange sans reçu, mais je vais en parler avec le chef de service. Attendez un moment, s'il vous plaît. … Oui, nous allons faire une exception, cette fois, et vous pouvez l'échanger.

c – Bonjour, madame. J'ai acheté ce maillot de bain l'autre jour, mais j'ai changé d'avis. Est-ce que je peux me faire rembourser?
– C'était en solde, non?
– Oui.
– Ah non, je regrette, les soldes ne sont ni échangeables ni remboursables.

d – Mon père a acheté ces chaussettes hier, mais il a pris des chaussettes en petit au lieu de moyen. Pouvez-vous les échanger contre une paire en moyen, s'il vous plaît? J'ai le reçu.
– Oui, bien sûr. Voilà la même paire en moyen.

e – On peut vous aider?

– Oui. Ma mère a acheté ce pantalon l'autre jour, mais quand elle l'a examiné à la maison, elle a trouvé un défaut – un petit trou dans le tissu.

– Faites voir. Ah oui, vous avez raison. Voulez-vous l'échanger ou être remboursé?

– Je voudrais l'échanger, s'il vous plaît.

– ... Voilà un autre pantalon.

2

Complete these two summaries of a shopping problem by choosing the correct word to complete each blank space.

1 J'... (*avais/avait/aviez/avaient*) acheté un nouveau portable récemment, mais quand je ... (*est/ai/sont/suis*) rentré à la maison, j'ai ... (*trouve/trouvé/trouvée/trouver*) qu'il ne ... (*marche/marcher/marchait/marchaient*) pas. Alors je ... (*l'/les/me/nous*) ai rapporté au magasin et on m'a rendu mon argent.

2 Ma mère ... (*avais/avait/aviez/avaient*) acheté un pantalon ... (*sur/sous/dans/par*) la nouvelle boutique de mode, mais à la maison, elle ... (*ai/as/a/à*) trouvé qu'il y avait un défaut. Alors, elle ... (*l'/m'/t'/les*) a demandé de le rapporter au magasin pour un échange.

ASTUCE

This is a useful phrase when offering a choice to someone:

soit ... soit ... – either ... or ...

On peut soit l'échanger, soit vous rembourser.

PHRASES UTILES

Est-ce que je peux l'échanger? – *Can I exchange it?*

Vous avez le reçu? – *Do you have the receipt?*

Pouvez-vous me rembourser, s'il vous plaît? – *Can you give me a refund, please?*

J'ai trouvé qu'il y avait un défaut. – *I found there was a fault.*

Je n'aime pas beaucoup la couleur/le modèle. – *I don't like the colour/the style.*

Il est trop grand/petit. – *It's too big/small.*

ACTIVITÉ

Respond to the situations in French.

1 You buy a new MP3 player, but when you get it home it doesn't work. You go back to the shop.

a What do you say to the shop assistant? **b** What is the reply?

2 Your mother bought a pack of guavas in the supermarket. When she got home she found that some were rotten. She sends you back to the shop.

a What do you say? **b** What is the response?

3 You were given a t-shirt for your birthday but it's too small. You want to exchange it for a larger size.

a What do you say? **b** What does the assistant answer?

4 You have bought a baseball cap for your brother, but he doesn't like it. You return it to the shop but don't have the receipt.

a What do you say? **b** How does the assistant respond?

5.12 Sommaire

Shopping

acheter – *to buy*

la caisse – *till, cash desk*

en promotion – *on special offer*

en vitrine – *in the window*

faire du lèche-vitrine – *to go window-shopping*

faire les courses – *to go shopping*

gratuit – *free*

la marque – *brand name, designer label*

meilleur(e)(s) – *better (adjective)*

le/la/les meilleur(e)(s) – *the best*

ouvert – *open*

ouvrir – *to open*

payer – *to pay for*

le prix – *price*

le produit – *product*

le reçu – *receipt*

réduit – *reduced*

c'est pour offrir – *it's for a present*

faire un paquet-cadeau – *to gift-wrap*

Shops

l'alimentation (f) générale – *general food shop*

la bijouterie – *jeweller's*

la boucherie – *butcher's*

la boulangerie – *the baker's*

la boutique – *small shop*

la charcuterie – *pork butcher's/delicatessen*

la confiserie – *sweet shop*

la crèmerie – *dairy (selling milk, cheese, butter, etc.)*

l'épicerie (f) – *grocer's*

l'hypermarché (m) – *hypermarket*

la librairie – *bookshop*

le magasin – *shop*

le magasin de cadeaux – *gift shop*

le magasin de jeux vidéo – *computer games shop*

le magasin de sports – *sports shop*

le marché (couvert) – *(covered) market*

le marché artisanal – *craft market*

la papeterie – *stationer's*

la pâtisserie – *cake shop*

la pharmacie – *chemist's*

la poissonnerie – *fish stall*

le (bureau de) tabac – *tobacconist's*

In a department store

le centre commercial – *shopping mall*

le grand magasin – *department store*

l'ascenseur (m) – *elevator, lift*

l'escalier (m) – *staircase*

l'escalier (m) roulant – *escalator*

l'étage (m) – *floor*

le rez-de-chaussée – *ground floor*

le sous-sol – *basement*

le rayon – *department*

des soldes (mpl) – *sales*

Buying food

Vous désirez? – *What would you like?*

Je voudrais ... – *I'd like ...*

Le/La/Les ..., c'est combien? – *How much is/are the ...?*

J'en prends un/deux/un kilo. – *I'll take one/two/a kilo.*

Donnez-moi ..., s'il vous plaît. – *Please give me ...*

Je regrette, il n'y en a plus. – *I'm sorry, there are none left.*

Ça fait combien? – *How much is that?*

Food

La nourriture – *Food*

une baguette – *French loaf*

le beurre – *butter*

le bonbon – *sweet*

les céréales (fpl) – *cereals*

la confiture – *jam*

le fromage – *cheese*

le gâteau – *cake*

l'huile (d'olive) (f) – *(olive) oil*

le jambon – *ham*

le lait (pasteurisé) – *(pasteurised) milk*

le miel – *honey*

l'œuf – *egg*

le pain – *bread, loaf*

le pâté – *paté*

les pâtes (fpl) – *pasta*

le poivre – *pepper*

le poisson – *fish*

le riz – *rice*

la salade – *green salad, lettuce*

le sel – *salt*

le sucre – *sugar*

le yaourt – *yoghurt*

Vegetables

la banane verte – *plantain*

la calebasse – *calabash*

la canne à sucre – *sugar cane*

le chou caraïbe – *coco yam*

la christophine – *cho cho*

le fruit à pain – *breadfruit*

le gombo – *okra*

l'igname (f) – *yam*

le légume – *vegetable*

le maïs – *corn*

le manioc – *cassava*

le pois congo – *congo (gungo) pea, pigeon pea*

la patate douce – *sweet potato*

Fruit

(see page 109)

Buying drinks

Les boissons – *Drinks*

la boisson alcoolisée – *alcoholic drink*

la boisson non-alcoolisée – *non-alcoholic drink*

la boisson gazeuse – *fizzy drink*

une bière – *beer*

un café – *(black) coffee*

un (café-)crème – *coffee with cream*

un café au lait – *coffee with milk*

un décaféiné – *decaffeinated coffee*

un express – *espresso coffee*

un chocolat chaud – *hot chocolate*

un citron pressé – *fresh lemon juice*

de l'eau minérale (f) – *mineral water*

un jus de fruit – *fruit juice*

une limonade – *lemonade*

du lait – *milk*

un Orangina – *fizzy orange drink*

un thé – *tea*

un thé au lait/citron – *tea with milk/lemon*

du vin blanc/rosé/rouge – *white/rosé/red wine*

Les quantités – *Quantities*

une bouteille – *bottle*

une carafe – *carafe*

une demi-bouteille – *half a bottle*

un quart (de vin rouge) – *quarter of a litre (of red wine)*

un verre – *glass*

Eating out

Les hors-d'œuvre – *Appetisers, starters*

l'assiette de charcuterie (f) – *selection of cold meats*

le consommé – *clear soup*

les crudités (fpl) – *raw vegetables*

le pâté maison – *home-made pâté*

le potage – *soup*

Les poissons – *Fish*

les crevettes (fpl) – *shrimps*

les fruits de mer (mpl) – *seafood*

le saumon – *salmon*

Les viandes – *Meat*

le cabri – *goat*

la côte d'agneau/de porc – *lamb/pork chop*

la côtelette – *cutlet/chop*

l'entrecôte (f) – *rib steak*

le ragoût – *stew*

le steak – *steak*

Comment? – *How is it cooked?*

farci – *stuffed*

au gratin – *topped with cheese*

provençale – *with tomatoes and garlic*

rôti – *roast*

la sauce vinaigrette – *French dressing (for salad)*

Les légumes – *Vegetables*

les pommes (de terre) (fpl) – *potatoes*

sautées/vapeur – *sauté/steamed*

la salade verte/composée – *green/mixed salad*

Les desserts – *Desserts*

la mousse au chocolat – *chocolate mousse*

le blanc-manger coco – *coconut milk jelly, blancmange*

Clothes

des baskets (fpl) – *trainers*

le blouson – *casual jacket, short jacket*

la casquette – *cap*

la ceinture – *belt*

le chapeau – *hat*

des chaussettes (fpl) – *socks*

des chaussures (fpl) – *shoes*

la chemise – *shirt*

le collant – *tights*

la cravate – *tie*

le débardeur – *sleeveless top, vest top*

le gilet – *waistcoat*

le haut – *(camisole) top*

le jean – *pair of jeans*

le jogging – *tracksuit/jogging trousers*

la jupe – *skirt*

le maillot (de bain) – *swimsuit*

le pantalon – *pair of trousers*

le pull(over) – *pullover, sweater*

le pyjama – *pyjamas*

la robe – *dress*

le short – *pair of shorts*

le sweat(-shirt) – *sweatshirt*

le tee-shirt – *T-shirt*

la veste – *jacket*

le vêtement – *article of clothing*

Colours

(see also page 8)

blanc(he) – *white*

bleu(e) – *blue*

bleu marine – *navy blue*

bleu clair – *light blue*

bleu foncé – *dark blue*

blond(e) – *blond*

brun(e) – *brown*

gris(e) – *grey*

jaune – *yellow*

marron – *brown*

noir(e) – *black*

orange – *orange*

pourpre – *crimson*

rose – *pink*

rouge – *red*

turquoise – *turquoise*

vert(e) – *green*

violet(te) – *violet, purple*

Buying clothes

Je peux l'essayer? – *May I try it on?*

la cabine d'essayage – *fitting room*

à carreaux – *check(ed)*

(en) coton (m) – *cotton*

essayer – *to try on*

joli(e) – *pretty*

le modèle – *style*

la pointure – *shoe size*

rayé(e) – *striped*

le tissu – *fabric*

uni(e) – *plain*

petit/moyen/grand – *small/medium/large*

Jewellery

la bague – *ring*

la boucle d'oreille – *earring*

le bracelet (pour la cheville) – *(ankle) bracelet*

la chaîne – *chain*

le collier – *necklace*

Fashion and appearance

bien habillé – *well-dressed*

ça me va – *it suits me*

démodé(e) – *out of fashion, old-fashioned*

le maquillage – *make-up*

la mode – *fashion*

le piercing – *body-piercing*

Returning items

(see page 127)

GRAMMAIRE

Saying you need something: page 106

Direct/indirect object pronouns *me, te, nous, vous*: page 107

The conditional: page 109

Making suggestions: page 111

bien que + subjunctive: page 113 (*Astuce*)

this/that *ce, cet, cette, ces*: page 117

this one/that one *celui, celle, ceux, celles*: page 117

Indirect object pronouns *lui, leur*: page 119

The pronoun *en*: page 121

quel and *lequel*: page 125

These practice questions focus specifically on the topic of 'Shopping'.

Part A of this paper assesses listening comprehension. Ask a friend or family member to read the sentences aloud for you.

In this section you will hear a number of sentences. Each sentence will be read twice and will be followed by one question or incomplete statement. Four suggested answers for each question are printed. For each question choose the answer which BEST completes the question or statement. For example you will hear:

Michel fait la queue pour se faire couper les cheveux. Où est Michel?
A au restauant B chez le coiffeur C au magasin de sport D à l'épicerie

The correct answer is B.

1 *«Je voudrais une tarte aux pommes, s'il vous plaît.» Où se trouve cette personne?*

2 *Élodie a cherché de nouveaux vêtements pour la fête du Nouvel An. Qu'est-ce qu'elle a acheté?*

3 *«J'ai besoin d'un sirop pour la toux.» Où va cette personne?*

4 *«J'ai soif! Je voudrais un jus d'ananas, s'il vous plaît». Qu'est-ce que cette personne a commandé?*

5 *«Pour commencer je voudrais des sardines et comme plat principal je prendrai le poulet rôti.» Cette personne parle ...*

1 **A** à l'hôtel de ville **B** à la librairie **C** à la pâtisserie **D** à la boucherie
2 **A** deux billets **B** une robe et des chaussures **C** un livre et un stylo
   D une raquette de tennis et des balles
3 **A** à la boulangerie **B** à la poissonnerie **C** à la pharmacie
   D à la charcuterie
4 **A** une boisson **B** une glace **C** un légume **D** du potage
5 **A** au médecin **B** à l'agent de police **C** au serveur **D** au coiffeur

Part B of this paper assesses reading comprehension.

The text on the left contains blank spaces indicating that words have been left out. For each blank there are four suggested answers. Select the answer that is BEST in the context.

1 **a** nouveau **b** nouvel **c** nouvelle **d** nouveaux
2 **a** trouve **b** trouvé **c** trouver **d** trouvez
3 **a** étais **b** être **c** été **d** était
4 **a** son **b** sa **c** ses **d** nos
5 **a** lui **b** la **c** leur **d** les
6 **a** as **b** avait **c** avaient **d** avoir

Samedi dernier, je suis allée au ...1... centre commercial. Tu le sais, je ne suis pas vraiment fana de shopping, mais il y a des soldes, alors on peut ...2... des choses à des prix intéressants. J'étais contente parce que j'ai trouvé un jean de marque qui ...3... en promotion.

Mon copain cherchait un cadeau d'anniversaire pour ...4... père. Nous sommes allés dans beaucoup de magasins et finalement il ...5... a acheté un CD.

Le centre commercial est très pratique parce qu'on y trouve toutes sortes de magasins et c'est climatisé. Mais c'est fatigant! Samedi, il y ...6... beaucoup de monde. Alors, au bout de deux heures, nous sommes allés au café pour récupérer.

Read the text on the right carefully for comprehension. It is followed by a number of incomplete statements or questions. Select the completion or answer that is BEST according to the information given in the text.

1 Le restaurant est ouvert ...
  a vendredi à midi.
  b vendredi à seize heures.
  c mercredi à vingt heures.
  d samedi à cinq heures.
2 On peut y dîner ...
  a tous les jours.
  b le week-end seulement.
  c tous les jours sauf le mardi.
  d cinq jours par semaine.
3 C'est un bon choix pour les clients qui ...
  a aiment le fast-food.
  b adorent le poisson et les fruits de mer.
  c apprécient la cuisine chinoise.
  d sont végétariens.
4 De la salle de restaurant on peut voir ...
  a la campagne.
  b les plantations de bananes.
  c la montagne Pelée.
  d le centre-ville.

Les oiseaux de paradis

Ouvert de 12h00 à 14h00 et de 19h00 à 22h00 du jeudi soir au lundi soir

Ambiance conviviale

Magnifique vue sur les champs de canne et le rocher du Diamant

Cuisine créole et française

Spécialités: papayes vertes aux crevettes, crabes farcis, écrevisses grillées, filets de lambi, chatrous, langoustes

Use the following information to write a poster of about 80–100 words in French.

You have been asked by some friends to design a poster for a new restaurant. All of the following details must be included:

i Name and location of the restaurant
ii Type of food
iii Opening hours
iv Prices
v A special offer

EXAM TIPS

In Paper 2, Section III, you can choose to write either an announcement or a dialogue, in French, using 80–100 words. You must respond in French to the five cues in English.

Contextual announcement

If this involves writing a poster or advert, don't use colour or artwork, just French text.

Make sure you include all the essential information such as time, date, place.

EXAM TIPS

Contextual dialogue

Before choosing the contextual dialogue, read through the script for the other speaker and make sure you understand it fully. The aim of the task is to create a fluent conversation, which demands a skilful use of French.

Pay attention to the length of the responses so that you do not exceed the word limit before completing the dialogue.

Decide which form of address is appropriate (*tu* or *vous*) and use it consistently (*s'il te plaît* or *s'il vous plaît, ton, ta, tes* or *votre, vos,* etc).

Paper 2, Section III, Contextual dialogue

Your mother has asked you to return a faulty appliance she has purchased. Using 80–100 words, write the dialogue you have with the sales assistant.

Responses to all of the cues listed below must be included in the completed dialogue.

i Greeting

ii Explanation of the problem

iii What your mother requires

iv A response to the assistant's suggestion to resolve the problem

v What you plan to do

Employé: Bonjour, je peux vous aider?

Moi: ....

Employé: Quel était le problème exactement?

Moi: ....

Employé: Quand est-ce qu'elle l'a acheté(e)?

Moi: ....

Employé: Vous avez le reçu?

Moi: ....

Employé: Je regrette mais nous ne pouvons rien faire dans ce cas.

Moi: ....

Employé: Pourriez-vous revenir un autre jour avec le reçu?

Moi: ....

Employé: Le magasin est ouvert tous les jours, sauf le dimanche, de 9 heures à 18 heures.

Moi: ....

Employé: Au revoir.

Moi: ....

Some situations are described below. You are required to respond to each one in French. (In the exam there will be five situations, but only three are given here.)

1 You are looking for a yellow shirt, but you can only see white shirts on display.

   a What do you ask the assistant?

   b How does he/she reply?

2 You are looking for a new item of clothing and see something you quite like. The sales assistant tries to persuade you to buy it.

   a What does the sales assistant say?

   b How do you respond?

3 You have seen some trainers on special offer but you don't have enough money to buy them. You decide to persuade your mother to lend you the money.

   a What do you say?

   b What does your mother reply?

Paper 3, Section III, Oral – Conversation

Reply in French.

1 Qu'est-ce que tu achètes quand tu vas au marché?

2 Quand est-ce que tu vas dans un centre commercial ou un grand magasin?

3 Est-ce que tu achètes toi-même tes vêtements?

4 Quelles sont tes couleurs préférées?

5 Décris un vêtement que tu as acheté récemment.

6 Qui fait les courses généralement dans ta famille?

7 Tu as mangé au restaurant récemment. Décris le repas.

8 Si c'était l'anniversaire de ton père ou de ta mère, qu'est-ce que tu lui achèterais?

Les Caraïbes

These texts about three parts of the French-speaking Caribbean will help you to write a composition about your own country. Choose one of the texts and practise reading it aloud. Then write down all the facts you have learnt about the area.

La Martinique

La Martinique, surnommée « l'île aux fleurs », est située dans les Petites Antilles entre la mer des Caraïbes à l'ouest, et l'océan Atlantique à l'est. Les îles les plus proches sont la Dominique au nord et Sainte-Lucie au sud.

Dans le sud de l'île, le paysage est plus aride. Le long de la côte se trouvent de petites baies appelées « anses » avec des plages de sable blanc. Le nord de l'île est plus montagneux avec de la forêt tropicale et des plages de sable gris volcanique. Le nord est dominé par la montagne Pelée, un volcan toujours actif.

La Martinique compte un peu plus de 400 000 habitants. Les villes principales sont Fort-de-France, la capitale et la plus grande ville, Le Lamentin (près de l'aéroport), Le Robert et Schœlcher.

La langue officielle est le français mais presque tout le monde parle aussi le créole.

1

Match up the photos (1–5) with the sections of the text about Guadeloupe (a–e).

La Guadeloupe

a Les chutes du Carbet sont de magnifiques chutes d'eau sur la Basse-Terre.

b On trouve des récifs coralliens sous la mer qui entoure les îles.
La mer des Caraïbes est un paradis pour les touristes qui aiment la plongée et la natation avec un masque et un tuba.

c Entre les deux îles de la Guadeloupe on trouve la Mangrove qui est souvent inondée. On y voit des arbres qui ont un système de racines aériennes.

d Le volcan de La Soufrière, à 1467 mètres, est le point le plus haut des Petites Antilles.

e Le Parc national de la Guadeloupe, couvert par la forêt tropicale, dense et humide, se trouve sur la Basse-Terre.

POINT-INFO

La Guadeloupe is nicknamed *l'île papillon*, because the twin islands of Guadeloupe are like the wings of a butterfly.

Although the eastern island is smaller and flatter, it is called Grande-Terre, while the western island, which is mountainous and larger, is called Basse-Terre. The names refer to the north-easterly trade winds which blow more strongly over Grande-Terre, but are lower and flatter over Basse-Terre, because of the mountains.

Local people often refer to Guadeloupe as 'Gwada'.

VOCABULAIRE

l'anse (f) – bay
la baie – bay
la chute d'eau – waterfall
le climat – climate
la côte – coast
la fleur – flower
le fleuve – river flowing into the sea
la forêt tropicale – tropical rainforest
les habitants (mpl) – inhabitants
l'île (f) – island
les îliens (mpl) – islanders
inonder – to flood
la mer – sea
la montagne – mountain
le morne – hill
le pays – country
le piton – peak
plat(e) – flat
la population – population
la ravine – gully
le récif corallien – coral reef
la rivière – (small) river
le sable – sand
la ville – town
volcanique – volcanic

La Guyane Française

La Guyane Française se trouve dans le nord-est de l'Amérique du Sud, entre le Surinam et le Brésil. Comme la Martinique et la Guadeloupe, la Guyane Française fait partie de la France d'Outre-Mer. La langue officielle est le français, mais on parle aussi d'autres langues, car la population est très diverse.

La plupart des Guyanais habitent sur la côte. Les villes principales sont Cayenne (le chef-lieu), Saint-Laurent-du-Maroni, Matoury et Kourou. Il y a un centre spatial à Kourou, d'où on lance des fusées et des satellites.

La pêche est importante, surtout la pêche aux crevettes. On cultive de la canne à sucre, des légumes et du riz. On a découvert de l'or dans l'est de la région, et l'or est le principal produit exporté.

Il fait très chaud et très humide en Guyane Française, car ce n'est pas loin de l'équateur.

Le pays est assez plat avec beaucoup de rivières. 95% du pays est couvert par la forêt d'Amazonie.

ACTIVITÉ

Write a short article (130–150 words) about your country mentioning the points below:

i Location
ii Languages and people
iii Geographical features
iv Tourist attractions

Les pays et les nationalités

In this section you will:
- revise names of countries
- use prepositions with a town, an island or a country
- use adjectives of nationality.

LIEN

For a list of Caribbean countries and adjectives, see pages 4–5.

For other countries and adjectives, see page 158.

Reply in English.

1 Where do Nathan's relatives live?
2 Why are they on a cruise?
3 Which islands have they already visited?
4 Where did they go diving?
5 Where did they see monkeys?
6 Which is the last island they will visit?

Une croisière aux Caraïbes

Nathan: Mon oncle et ma tante qui habitent en Floride ont vraiment de la chance. Ils ont gagné un concours organisé par une agence de voyages et le premier prix est une croisière aux Caraïbes!

Hugo: Ça doit être bien! Où vont-ils exactement?

Nathan: Ils sont partis de Fort Lauderdale la semaine dernière et ils ont passé deux journées en mer. Puis ils ont fait une escale à Tortola dans les îles Vierges britanniques. Là, ils ont fait de la plongée. Le lendemain, ils sont allés à Gustavia en Saint-Barthélemy.

Hugo: C'est une île française, non?

Nathan: Oui, selon eux c'est une très belle île qui est aussi très chère. Ensuite ils ont fait une escale à Saint John's en Antigua et Barbuda. Puis hier ils sont arrivés à Basseterre en Saint-Christophe. Là, ils ont fait une balade en montagne où ils ont vu des singes verts en liberté.

Hugo: Ah bon? Et où vont-ils ensuite?

Nathan: Alors demain, ils vont faire une escale à Castries en Sainte-Lucie. Ensuite ils vont à Saint-Georges, la capitale de la Grenade. Et dimanche prochain, ils seront à Bridgetown à la Barbade. Ce sera la dernière escale, alors après la Barbade ils retourneront aux États-Unis.

GRAMMAIRE

Using prepositions with names of places

With town names, use à: *Tu iras à Pointe-à-Pitre.*

If a town begins with *le*, e.g. *le Marin*, use *au* instead of *à + le*: *au Marin*.

With names of countries and continents, you need to know what gender the name is.

masculine – *au*	feminine – *en / à la**	plural – *aux*
au Mexique	*en Guyane Française*	*aux États-Unis*
au Guyana	*en Jamaïque*	*aux Antilles*
(exception: *à Cuba*)	*en Amérique du Sud*	

*With island names, *à la* is often used instead of *en*, e.g. *à la Barbade*. You can use either *en* or *à la* for Martinique and Guadeloupe.

2

How good is your geography? Can you say where each of these places is located?

Example: *La montagne Pelée est en Martinique.*

1 La montagne Pelée

2 Les Pitons

3 Le musée Bob Marley

4 Le Lac en ébullition ('Boiling Lake')

5 L'abbaye Saint-Nicolas

6 Port-of-Spain

7 La Havane

Nationalities

Most adjectives of nationality follow the same rules as other adjectives:
add *-e* for feminine (unless the word already ends in 'e')
add *-s* for plural (unless the word already ends in 's')
add *-es* for feminine plural.
Revise other endings in *Grammaire* (4.1) pages 166–167, and pages 4–5.

When it describes a person or a thing, the adjective starts with a lower case letter:
*un touriste **français**, un journaliste **haïtien***

But when that same word is used as a noun meaning a person, it starts with a capital letter:
*Ces **Français** font une croisière aux Caraïbes.* These French people are on a Caribbean cruise.

When it means the language, a lower case letter is used:
*En République dominicaine, on parle **espagnol**.*

> **ASTUCE**
>
> Most countries and continents which end in -e are feminine, but *le Mexique* is an exception.
>
> To help you remember the correct prepositions, memorise a phrase such as *en France, au Surinam*.

 3

Choose a different adjective of nationality to complete each phrase. Then make up a sentence using the phrase.

Example: 1 *un athlète jamaïquain – Usain Bolt est un athlète jamaïquain très célèbre.*

1 un athlète

2 une chanteuse

3 un acteur

4 une vedette

5 un joueur de foot/de tennis/de cricket

6 une écrivaine

7 un film

8 un restaurant

> **ACTIVITÉ**
>
> Imagine you are going on a trip visiting other islands or countries. Describe some of the towns and countries you would like to visit.
>
> Je voudrais d'abord aller à/en … ensuite à/en … et finalement …
>
> J'ai toujours voulu visiter …
> Un jour, j'irai …

On pense aux vacances

OBJECTIFS

In this section you will:
• talk about holiday plans
• revise the future tense.

Basse-Terre,
le 4 février

Chère Sarah,

J'espère que tu vas bien. Chez nous, on commence à penser aux vacances. En août dernier nous sommes allés en famille à la Grande Anse. Nous avons loué un appartement au bord de la mer. C'était super.

Cet été, tout le monde veut faire quelque chose de différent! Mon frère, Luc, veut aller au Bélize, et moi, je veux aller à la Barbade. Alors, j'ai quelque chose à te proposer! Je veux bien faire un échange cette année et mes parents sont d'accord. Si ça t'intéresse, tu pourras venir chez nous à Pâques, et, si tes parents sont d'accord, je viendrai chez vous en juillet.

Écris-moi vite pour me dire ce que tu en penses. Pendant ton séjour, on visitera la Guadeloupe: on ira dans la forêt et à la Mangrove, et on montera à la Soufrière. S'il fait beau on aura un beau panorama du sommet du volcan. On pourrait aussi faire une promenade en bateau pour voir les autres îles. Et si tu viens un ou deux jours avant les vacances scolaires, tu pourras aller au collège avec moi (si tu veux!).

Dans l'attente de tes nouvelles,

Amitiés,

Lucie

ASTUCE

For the future tense, the endings are always the same and you will hear an 'r' sound.

-rai   -rons
-ras   -rez
-ra   -ront

See pages 46–47 to revise the future tense.

1

1 Where did Lucie's family go on holiday last year? Where did they stay?
2 What makes planning this year's holiday more difficult?
3 When does Lucie invite Sarah to visit Guadeloupe?
4 Mention three things she suggests they could do.

2

Copy and complete Sarah's reply by putting each verb in the future tense.

Georgetown,
le 19 février

Chère Lucie,

Je te remercie de ta lettre. J'aimerais beaucoup faire un échange, c'est une très bonne idée! À Pâques, ça ... (aller) très bien. Nous ... (être) en vacances du 5 au 19 avril. Donc, je ... (pouvoir) venir le 5 avril, ou même un peu avant, le 3 ou le 4 avril. Je veux bien aller au collège avec toi.

Si je prends l'avion, j'... (arriver) à l'aéroport à 12h25. Est-ce que quelqu'un ... (venir) me chercher? Si ce n'est pas possible, je ... (prendre) le bus ou un taxi.

Si tu veux, tu ... (pouvoir) venir chez nous à partir du 3 juillet. Les grandes vacances ... (commencer) le 6 juillet. Comme ça, tu ... (pouvoir) m'accompagner au collège pendant deux jours. Ensuite, nous ... (passer) quelques jours à visiter la Barbade. Est-ce qu'il y a des endroits que tu voudrais visiter?

À bientôt!

Sarah

ASTUCE

Notice the pattern for 'if' sentences:
si + present tense + future tense

Si tu veux, tu pourras venir chez nous.
If you like, you can come to our house.

Look for more examples in the two letters.

ACTIVITÉ

You have recently returned from a visit to your French penpal's home. Using 130–150 words, write a letter to your penpal, in which you mention the following points:

i   Thank the family for their hospitality and mention what you especially enjoyed

ii Invite him/her to spend a fortnight with your family

iii Talk of your plans for activities during his/her visit

iv Ask what (s)he would like to do

3

Read the questions (1–5) and find a suitable answer (a–e).

1 Qu'est-ce que tu fais pendant les vacances, d'habitude?

2 Tu préfères passer les vacances en famille ou avec des amis?

3 Est-ce que tu aimes voyager?

4 Tu es déjà allé(e) à l'étranger?

5 Qu'est-ce que tu vas faire pendant les prochaines vacances?

a Je suis allé en France une fois, en voyage scolaire. Nous y sommes restés quinze jours. Je voudrais bien y retourner.

b Généralement, nous allons au bord de la mer parce que tout le monde aime nager et faire de la planche à voile.

c Je ne sais pas encore, mais je voudrais aller à Cuba. On m'a dit que c'est un pays intéressant et je voudrais me perfectionner en espagnol.

d Oui, j'adore voyager et visiter des pays différents. Je trouve toujours ça intéressant.

e Je m'entends bien avec ma famille, mais j'aime aussi avoir un peu d'indépendance. C'est bien si on peut emmener l'un de mes copains.

Quel temps fait-il?

In this section you will:

- understand information about the weather
- describe the weather and seasons.

Tandis que la France métropolitaine a quatre saisons (l'hiver, le printemps, l'été et l'automne), il y a seulement deux saisons aux Antilles: le carême et l'hivernage.

En Martinique, le **carême** s'étend de décembre à mai. C'est la saison la plus sèche. Au carême, il fait chaud avec des températures entre 27° et 34°. Les mois les plus secs sont février, mars et avril, quand il y a du soleil presque tous les jours. Quelquefois il y a de la brume de poussière qui vient du Sahara.

L'**hivernage** dure de juin à novembre. C'est la saison la plus humide. En hivernage, le temps est instable et pluvieux avec du vent et des averses orageuses. À la montagne il pleut davantage. Quand la pluie est très forte, les grandes quantités d'eau risquent de provoquer des inondations et des dégâts. La période des cyclones dure six mois, du 1er juin au 30 novembre, mais les risques sont plus graves au mois d'août et de septembre.

VOCABULAIRE

la saison – season

le carême – the dry season

au carême – in the dry season

l'hivernage (m) – the rainy season

en hivernage – in the rainy season

le printemps – spring

l'été (m) – summer

l'automne (m) – autumn

l'hiver (m) – winter

au printemps – in spring

en été/automne/hiver – in summer/autumn/winter

1

Find the French for the following:

1 In the dry season
2 In the rainy season
3 Stormy showers
4 It rains more
5 Flooding
6 The cyclone season

POINT-INFO

Look at the website for Météo France (http://www.meteo.gp) to find out what the weather is like in Martinique, Guadeloupe and French Guyana. There is also information about the state of the sea (*mer belle/peu agitée/agitée/très agitée*).

As a contrast, you could also check what the weather is like in different regions of mainland France.

Voici les alertes en cas de cyclones

jaune – Soyez attentifs
violette – Ne sortez pas
orange – Préparez-vous
grise – Restez prudents
rouge – Protégez-vous
verte – Plus de dangers significatifs

Know your verb tenses! The key verbs when talking about the weather are *faire*, *être* and *avoir*. *Pleuvoir* is useful too!

Make sure you can use and understand them in different tenses. Study the phrases in the table below.

imperfect	perfect	present	future
il faisait beau	il a fait beau	il fait beau	il fera beau
il faisait chaud	il a fait chaud	il fait chaud	il fera chaud
il faisait froid	il a fait froid	il fait froid	il fera froid
il y avait de la brume	il y a eu de la brume	il y a de la brume	il y aura de la brume
il y avait du soleil	il y a eu du soleil	il y a du soleil	il y aura du soleil
il y avait du vent	il y a eu du vent	il y a du vent	il y aura du vent
le temps était orageux	le temps a été orageux	le temps est orageux	le temps sera orageux
le ciel était clair	le ciel a été clair	le ciel est clair	le ciel sera clair
il pleuvait	il a plu	il pleut	il pleuvra

2

Read each sentence carefully and work out which verb tense fits best in each gap.

1 Pendant nos dernières vacances à la Grenade, il … (*fait/faisait/faire/faites*) chaud et il y … (*a/avait/avoir/aura*) du soleil tous les jours.

2 Quel temps … (*fera/fait/faire/font*) -il normalement chez toi au carême?

3 N'oubliez pas votre parapluie! On dit qu'il … (*pleut/a plu/pleuvait/pleuvra*) plus tard.

4 Selon la météo, le temps va changer, et demain il y … (*a/avait/aura/a eu*) des averses.

5 Il y … (*a/avait/avoir/avaient*) de la brume ce matin, mais maintenant le ciel … (*était/est/sera/a été*) plus clair.

ACTIVITÉ

Your penpal in Europe wants to know about the weather and seasons in your country. Write a message in which you describe the weather at different times of the year. Say which is your favourite season or month and why. Ask a question about the weather in Europe.

l'averse (f) – rain shower
des averses orageuses – stormy showers
beau – fine
le brouillard – fog
la brume – mist
la brume de poussière – dust storm
brumeux – misty
le bulletin météo – weather forecast
chaud – hot
le ciel – sky
ciel clair – clear skies
ciel couvert – overcast
ciel voilé – slightly overcast
le climat – climate
le cyclone – cyclone, hurricane
le degré – degree
l'éclaircie (f) – sunny period
ensoleillé – sunny
le feu de brousse – bush fire
fort – strong
la foudre – lightning
froid(e) – cold
de l'inondation (f) – flooding
léger/légère – light
mauvais – bad (weather)
la météo – weather forecast
le nuage – cloud
nuageux – cloudy
l'orage (m) – thunderstorm
orageux – stormy
pleuvoir – to rain
il pleut – it's raining
la pluie – rain
pluvieux – rainy
les prévisions (fpl) – forecast
la rafale – gust of wind
sec/sèche – dry
le soleil – sun
la température – temperature
le temps – weather
le tonnerre – thunder
le vent – wind

6.5 On fait des projets

OBJECTIFS

In this section you will:
- talk about travel plans
- find out how to reserve hotel accommodation
- book a flight.

POINT-INFO

Before travelling abroad, find out about any visa and vaccination requirements. As medical expenses can be very high, don't forget to take out medical insurance or full travel insurance to cover loss of luggage, personal money, etc.

To drive in France and its overseas territories, on a foreign driving licence, you need to be over 21. Drivers need to show a full driving licence when hiring a car.

Quelle destination?

Claude Sorel habite à Nantes avec ses parents et son frère, Pierre. Son père est martiniquais d'origine et la famille a décidé de passer ses vacances aux Antilles cette année. Ils regardent les brochures.

Maman: Si on faisait une croisière, ça serait bien. On pourrait visiter plusieurs îles différentes. Mais ça coûte cher.

Pierre: Moi, je voudrais surtout faire de la plongée. Ça doit être génial!

Claude: Moi, j'aimerais bien aller à la Dominique. On l'appelle l'île nature et on peut y voir des chutes d'eau et des lacs comme Boiling Lake.

Pierre: Boiling Lake, qu'est-ce que c'est?

Papa: C'est un lac en ébullition dans une cratère de boue. Ça doit être impressionnant!

Pierre: Moi, j'aimerais être dans un grand hôtel, où il y a des activités pour les jeunes et de l'animation le soir.

Papa: Voyons, si on allait dans un hôtel en Martinique, on pourrait faire des excursions aux autres îles.

Maman: Oui, c'est une bonne idée. On va faire des recherches sur Internet pour l'hôtel et les vols.

Les Sorel font des recherches pour le vol en Martinique. Il est moins cher de voyager en semaine que pendant le week-end. Pour le départ, ils vont prendre un vol direct qui part de Nantes à 12h45 et qui arrive à Fort-de-France vers 15h (heure locale). Le voyage va durer environ huit heures et demie. Pour le retour, ils vont prendre un vol de nuit. Pour leur séjour, ils ont choisi un hôtel trois étoiles au bord de la mer. Mme Sorel écrit un message à l'hôtel.

Nantes, le 7 mai

Monsieur/Madame,

Je voudrais réserver deux chambres avec douche ou salle de bains, pour deux semaines, du 25 juillet au 8 août.

Pourriez-vous m'indiquer le prix et ce qu'il faut faire pour confirmer la réservation?

Dans l'attente de votre réponse, je vous prie d'agréer, Madame/Monsieur, mes sincères salutations.

Sylvie Sorel

À l'agence de voyages

Sarah se renseigne sur les vols de la Barbade à la Guadeloupe.

Sarah: Bonjour, madame. Je voudrais aller en Guadeloupe en avril. Qu'est-ce qu'il y a comme vols?

Employée: Voyons. Il n'y a pas de vols directs. Il faut faire une ou deux escales. Vous voulez un aller-retour ou un aller simple?

Sarah: Un aller-retour.

Employée: Quand voulez-vous partir?

Sarah: Je voudrais partir le 9 avril et rentrer le 19 avril.

Employée: Voilà, il y a un vol qui part à 10h25, qui fait une courte escale en Martinique et qui arrive en Guadeloupe à 12h25. Et pour le retour vous avez un vol à 7h20 le matin qui passe par la Dominique et qui arrive à la Barbade à 9h10 du matin. Ce sont les meilleurs vols, parce que vous n'aurez pas besoin de changer d'avion. Pour les autres vols, vous serez obligée de descendre de l'avion et de patienter jusqu'à l'heure de votre correspondance.

1

Find the French for the following:

1 Direct flights
2 A stopover
3 A return ticket
4 A single (one-way) ticket
5 You won't need to change planes
6 A connection

ACTIVITÉ

Contextual dialogue

You want to find out about flights for your family holiday. Using 80–100 words, complete the dialogue you have with the travel agent.

Responses to all of the cues below must be included in the dialogue.

i   Where you want to travel to and dates
ii   Whether flights are cheaper during the week than at the weekend
iii   The number of adults and children travelling
iv   What kind of ticket you want
v   What you need to do in order to book the flights and when the travel agent closes

L'employé: Bonjour, je peux vous aider?

Moi: ....

L'employé: Oui, quand voulez-vous partir?

Moi: ....

L'employé: Ça dépend. En général, c'est un peu plus cher de prendre un vol le samedi ou le dimanche. C'est pour combien de personnes?

Moi: ....

L'employé: Vous voulez un aller-retour ou un aller simple?

Moi: ....

L'employé: Vous voulez un vol direct ou un vol avec escales?

Moi: ....

L'employé: Voyons, il y a un vol qui part tôt le matin à 6h00 ou bien un vol qui part à 20h30. Lequel préférez-vous?

Moi: ....

L'employé: Pour confirmer la réservation il faut une carte de crédit ou une carte bancaire. Vous voulez réserver aujourd'hui?

Moi: ....

L'employé: Alors, aujourd'hui on est ouvert jusqu'à 19 heures.

Moi: ....

L'employé: Merci et au revoir.

Le jour du départ

Sarah décrit son voyage en Guadeloupe.

Enfin, c'était le jour de mon départ en Guadeloupe. J'étais à la fois excitée et inquiète. Je n'ai pas l'habitude de voyager toute seule. J'ai vérifié mille fois que j'avais tout le nécessaire: mon passeport, mes billets, mon argent, mes bagages.

En arrivant à l'aéroport, j'ai fait la queue à l'enregistrement. On a pris ma valise et on m'a donné une carte d'embarquement. Ensuite je suis passée au contrôle des passeports et au contrôle de sûreté. Après un bon moment, mon vol était indiqué sur le tableau et je me suis rendue à la porte.

Je suis montée à bord avec les autres passagers et, peu après, l'avion a décollé. J'avais une place à côté de la fenêtre donc une belle vue sur les îles et la mer. Au bout d'une heure nous avons atterri à Fort-de-France. Quelques passagers sont descendus et d'autres sont montés dans l'avion. Une jeune Française s'est assise à côté de moi et elle aussi allait à «Gwada» pour la première fois.

Puis nous avons de nouveau décollé et un peu plus tard, j'ai vu la Guadeloupe du ciel. Nous avons atterri, je suis descendue de l'avion, je suis passée à la douane et voilà – je suis arrivée en Guadeloupe!

ASTUCE

Je suis passé(e) au contrôle des passeports.
Je suis passé(e) à la douane.

The verb *passer* is used here to mean 'to go/pass through'. As the verb is being used to describe movement, it is used with *être* in the perfect tense in this instance.

Normally *passer* forms the perfect tense with *avoir*:
j'ai passé une semaine à la Barbade.

1

1 How would Sarah's account of her journey be different if it had been written by a boy? Find all the phrases which would change and write them out with masculine forms.
2 Imagine you are Sarah's penpal, Lucie, and have travelled to Barbados. Write six sentences to describe your journey.

Numéro de vol	Destination	Départ	Observations
TX401	Martinique – Aimé Césaire	06:45	ANNULÉ
AF3970	Cayenne – Félix Eboué	07:00	DÉCOLLAGE 07h09
LI 361	Dominica – Melville Hall	07:20	ENREGISTREMENT
TX260	Haïti – Port-au-Prince	08:00	EMBARQUEMENT

2

Study the airport departure board and read the sentences below. Can you work out the destination for each group of passengers?

1 Le groupe scolaire qui passe une semaine en Guyane Française vient de partir.

2 M. et Mme Delarue n'ont pas de chance. Ils se sont levés de bonne heure, mais leur vol a été annulé.

3 Toussaint Legrand doit se rendre à la porte d'embarquement.

4 Alisha Chapelle doit se présenter à l'enregistrement.

5 Roger Brown est arrivé à l'aéroport en retard. Il a manqué son vol qui vient de décoller.

GRAMMAIRE

venir de + infinitive

To say that something has just happened, use the present tense of the verb *venir* + *de* + the infinitive of a verb.

Les étudiants viennent de partir. The students have just left.

Je viens d'arriver à l'aéroport. I've just arrived at the airport.

3

Complete the sentences with the correct part of *venir*.

1 Le ferry ... de quitter le port.

2 Vous ... d'arriver ici?

3 Nous ... d'arriver à l'aéroport.

4 On ... d'annoncer l'embarquement du vol.

5 Les passagers ... de quitter le terminal.

6 Je ... de parler à mon correspondant.

ACTIVITÉ

Write a message to a friend to describe a journey you've made recently.

VOCABULAIRE

l'aéroport (m) – airport
annulé(e) – cancelled
à l'arrière – at the rear/back
atterrir – to land
à l'avant – at the front
l'avion (m) – plane
le chariot – trolley
le commandant de bord – captain
la compagnie aérienne – airline
le comptoir d'enregistrement – check-in desk
le contrôle des passeports – passport control
le contrôle de sûreté – security control
la correspondance – connection
décoller – to take off
la douane – customs
l'enregistrement (m) – check-in
l'équipage (m) – plane crew
l'escale (f) – stopover
l'hôtesse de l'air (f) – air hostess
le pilote – pilot
la porte – gate
le retard – delay
le steward – steward
le vol – flight

LIEN

When travelling you may need to complete an immigration form with personal information. See pages 2–3 for practice in giving personal information.

ASTUCE

When answering questions in the oral exam, try to give as full an answer as possible, by adding an opinion or an example. Practise by reading out the answers a–e on this page.

VOCABULAIRE

les transports en commun – public transport

en avion – by plane

en bateau – by boat

en bus – by bus

en ferry – by ferry

en moto – by motorbike

en taxi – by taxi

en train – by train

en voiture – by car

à cheval – on horseback

à pied – on foot

à roller – on roller skates

à scooter – by scooter

à vélo – by bike

à vélomoteur – by moped

Note: the above names of transport are all masculine (*le bus*, etc.), except *la moto* and *la voiture*.

1

Read the questions (1–5) and find the best answer for each one (a–e).

1 Comment vas-tu au collège et en ville?

2 Quand est-ce que vous prenez la voiture en famille?

3 Est-ce que tu as un vélo ou un scooter?

4 Que penses-tu des voyages en mer?

5 Quel est ton moyen de transport préféré?

a Je n'ai pas de vélo mais mon frère a un scooter et il le prend assez souvent. C'est pratique parce que les bus ne sont pas très fréquents.

b Je vais au collège à pied, mais pour aller en ville, je prends le bus.

c Quand nous partons en vacances dans une autre île, je préfère prendre l'avion parce que c'est plus rapide que le bateau.

d Quand j'étais petit, je n'aimais pas voyager en bateau, parce que je souffrais du mal de mer. Maintenant, ça va mieux, mais seulement si la mer n'est pas trop agitée.

e Nous prenons la voiture quand nous passons le week-end chez mes grands-parents. Personnellement, je n'aime pas les voyages en voiture, surtout quand il y a beaucoup de circulation et qu'on risque d'être dans des embouteillages.

Les transports en Martinique

La famille Sorel est arrivée en Martinique. À l'hôtel, M. Sorel se renseigne sur les transports.

M. Sorel: Pour aller en ville, est-ce qu'il y a un arrêt de bus près de l'hôtel?

Employé: Oui, il faut traverser la route et l'arrêt est devant la station-service.

M. Sorel: Quels sont les horaires des bus, en général?

Employé: Ça dépend des lignes. En principe, il y a des bus de six heures du matin à sept heures du soir. Le samedi, les derniers bus sont vers treize heures. Il y a très peu de bus le dimanche.

M. Sorel: On peut acheter des tickets dans le bus?

Employé: Oui, mais il est moins cher de les acheter dans un kiosque en ville.

M. Sorel: Et pour visiter les autres villes, comme Saint-Pierre et Sainte-Anne?

Employé: Vous pouvez prendre un taxico de la gare routière au centre-ville.

M. Sorel: Un taxico, qu'est-ce que c'est?

Employé: Un taxi collectif est un minibus qui prend huit ou neuf passagers. C'est un moyen pratique de visiter l'île mais il ne faut pas être pressé. Ils circulent tous les jours sauf le dimanche.

M. Sorel: Alors pour se déplacer le dimanche, il vaudrait mieux louer une voiture?

Employé: Oui, c'est ça, ou bien vous pouvez prendre un taxi.

2

Read the dialogue and reply in English.

1 Where is the nearest bus stop to the Sorel family's hotel?
2 In general, when does the bus service start and finish on a weekday?
3 What sort of public transport could you use to travel to a different town?
4 What might be a disadvantage of this?
5 What is public transport like on Sundays?
6 What alternatives are suggested for travelling on a Sunday?

ASTUCE

Il vaudrait mieux + infinitive (It would be better to …)

This is a very useful phrase when discussing plans and the best options.

ACTIVITÉ

Reply in French.

1 Comment vas-tu au collège et en ville?
2 Est-ce que tu voyages à vélo de temps en temps? Pourquoi? Pourquoi pas?
3 Quand est-ce que tu prends le bus? C'est combien pour aller en ville en bus?
4 Quel est ton moyen de transport préféré?
5 Qu'est-ce qu'il y a comme transports en commun dans ta région?
6 Est-ce que tu as déjà pris l'avion? Pour aller où?
7 Quel est le moyen de transport que tu aimes le moins?

En vacances

OBJECTIFS

In this section you will:
• talk about a holiday
• describe an excursion.

Lucie

Sarah

Salut à tous!

Je m'amuse bien ici. Lucie et ses parents sont venus me chercher à l'aéroport et nous sommes rentrés à la maison en voiture. Basse-Terre est la capitale de la Guadeloupe et une ville historique avec une cathédrale, un musée et de belles maisons.

Le premier jour, Lucie m'a fait visiter la ville. J'ai surtout aimé le marché couvert qui était très animé. J'ai vu toutes sortes de choses: des fruits, des légumes, des fleurs et des épices, bien sûr, mais aussi des robes en madras, des objets en fibre de coco, en feuille de bananier, des coquillages, de la vannerie, de la poterie, des jouets, etc. J'ai regardé un peu partout mais finalement je n'ai rien acheté pour le moment.

Un autre jour, nous avons fait une excursion en bateau à l'île de Terre-de-Haut (dans l'archipel des Saintes). Nous avons passé l'après-midi sur la plage à la Grande Anse. On a nagé et on a plongé avec un masque et un tuba. J'ai vu des poissons très colorés.

Hier nous avons fait une randonnée au volcan de la Soufrière. On a suivi une piste balisée qui était assez rocheuse. Au sommet, il n'y a pas de véritable cratère, mais il y a des fissures d'où s'échappent des vapeurs sulfureuses. Ça sentait mauvais! Cependant il faisait un temps splendide, du ciel bleu sans nuages, et le panorama du sommet était vraiment magnifique.

On mange beaucoup de poisson ici et il y a un dessert que j'adore, le sorbet au coco – c'est délicieux.

1

Read the text on page 148 and reply in English.

1 What sort of souvenirs could you buy in the market?

2 Where is Terre-de-Haut?

3 What did Sarah do there?

4 What was the track like up Mount Soufrière?

5 What is it like at the summit?

6 What was the weather like?

7 What local dish does Sarah especially like?

ACTIVITÉ

Contextual dialogue

You are on a holiday in a French-speaking country to improve your French. You telephone a French friend in your country to tell them about your trip.

Using 80–100 words, complete the conversation you have.

Responses to all of the cues below must be included in the dialogue.

i   Explanation of where you are

ii Comments about the weather

iii What you have done

iv What has impressed you most

v   What you think of the food

L'ami(e): Allô, oui?

Moi: _____

L'ami(e): Bonjour, comment ça va?

Moi: _____

L'ami(e): Oui, ça va bien, merci. Mais où es-tu?

Moi: _____

L'ami(e): Et quel temps fait-il?

Moi: _____

L'ami(e): Qu'est-ce que tu as fait d'intéressant?

Moi: _____

L'ami(e): C'est génial tout ça. Qu'est-ce que tu as aimé le plus?

Moi: _____

L'ami(e): On mange bien? Comment trouves-tu la cuisine?

Moi: _____

L'ami(e): Quand est-ce que tu rentres?

Moi: _____

L'ami(e): Merci d'avoir téléphoné et bonne fin de séjour.

HÔTEL LE GOLF

INFORMATIONS GÉNÉRALES

(1) La réception est ouverte de 7h00 à 23h00.

(2) Le petit déjeuner est servi dans le restaurant de 7h00 à 9h30. On offre également ce service en chambre à titre gratuit pendant ces heures.

(3) L'hôtel n'est responsable que des objets de valeur déposés au coffre de l'hôtel.

(4) Le dîner est servi de 19h00 à 21h00 dans le restaurant.

(5) La porte d'entrée est fermée à clé à partir de minuit. Si vous rentrez plus tard, la deuxième clé sert à ouvrir la porte principale.

(6) Le jour du départ, la chambre doit être libérée à midi.

1

You're helping an English tourist who is staying at this hotel. Read the information and answer his questions in English.

1 Can I have breakfast served in my room, and if so, at what time?

2 When is the main door locked at night?

3 What should I do if I return later than that?

4 When do I need to vacate the room, when I leave the hotel?

2

When you're staying at a hotel, you may need to ask for information or explain a problem. Read through these situations (1–5) and find the appropriate dialogue for each one (A–E). Then practise reading the dialogues aloud with a friend or family member. Try to sound really French and use lots of expression.

1 You want a hotel room for two nights. As you're going to be out most of the time, you're not bothered about the view and you don't want to pay too much.

2 There is a problem with your room so you ask if you can change rooms.

3 You contact reception because something isn't working and something is missing in your room.

4 The hotel didn't receive your reservation and has no available rooms.

5 You're checking out and ask for the bill, but there is an error. Explain the problem.

A – Bonjour, madame. Serait-il possible de changer de chambre? Il y avait beaucoup de bruit hier soir et on ne pouvait pas dormir.

– Bon, je vais voir. Oui, je peux vous donner la chambre 19 à l'arrière de l'hôtel. Ça devrait être plus tranquille.

– Merci.

– Alors, dès que la chambre sera prête, je vous appellerai.

– Ce sera dans combien de temps?

– Une heure, environ.

B – Avez-vous une chambre de libre pour une personne,
s'il vous plaît?

– Oui, c'est pour combien de nuits?

– Deux nuits.

– Oui, nous avons une chambre avec douche au premier
étage avec vue sur la mer.

– C'est à quel prix?

– C'est à 85 euros, taxes et service compris.

– Avez-vous quelque chose de moins cher?

– Oui, nous avons une autre chambre au cinquième étage
qui donne sur la route. Celle-là est à 75 euros.

– Bon, je prendrai celle-là.

C – Bonjour, madame. Nous avons fait une réservation au nom
de Laroche.

– C'était pour ce soir?

– Oui, pour ce soir et les deux prochaines nuits – alors trois nuits
en tout.

– Et quand avez-vous fait la réservation?

– Il y a cinq ou six semaines sur Internet. Est-ce qu'il y a un
problème?

– Je regrette mais nous n'avons pas de réservation à votre nom
et malheureusement nous sommes complets ce soir.

– Oh là là, vous n'avez pas de chambre disponible. Alors qu'est-
ce qu'on va faire?

– Je vais téléphoner à un autre hôtel dans notre groupe.
Ils auront peut-être une chambre de libre.

D – Madame?

– Ma douche ne marche pas.

– C'est quelle chambre?

– La chambre 8.

– Bon, on va s'en occuper, madame.

– Est-ce que vous pouvez envoyer quelqu'un tout de suite?
Je voudrais prendre une douche.

– Oui, oui, madame.

– Et il n'y a pas de serviettes.

– Je suis désolé. On va vous en apporter.

E – Nous partons ce matin. Pouvez-vous préparer la note,
s'il vous plaît.

– Oui, madame. La voilà.

– Bon, merci. … Excusez-moi, madame. Il y a une erreur –
nous sommes restés deux nuits, pas trois.

– Faites-moi voir.

– Ici, c'est marqué trois nuits, mais nous sommes arrivés le 22 et
nous partons aujourd'hui – donc ça fait deux nuits seulement.

– Oui, vous avez raison. C'est une erreur de notre part. Excusez-
nous, madame.

VOCABULAIRE

les **aménagements pour
handicapés** – facilities for
disabled people

animaux acceptés – animals
accepted

l'ascenseur (m) – elevator, lift

le bar – bar

cartes de crédit acceptées –
credit cards accepted

**la chambre avec douche/salle
de bains** – room with shower/
bath

la connexion Internet – internet
connection

la demi-pension – half-board

le garage – garage

le golf – golf course

le jardin – garden

le parking – car park

la pension complète – full board

la piscine – swimming pool

le restaurant – restaurant

stationner – to park

le tennis – tennis court

la vue sur la mer – sea view

le Wifi – Wi-Fi connection

See also page 159.

ACTIVITÉ

Work out what you would say
in these situations when staying
at a hotel.

1   You want to know when
breakfast is served.

2   Something is missing in your
room.

3   You think there is a mistake
in the bill.

4   You want to know where
you can park your car.

5   Something isn't working
properly in your room.

Des problèmes

The topics of theft and minor accidents provide a context for various language functions, such as warning, advising, reporting, apologising and explaining.

Read these accounts of three incidents and answer in English the questions which follow them. Then choose one of the accounts and practise reading it aloud. Make a note of useful phrases that you could use in your own work, such as: *il y avait du monde* – it was crowded.

A problem at the airport

Nous avons eu un grave problème en rentrant de nos vacances. Ça s'est passé aux États-Unis, à l'aéroport de Miami. On avait annoncé un retard de cinq heures sur notre vol de retour. C'était la nuit et nous étions fatigués. Alors nous nous sommes allongés sur des sièges et nous avons essayé de dormir un peu. Moi, j'avais mis mon sac avec mon passeport, mon billet d'avion, mon argent, etc. sous ma veste et j'avais mis ma tête dessus.

Mon mari n'avait pas fait très attention. Il avait gardé ses affaires près de lui, mais de manière moins sûre. Quand il s'est réveillé, sa sacoche, qui contenait son passeport, son billet d'avion, et les clés de l'appartement, n'était plus là. Quand il s'en est aperçu, c'était la panique!

Heureusement, une représentante de la compagnie aérienne nous a aidés à obtenir un passeport temporaire et un autre billet d'avion pour rentrer chez nous.

Maintenant nous faisons toujours très attention à l'aéroport et nous gardons une polycopie de notre passeport dans la valise au cas où il serait volé.

1 In which country did this incident occur?
2 What was the first problem?
3 Why did the passengers try to sleep? (two reasons)
4 Where did the lady put her valuables?
5 What had disappeared when her husband woke up?
6 Who helped them to get the necessary documents to return home?
7 What extra precautions do they take now when travelling?

A crime on the metro

Alors, moi, j'ai eu un problème pendant les vacances de Pâques à Paris l'année dernière. J'étais avec ma copine, Marine, et nous sortions du métro, il était environ cinq heures de l'après-midi. Il y avait du monde. Dans la foule, j'ai été bousculée.

J'ai vite vérifié le contenu de mon sac et j'ai constaté que mon porte-monnaie, avec environ cent euros dedans, avait disparu. J'ai identifié la voleuse, une jeune fille d'environ seize ans aux longs cheveux blonds. Marine a téléphoné aux secours.

Quand les agents sont arrivés, ils ont tout de suite reconnu la fille. Nous sommes allés au commissariat, où j'ai fait une déposition. Plus tard on m'a rendu mon porte-monnaie. On m'a dit qu'ils avaient trouvé sept porte-monnaies sur la fille.

1 When and where did the theft take place?
2 What was taken? (two details)
3 What description is given of the thief?
4 What was found on the thief at the police station?

Bike theft

Pendant les grandes vacances, en août dernier, je faisais du vélo à la campagne avec un copain, Kévin. Il faisait chaud et nous avions laissé nos vélos contre un mur pendant que nous allions acheter des glaces.

Hélas, quand nous sommes sortis du magasin, mon vélo avait disparu. Celui de Kévin était toujours là.

On est allés directement au commissariat. On nous a expliqué que beaucoup de vélos sont volés en été, mais que la plupart sont retrouvés, abandonnés plus tard. En effet, c'est ce qui s'est passé. Au bout de trois jours, on m'a averti qu'on avait retrouvé mon vélo, mais en mauvais état.

1 When did this incident take place?

2 How were the two teenagers travelling?

3 What had happened when the narrator and his friend came out of the shop?

4 What were they told at the police station?

5 What happened after three days?

2

Choose the correct verbs to complete this advice to tourists.

1 ... (*Faites/Fait/Faisant/Font*) attention à vos affaires.

2 On vous ... (*conseiller/conseillez/conseils/conseille*) de ne pas sortir avec beaucoup d'argent sur vous.

3 Il vaut ... (*mais/meilleur/mieux/rien*) déposer vos objets de valeur au coffre de l'hôtel.

4 ... (*Prenez/Prend/Prennent/Pris*) soin de votre portable et ne l'accrochez pas à la ceinture de votre jean.

5 Si vous êtes bousculé dans la rue, ... (*vérifie/vérifier/vérifiez/vérifient*) aussitôt le contenu de votre sac.

6 Vous ... (*devoir/dois/doivent/devriez*) mettre votre argent dans une poche intérieure, si possible.

7 Quand vous êtes assis, ... (*garder/gardez/garderez/garde*) votre sac sur vos genoux.

8 ... (*Évites/Évitez/Choisissez/Choisis*) les endroits déserts surtout quand il fait nuit.

ASTUCE

In these three texts, note how the imperfect tense is used to set the scene and to describe something that went on for some time: *je faisais du vélo, il faisait chaud*, etc.

The imperfect tense is often used after *pendant que* (while).

In contrast, the perfect tense is used for a single completed action: *nous sommes sortis du magasin.*

ACTIVITÉ

Practise what you might say in the following circumstances. You can invent the details.

1 You have seen a thief take a wallet from a tourist. Give a description of the thief to the police.

2 You have been burgled at home. Give a list of missing items to the police.

3 Your neighbour was also burgled recently. Explain what happened.

LIEN

Five of these sentences use an imperative form to give advice: to revise how this is formed, see pages 34–35.

Objets perdus, objets trouvés

It's all too easy to lose something when you're travelling. Practise what you'd need to say in these situations and note useful phrases, e.g. *J'ai perdu …* (I've lost …), *Je l'avais ce matin* (I had it this morning).

OBJECTIFS

In this section you will:
• report lost property
• describe missing items.

En ville

Sarah: Ah non! J'ai perdu mon appareil photo. Je l'avais ce matin quand j'ai pris des photos du port et maintenant, je ne l'ai plus.

Lucie: Tu l'as peut-être laissé au café à midi?

Sarah: Peut-être, ou bien je l'ai perdu dans le bus ou dans la rue.

Lucie: Bon, alors on va d'abord retourner au café et, s'il n'y est pas, on ira au bureau des objets trouvés.

Au café

Employé: Bonjour, mesdemoiselles. On peut vous aider?

Sarah: Oui, monsieur. J'ai perdu mon appareil photo et je me demandais si je l'avais laissé au café.

Employé: Attendez un moment. Je vais demander. Ah, non. Je suis désolé, nous n'avons pas trouvé d'appareil photo.

Au bureau des objets trouvés

Employé: Bonjour, je peux vous aider?

Sarah: Bonjour, monsieur. J'ai perdu mon appareil photo.

Employé: Bon, je vais vous demander quelques renseignements. Il est comment?

Sarah: Il est assez petit. Il est bleu marine.

Employé: Il est neuf?

Sarah: Assez neuf, oui.

Employé: Et il est de quelle marque?

Sarah: Ça, je ne sais pas.

Employé: Vous en connaissez la valeur à peu près?

Sarah: Oui, il a coûté à peu près 60 euros.

Employé: Où l'avez-vous perdu?

Sarah: Je ne sais pas, dans le bus ou dans la rue, peut-être.

Employé: Et quand l'avez-vous perdu?

Sarah: Je l'avais à onze heures ce matin quand j'ai pris des photos en ville, alors après onze heures.

Employé: Bon, je regrette, mais nous n'avons pas votre appareil. Si vous voulez bien remplir une fiche, on vous avertira si on le trouve.

Sarah: Merci, monsieur.

ASTUCE

If a colour is 'qualified' (has an extra definition, such as light or dark), then the colour adjective doesn't change to agree with the noun. So you'd say *une robe* **verte** (a green dress), but *une robe* **vert clair** (a light green dress).

des lunettes **bleu marine**
navy blue glasses

une veste **gris foncé**
a dark grey jacket

LIEN

See *Sommaire*, page 129 for colours.

1

Read the conversations on page 154.

1 What has been lost? Give as many details as you can.

2 When was the last time that Sarah recalls using the item?

3 Mention three places where she might have lost it.

4 What is Sarah asked to do at the lost property office?

2

Find an appropriate phrase in the dialogue to use when you want to …

1 say you've lost something.

2 explain that you might have left something behind.

3 apologise.

4 offer help.

5 ask for more information.

3

Copy and complete the form for Sarah.

Date de la perte ....

Heure de la perte ....

Objet perdu ....

Description: forme et couleur ....

Contenu ....

Autres renseignements ....

Valeur de l'objet ....

Lieu de la perte ....

4

Complete these sentences by choosing the best option for each blank.

1 J'ai … (**a** laisser **b** laissé **c** laissent **d** laissez) mon sac dans le bus cet après-midi.

2 C'était … (**a** quel **b** quelle **c** quels **d** quelles) ligne d'autobus?

3 Pouvez-vous … (**a** décrit **b** décrites **c** décrit **d** décrire) votre sac?

4 Alors, il est assez … (**a** grand **b** grande **c** grands **d** grandes), en nylon.

5 Il est … (**a** blanc **b** blanche **c** blancs **d** blanches) et bleu marine et rectangulaire.

6 Qu'est-ce qu'il y … (**a** avais **b** avoir **c** avait **d** avez) dedans?

7 Il y avait tout: … (**a** mon **b** ma **c** sa **d** son) passeport, mon porte-feuille, de l'argent, enfin tout quoi.

8 Je suis désolé mais on n'a … (**a** rien **b** que **c** plus **d** pas) trouvé de sac comme ça.

9 Vous … (**a** peux **b** pouvoir **c** peut **d** pouvez) aller au commissariat pour faire une déposition.

10 Si on ne trouve pas … (**a** notre **b** nos **c** votre **d** vos) passeport, contactez votre consulat.

PHRASES UTILES

Comment est-il/elle? – *What is it like?*

Il/Elle est tout(e) neuf/neuve. – *It's brand new.*

C'est en quelle matière? – *What is it made of?*

en coton – *cotton*

en cuir – *leather*

en plastique – *plastic*

C'est de quelle couleur? – *What colour is it?*

Il/Elle a quelle valeur, à peu près? – *What is its approximate value?*

Qu'est-ce qu'il y avait dedans? – *What was inside it?*

Est-ce qu'il/elle est marqué(e) à votre nom? – *Is it labelled with your name?*

ACTIVITÉ

Write one sentence for each situation.

1 You are at the lost property counter to report a lost bag. Give two descriptive features of the bag.

2 You have left your new sunglasses and sunhat on the boat.

3 You've just noticed that your wallet is missing. Say when you last used it and how much was in it.

Les verbes, c'est important

ASTUCE

When reading through your answers, or a text which you have written, look particularly at the verbs.

Using coloured highlighter pens to pick out the verbs will help you focus on the different verb forms and patterns.

The topic of travel and holidays is ideal for demonstrating in your exam that you know how to use different verb tenses. See pages 174–181 *Grammaire* and the tables starting on page 182 to revise how to form them, and make sure you know when to use each tense! The tips below will help you.

Use the *present* tense

• to say what you normally do during the holidays.

*D'habitude, pendant les vacances, nous **passons** une semaine chez mes grands-parents qui **habitent** sur la côte Atlantique.*

• to give your opinions about different types of holiday or holiday activities.

*J'**aime** me relaxer, faire la grasse matinée, lire un bon livre. Puis au bout de quelques jours je **préfère** être plus active; je **me baigne** dans la mer ou je **fais** de la planche à voile. Mon frère **aime** visiter des musées, mais ça ne m'**intéresse** pas.*

Use the *perfect* tense

• to describe a specific holiday in the past

*Il y a deux ans ma sœur **est allée** au Bélize en voyage scolaire.*

Use the *imperfect* tense

• for description in the past.

*C'**était** amusant parce qu'il y **avait** un groupe de jeunes Espagnols dans le même hôtel.*

Use the *future* tense

• to describe a holiday you'll be taking at a future date.

*Cet été, je **passerai** quinze jours chez mon correspondant à la Trinité.*

• after *quand* when the verb refers to the future. This differs from the tense used in English ('when I arrive'), but the French is more logical.

*Quand **j'arriverai** en Barbade, je **ferai** de la plongée.*

Use the *conditional*

• to talk about where you would like to travel to, if circumstances permit.

*Si j'avais beaucoup d'argent, je **ferais** un grand voyage en Europe.*

Use specific verbs in the *present* tense followed by an *infinitive*

• to say what you hope or plan to do at some point in the future.

*J'**espère** **aller** au Canada un jour.*

*J'**ai** l'intention de **travailler** à l'étranger quand j'aurai fini mes études.*

1

Read the questions (1–5) and find an appropriate answer (a–e). Then make up your own answers to each question, taking care with the verb tenses.

1 Quel est ton meilleur souvenir de vacances?

2 Que penses-tu des vacances à l'étranger?

4 Comment seraient tes vacances idéales?

3 Quel pays voudrais-tu visiter un jour?

5 À ton avis, pourquoi est-il important de prendre des vacances?

a Pour mes vacances de rêve, j'irais dans une belle villa près de la mer. Je ferais un stage de plongée sous-marine parce que j'ai toujours voulu en faire. J'inviterais tous mes meilleurs amis et on ferait la fête!

b Les vacances sont importantes parce que tout le monde a besoin de se relaxer et de changer de routine.

c C'est intéressant de visiter d'autres pays et de découvrir une culture différente, un autre mode de vie.

d Je voudrais aller en Italie, parce que j'aime la cuisine italienne et que je voudrais voir Rome.

e C'était quand j'ai fait de la plongée pour la première fois et que j'ai vu des poissons de toutes les couleurs et des petits hippocampes – c'était vraiment magnifique.

2

Complete the postcard with verbs in the correct tenses, as indicated by the colour highlighting.

present   *perfect*   *imperfect*   *future*   *conditional*

Nous ...1... (**arriver**) à Fort-de-France. Il ...2... (**faire**) un temps splendide. Nous ...3... (**loger**) dans un petit hôtel près de la plage.

Hier, on ...4... (**passer**) la journée sur la plage. Mes parents ...5... (**nager**) et moi, j' ...6... (**faire**) de la plongée. Les poissons ...7... (**être**) merveilleux!

Demain, on ...8... (**faire**) une excursion à la montagne. Nous ...9... (**rentrer**) après-demain. J' ...10... (**aimer**) rester un mois ici!

À bientôt,

Marine

PHRASES UTILES

Talking about the past

l'année dernière – *last year*

avant-hier – *the day before yesterday*

ce jour-là – *(on) that day*

hier matin/soir – *yesterday morning/evening*

pendant les dernières vacances – *during the last holidays*

la semaine dernière – *last week*

la veille – *the day/evening before*

Talking about the present

aujourd'hui – *today*

chaque année – *every year*

au mois de … – *in the month of …*

Talking about the future

après-demain – *the day after tomorrow*

bientôt – *soon*

ce soir – *this evening/tonight*

cet été – *this summer*

dans cinq jours/semaines – *in five days/weeks*

dans dix ans – *in ten years*

à l'avenir – *in the future*

demain matin/après-midi – *tomorrow morning/afternoon*

le lendemain – *the next day*

l'année prochaine – *next year*

la semaine prochaine – *next week*

plus tard – *later*

un jour à l'avenir – *one day in the future*

l'année prochaine, je voudrais voyager en/à … – *next year, I'd like to travel to …*

quand je quitterai l'école, j'aimerais … – *when I leave school, I'd like …*

6.13 Sommaire

Describing a place

(see page 134)
au bord de la mer – *by the sea*
la côte – *coast*
le département – *administrative area*
le fleuve – *main river (flowing into the sea)*
la frontière – *border*
l'île (f) – *island*
le lac – *lake*
la mer – *sea*
la montagne – *mountain*
le pays – *country*
pittoresque – *picturesque*
le port – *port*
la région – *region*
la rivière – *small river*

Describe location

la situation – *location*
se trouver – *to be situated*
être situé(e) – *to be situated*
à l'intérieur – *inland, in the interior*
au centre – *in the centre*
près de – *close to, near*
près d'ici – *nearby, near here*

By the sea

se baigner – *to bathe, swim*
la mer – *sea*
nager – *to swim*
la plage – *beach*
le récif corallien – *coral reef*
le rocher – *rock*
le sable – *sand*

In the country

l'arbre (m) – *tree*
le bois – *wood*
la campagne – *country, countryside*
le champ – *field*
la colline – *hill*
cultiver – *to grow, cultivate*
la ferme – *farm*
la fleur – *flower*

la forêt – *forest*
l'herbe (f) – *grass*
l'insecte (m) – *insect*
le morne – *hill*
le paysage – *landscape*
la randonnée – *ramble, hike*
la ravine – *gully*

Transport

(see page 146)
Travelling by sea
le bateau – *boat*
débarquer – *to disembark*
embarquer – *to embark, to board*
la gare maritime – *ferry terminal, port*
le gilet de sauvetage – *life jacket, life vest*
le mal de mer (m) – *seasickness*
le port – *port*
la traversée – *crossing*
le voilier – *yacht*

Using public transport

s'arrêter – *to stop*
l'arrêt (m) de bus – *bus stop*
la correspondance – *connection*
descendre – *to get off*
le guichet – *booking office, counter*
les heures de pointe (fpl) – *rush hour*
la ligne – *line*
le métro – *metro, underground*
monter – *to get on*
le numéro – *number*
la sortie – *exit*
le trajet – *journey*

Travel problems

annulé – *cancelled*
un anti-vol – *padlock*
s'arrêter – *to stop*
avoir du retard – *to be delayed*
être en retard – *to be late*
faire demi-tour – *to turn back*
la grève – *strike*
manquer – *to miss*
tomber en panne – *to break down*

Holidays

à l'étranger – *abroad*
à la campagne – *in the countryside*
à la montagne – *in the mountains*
l'appareil photo (m) – *camera*
l'assurance (f) de voyage – *travel insurance*
les bagages (mpl) – *luggage*
le circuit – *tour*
compris – *included*
la croisière – *cruise*
la douane – *customs*
l'entrée (f) – *entrance*
l'escale (f) – *stopover*
l'hébergement (m) – *lodging, accommodation*
inclus – *included*
le logement – *accommodation*
le passeport – *passport*
le séjour – *stay*
la traversée – *crossing*
les vacances (fpl) – *holidays*
la valise – *suitcase*
le visa – *visa*
voyager – *to travel*

Continents, countries and adjectives of nationality

(see page 5 for the Caribbean)
l'Afrique (f) – *Africa*
africain – *African*
le Maroc – *Morocco*
marocain – *Moroccan*
le Sénégal – *Senegal*
sénégalais – *Senegalese*

l'Amérique (f) – *America*
américain – *American*
l'Amérique du Nord – *North America*
l'Amérique du Sud – *South America*
les Antilles (fpl) – *West Indies*
antillais – *West Indian*
le Canada – *Canada*
canadien(ne) – *Canadian*
les Caraïbes – *the Caribbean*
caribéen – *Caribbean*

les États-Unis (mpl) – *United States*

l'Asie (f) – *Asia*

asiatique – *Asian*

la Chine – *China*

chinois – *Chinese*

l'Inde (f) – *India*

indien(ne) – *Indian*

le Japon – *Japan*

japonais – *Japanese*

le Pakistan – *Pakistan*

pakistanais – *Pakistani*

l'Australie (f) – *Australia*

australien(ne) – *Australian*

l'Europe (f) – *Europe*

européen(ne) – *European*

l'Allemagne (f) – *Germany*

allemand – *German*

l'Angleterre (f) – *England*

anglais – *English*

la Belgique – *Belgium*

belge – *Belgian*

l'Écosse (f) – *Scotland*

écossais – *Scottish*

l'Espagne (f) – *Spain*

espagnol – *Spanish*

la France – *France*

français – *French*

la Grande-Bretagne – *Great Britain*

britannique – *British*

l'Irlande (f) – *Ireland*

irlandais – *Irish*

l'Irlande du Nord (f) – *Northern Ireland*

irlandais du Nord – *Northern Irish*

l'Italie (f) – *Italy*

italien(ne) – *Italian*

le pays de Galles – *Wales*

gallois – *Welsh*

le Royaume-Uni – *United Kingdom*

At the tourist office

l'office de tourisme (m) – *tourist office*

le syndicat d'initiative – *tourist office*

la brochure sur ... – *brochure about ...*

le dépliant sur ... – *leaflet about ...*

l'horaire (m) des bus/trains – *bus/train timetable*

une liste des ... – *a list of ...*

  excursions (fpl) en car – *coach excursions*

  monuments (mpl) principaux – *main sights*

  musées (mpl) – *museums*

  terrains de camping (mpl) – *campsites*

le plan de la ville – *town plan*

des renseignements (mpl) – *information*

At the hotel

(see page 151)

à partir de – *from*

annuler – *to cancel*

un balcon – *balcony*

casser – *to break*

une clé/clef – *key*

complet/ète – *full*

la douche – *shower*

l'eau chaude (f) – *hot water*

l'eau froide (f) – *cold water*

le lavabo – *washbasin*

marcher – *to work/function (of equipment)*

la nuit – *night*

l'oreiller (m) – *pillow*

le reçu – *receipt*

réserver – *to book, reserve*

le robinet – *tap*

le savon – *soap*

la serviette – *towel*

The weather

(see page 141)

GRAMMAIRE

Prepositions with names of places: page 136

The future tense (revised): page 138 (*Astuce*)

Using verbs in different tenses to describe weather – *faire, être, avoir*: page 141

venir de + infinitive: page 145

Summary of verb tenses: pages 156–157

These practice questions focus specifically on the topic of 'Travel' and 'Sports and Recreation'.

Paper 1, Part A, Section III

Part A of this paper assesses listening comprehension. Ask a friend or family member to read the sentences aloud for you.

You will hear two or three public announcements or news items followed by some questions. Listen carefully then choose the response that BEST answers each question.

A *On annonce l'embarquement du vol TX206 à destination de Port-au-Prince en Haïti, avec escale à Fort-de-France en Martinique. On demande aux passagers ayant des billets numérotés de 1 à 15 de se présenter à la porte numéro deux.*

1 *Qui entend cette annonce?*

2 *Où sont-ils?*

3 *Quelle est leur destination finale?*

4 *Il faut aller à quelle porte?*

1 a des nageurs **b** des passagers **c** des professeurs **d** des écoliers

2 a au bureau **b** en voiture **c** à la gare routière **d** à l'aéroport

3 a Martinique **b** France **c** Haïti **d** Sainte-Lucie

4 a 1 **b** 2 **c** 3 **d** 4

B *Bonsoir à tous et à toutes. Voici le bulletin de treize heures. D'abord la météo. Jacques Hervé va nous donner les dernières informations météorologiques. Le beau temps, est-ce que ça va continuer ou est-ce que la pluie est au programme?*

1 *Quelle heure est-il?*

2 *Où se trouve Jacques Hervé?*

3 *Qu'est-ce qu'on va entendre?*

1 a 3h00 **b** 12h00 **c** 13h00 **d** 23h00

2 a dans un studio **b** au stade **c** au théâtre **d** dans la rue

3 a les résultats du match **b** un jeu **c** la météo **d** un concert

Paper 1, Part B, Section I

Part B of this paper assesses reading comprehension. In the exam there will be eight questions. There are four here and four on page 54.

Each of the following sentences contains a blank space. Below each sentence are four suggested answers. Select the answer which BEST completes the sentence.

1 Pendant la fête de la musique, on voit beaucoup de personnes qui ... d'un instrument de musique.

a fabriquent **b** trouvent **c** cassent **d** jouent

2 Mon chanteur favori va faire une tournée aux Antilles, alors je vais acheter ... pour le voir.

    a des livres **b** des bonbons **c** des billets **d** des timbres

3 Je ne regarde pas souvent la télé, mais j'aime regarder ... sportives, surtout sur l'athlétisme.

    a les émissions **b** les images **c** les feuilletons **d** les articles

4 Mon frère a fait de la voile toute la journée et il s'est couché tôt parce qu'il avait ...

    a soif **b** sommeil **c** faim **d** peur

Paper 1, Part B, Section IV

Read the following text carefully for comprehension. It is followed by a number of incomplete statements or questions. Select the completion or answer that is BEST according to the information given in the text.

> La traversée en mer a été longue et difficile. Il pleuvait, le vent soufflait très fort. La mer était très agitée. Tous les passagers sont descendus du pont. Ils se sont installés dans leurs cabines ou dans les salons. Puis tout à coup, le bateau a penché d'un côté et toute la vaisselle est tombée des tables du restaurant. Cela a fait beaucoup de bruit!
>
> Au début, le bateau ne pouvait pas entrer dans le port, tellement il y avait de vent. Finalement, le temps s'est calmé et on a pu entrer dans le port avec environ cinq heures de retard. Tout le monde était bien content d'arriver.

1 Quel temps faisait-il?

    a Il faisait beau.

    b Il y avait du soleil.

    c Le ciel était très clair.

    d Il faisait mauvais.

2 Qu'est-ce que les passagers ont fait?

    a Ils sont restés sur le pont.

    b Ils sont descendus à l'intérieur du bateau.

    c Ils ont nagé.

    d Ils ont dansé.

3 Pourquoi est-ce qu'il y avait du bruit dans le restaurant?

    a Les passagers ont paniqué.

    b On jouait de la musique très fort.

    c Les tasses, les assiettes, les verres, etc. sont tombés par terre.

    d Il y avait une dispute entre deux groupes de passagers.

4 Qu'est-ce qui s'est passé, finalement?

    a Le bateau est arrivé à sa destination.

    b Le bateau a dû faire un détour.

    c Le bateau est resté plusieurs jours en mer.

    d Les passagers ont été évacués.

EXAM TIPS

It's useful to know some common suffixes to help you understand French.

Suffixes (at the end of a word)

1 *-aine* added to numbers gives the idea of approximately or about:
une quinzaine – about 15 days, a fortnight
une centaine – about a hundred

2 *-eur/-euse* added to a verb instead of the final *-e* or *-er* gives the idea of a person (or object) doing the action:
vendre – to sell
le vendeur/la vendeuse – sales assistant
répondre – to reply
le répondeur – answerphone

3 *-ier/-ière* and *-er/-ère* added to a noun in place of *-e* or *-erie* gives the idea of a person doing a particular job:
la ferme – farm
le fermier/la fermière – farmer
la pâtisserie – cake shop
le pâtissier/la pâtissière – pastry chef

4 *-able* is sometimes added to the stem of a verb to give an adjective:
faire – to do
faisable – doable

5 *-ion* or *-ation* is often added to the stem of a verb to make a noun:
disparaître – to disappear
la disparition – disappearance
réparer – to repair
la réparation – repair

Paper 2, Section III, Contextual dialogue

Paul Green has travelled to Martinique for a sailing course but his luggage has not arrived at the luggage carrousel in the airport. He goes to the customer services counter to explain. Using 80–100 words, write the dialogue between Paul and the assistant. Include the following points.

i   The traveller's name and the problem

ii Some details of the travel itinerary (e.g. flight number, departure point)

iii A description of the luggage and contents

iv His contact details

v A reaction to the assistant's last response

Employé: Bonjour, monsieur.

Paul: ....

Employé: Je suis désolé. Je vais vous demander quelques renseignements. Votre nom, s'il vous plaît?

Paul: ....

Employé: Vous avez pris quel vol?

Paul: ....

Employé: Pouvez-vous me décrire vos bagages?

Paul: ....

Employé: Qu'est-ce qu'il y avait dedans?

Paul: ....

Employé: Comment est-ce qu'on peut vous contacter ici?

Paul: ....

Employé: Vous restez en Martinique jusqu'à quand?

Paul: ....

Employé: J'ai tout noté. On vous contactera dès qu'on aura retrouvé vos bagages.

Paul: ....

Employé: Au revoir, monsieur.

Read the passage aloud.

Manchineel trees

Pendant le week-end de Pâques nous avons rendu visite à mon oncle et ma tante qui habitent à la campagne, dans le sud de la Martinique. Le samedi après-midi, nous sommes allés à la plage. Il faisait chaud et on s'est baignés en mer. Ensuite on s'est promenés le long de la côte, mais le temps a changé et il a commencé à pleuvoir. J'ai remarqué quelques arbres qui ressemblaient à des pommiers, dont le tronc avait été marqué de peinture rouge.

Selon ma tante, la peinture rouge indique que ces arbres sont dangereux et qu'il ne faut jamais s'abriter sous ces arbres lorsqu'il pleut, ou s'en approcher, parce qu'ils sont extrêmement toxiques. Il paraît que tout l'arbre – ses feuilles, ses branches, son sève, son tronc et ses fruits – contient du poison.

Reply in French.

1 Qu'est-ce que tu fais généralement pendant les grandes vacances?

2 Qu'est-ce que tu aimes faire comme activités?

3 Est-ce que tu aimes voyager à l'étranger?

4 Qu'est-ce que tu as fait pendant les vacances, l'année dernière?

5 Qu'est-ce que tu voudrais faire pendant les vacances l'année prochaine?

EXAM TIPS

Knowing these common spelling patterns can help with spelling words in French.

English	French
-ly (normally)	**-ment** (normalement)
-y (speciality)	**-té** (une spécialité)
-y (geography)	**-ie** (la géographie)
-er (traveller)	**-eur/-euse** (un voyageur)
-ing (interesting)	**-ant** (intéressant)
-ous (delicious)	**-eux** (délicieux)
-ic (music)	**-que** (la musique)
s- (strange)	**é –** (étrange)

Grammaire

Contents

1 Nouns

1.1 Masculine and feminine

A noun is the name of someone or something e.g. a box, laughter. All nouns in French are either masculine or feminine. (This is called their **gender**.)

masculine singular	feminine singular
le garçon	*la* fille
un village	*une* ville
*l'*appartement	*l'*épicerie

Nouns which refer to people often have a special feminine form. Most follow one of these patterns:

	masculine	feminine
add -e	un ami	une ami**e**
-er → -ère	un ouvri**er**	une ouvri**ère**
-eur → -euse	un vend**eur**	une vend**euse**
-eur → -rice	un institut**eur**	une institut**rice**
-en → -enne	un lycé**en**	une lycé**enne**
stay the same	un touriste	une touriste
no pattern	un copain un roi	une copine une reine

1.2 Is it masculine or feminine?

Sometimes the ending of a word can give you a clue about gender. Here are some guidelines:

endings normally masculine	exceptions	endings normally feminine	exceptions
-age	une image la page	-ade	
-aire		-ance	
-é		-ation	
-eau	l'eau (f)	-ée	le lycée
-eur		-ère	
-ier		-erie	
-in	la fin	-ette	
-ing		-que	le moustique
-isme		-rice	le dentifrice
-ment		-sse	
-o	la météo	-ure	

1.3 Singular and plural

Nouns are singular (one thing or person) or plural (more than one thing or person):

une chambre   *des chambres*

In many cases, it is easy to use and recognise plural nouns because the last letter is an -s. (Remember that an -s on the end of a French word is often silent.)

un livre   *des livre**s***

1.3a Some common exceptions:

1 Most nouns which end in -*eau* or -*eu* add an -*x*:

un jeu   *des jeu**x***

2 Some nouns which end in -*ou* add an -*s* in the plural, others add an *x*:

un trou   *des trou**s***
un chou   *des chou**x***

3 Most nouns which end in -*al* change this to -*aux*:

un animal   *des anim**aux***

4 Nouns which already end in -*s*, -*x* or -*z* don't change:

un repas   *des repas*
le prix   *les prix*

5 A few nouns don't follow any clear pattern:

un œil   *des yeux*

2 Articles

2.1 *le*, *la*, *les* (definite article)

The definite article is the word for 'the' which appears before a noun. It is often left out in English, but it must not be left out in French (except in a very few cases).

singular			plural
masculine	feminine	before a vowel	
le village	*la* ville	*l'*épicerie	*les* chats

2.1a The main uses:

- to refer to a particular thing or person, in the same way as we use 'the' in English:

  Voici l'hôtel où nous sommes descendus.
  There's the hotel where we stayed.

- to make general statements about likes and dislikes:

  *J'aime **les** ananas mais je n'aime pas **les** goyaves.*
  I like pineapples but I don't like guavas.

- to refer to things as a whole, e.g. dogs:

  ***Les** chiens me font peur.*   I'm afraid of dogs.

- with titles:

  le Président de la France   President of France

- with parts of the body

  *Il s'est brossé **les** dents.*   He brushed his teeth.

- with days of the week to give the idea of 'every':

  *Je joue au tennis **le** samedi matin.*
  I play tennis on Saturday mornings.

Grammaire

- with times of the day to mean 'in' or 'during':

  Le matin, j'ai cours de 8 heures jusqu'à midi et demi.
  In the morning, I have lessons from 8.00 until 12.30.
- with prices, to refer to a specific quantity:

  C'est 2 euros la pièce.   They're 2 euros each.

2.2   un, une, des (indefinite article)

These are the words for 'a', 'an' or 'some' in French.

singular		plural
masculine	feminine	
un appartement	*une maison*	*des maisons*

No article is used when giving a person's occupation:

Elle est dentiste.   She's a dentist.
Il est employé de bureau.   He's an office worker.

Note: if there is an adjective before the noun, *des* changes to *de*.

On vend de jolies fleurs au marché.
They sell some pretty flowers in the market.

2.3   Some or any (partitive article)

The word for 'some' or 'any' changes according to the noun it is used with:

singular			plural
masculine	feminine	before a vowel	
du pain	*de la viande*	*de l'eau*	*des poires*

Use *de* (*d'*) instead of *du/de la/de l'/des* in these cases:

- after a negative (*ne ... pas, ne ... plus*, etc.)

  Je n'ai pas d'argent.   I haven't any money.
  Il n'y a plus de lait   There's no more milk.
- after expressions of quantity:

  un kilo de mangues   a kilo of mangoes

But not with the verb *être* or after *ne … que*, e.g.

  Ce n'est pas du sucre.   It's not sugar.
  Il ne reste que du café.   There's only coffee left.

3   This, that, these, those

3.1   ce, cet, cette, ces

	singular		plural
masc.	before a vowel (masculine only)	feminine	
ce jean	*cet étage*	*cette jupe*	*ces chaussures*

Ce can mean either 'this' or 'that'. *Ces* can mean either 'these' or 'those'. To make it clearer which you mean, you can add *-ci* and *-là*:

Est-ce que tu préfères ce sac-ci ou ce sac-là?
Do you prefer this bag or that bag?

Je vais acheter cette robe-là.
I'm going to buy that dress.

3.2   celui, celle, ceux, celles

These pronouns mean 'the one' or 'the ones'. Add *-ci* or *-là* to distinguish between 'this one' and 'that one'.

	singular			plural	
	masc.	fem.		masc.	fem.
this one	*celui-ci*	*celle-ci*	these ones	*ceux-ci*	*celles-ci*
that one	*celui-là*	*celle-là*	those ones	*ceux-là*	*celles-là*

Nous avons deux pulls dans cette taille; celui-ci est en laine, celui-là est en coton.
We have two jumpers in that size; this one is in wool, that one is in cotton.

3.3   cela (ça)

If there is no noun, *cela* (or *ça*, slightly more informal) (that) is used.

Ça, c'est une bonne idée.   That's a good idea.
Cela me fait mal.   That hurts.

4   Adjectives

4.1   Agreement of adjectives

Adjectives (e.g. tall, important) tell you more about a noun. In French, adjectives are masculine, feminine, singular or plural to agree with the noun.

4.1a   Regular adjectives

singular		plural	
masculine	feminine	masculine	feminine
grand	*grande*	*grands*	*grandes*

A lot of adjectives follow the above pattern.

Adjectives which end in *-u*, *-i* or *-é* change in spelling, but sound the same.

bleu	*bleue*	*bleus*	*bleues*
joli	*jolie*	*jolis*	*jolies*
fatigué	*fatiguée*	*fatigués*	*fatiguées*

Adjectives which already end in *-e* (with no accent) have no different feminine form:

jaune	*jaune*	*jaunes*	*jaunes*

Adjectives which already end in *-s* have no different masculine plural form:

français	*française*	*français*	*françaises*

Adjectives which end in -er follow this pattern:

| cher | chère | chers | chères |

Adjectives which end in -eux follow this pattern:

| délicieux | délicieuse | délicieux | délicieuses |

Adjectives which end in -l follow this pattern:

| génial | géniale | géniaux | géniales |

Some adjectives double the last letter before adding an -e for the feminine form:

| gros | grosse | gros | grosses |
| bon | bonne | bons | bonnes |

4.1b Irregular adjectives

Many common adjectives are irregular, and you need to learn each one separately. Here are some examples:

blanc	blanche	blancs	blanches
long	longue	longs	longues
vieux (vieil)	vieille	vieux	vieilles
nouveau (nouvel)	nouvelle	nouveaux	nouvelles
beau (bel)	belle	beaux	belles

Vieil, *nouvel* and *bel* are used before masculine nouns which begin with a vowel or silent 'h'.

A few adjectives are invariable (inv.) and do not change at all. This includes some colours (*marron, orange*), colours made up of two words (*bleu foncé/clair/marine* dark/light/navy blue, etc.) and anglicisms, such as *cool*.

marron	marron	marron	marron
bleu marine	bleu marine	bleu marine	bleu marine
vert foncé	vert foncé	vert foncé	vert foncé
gris clair	gris clair	gris clair	gris clair

Shortened versions of adjectives, like *sympa* (from *sympathique*), agree for singular and plural only.

| sympa | sympa | sympas | sympas |

4.2 Position of adjectives

Adjectives normally follow the noun:

J'ai vu un film très intéressant à la télé.

Tu aimes ce pantalon noir?

Some common adjectives go before the noun, including these: *grand, petit, bon, mauvais, beau, jeune, vieux, joli, gros, premier, court, long, haut.*

C'est un petit garçon.

Il prend le premier vol pour Paris.

Adjectives of colour and nationality follow the noun.

A few adjectives change their meaning according to their position:

before	after
un **ancien** élève a **former** pupil	des ruines **anciennes** **ancient** ruins
Chère Anne **Dear** Anne	un hôtel **cher** an **expensive** hotel
son **propre** ordinateur her **own** computer	une chemise **propre** a **clean** shirt

4.3 Comparisons

To compare one person or thing with another, you use *plus* (more), *moins* (less) or *aussi* (as) before the adjective, followed by *que* (than/as):

| Il est | plus
moins
aussi | riche que mon père | richer than
not as rich as
as rich as |

The adjective agrees in the usual way:

Jean-Luc est plus âgé que Nicole.
Nicole est plus âgée que Robert.
Jean-Luc et Nicole sont plus âgés que Robert.

Notice these special forms:

bon (good)   meilleur (better)
mauvais (bad)   plus mauvais/pire (worse)

Ce livre est meilleur que l'autre.
Cet article est pire que l'autre.

You can also use *ne ... pas si* (not as):

Il n'est pas si fort que son frère.
He's not as strong as his brother.

4.4 The superlative

You use the superlative to say that something is the best, the biggest, the most expensive etc.

La tour Eiffel est le plus célèbre monument de Paris.
The Eiffel Tower is the most famous monument in Paris.

Notice that

- you use *le plus*, *la plus*, *les plus* and the correct form of the adjective, depending on whether you are describing something which is masculine or feminine, singular or plural.
- if the adjective normally goes after the noun, then the superlative also follows the noun:

  (C'est un monument moderne.)
  C'est le monument le plus moderne de Paris.

Grammaire

- if the adjective normally goes before the noun, then the superlative can go before the noun:

  (C'est un grand monument.)
  C'est le plus grand monument de Paris.

- you usually use *le/la/les plus* ('the most') but you can also use *le/la/les moins* ('the least'):

  J'ai acheté ce gâteau parce que c'était le moins cher.
  I bought this cake because it was the least expensive.

  Here are some useful expressions:

le moins cher	the least expensive
le plus cher	the most expensive
le plus petit	the smallest
le plus grand	the biggest
le meilleur	the best
le pire	the worst

4.5   *tout*

singular		plural	
masculine	**feminine**	**masculine**	**feminine**
tout	*toute*	*tous*	*toutes*

Tout meaning 'all', 'the whole' or 'every' is usually used as an adjective and agrees with the noun that follows:

On a mangé tout le pain.   We've eaten all the bread.

Tout meaning 'all' or 'everything' can sometimes be used as a pronoun and it then doesn't change form:

On a tout vu.   We've seen everything.

Here are some useful expressions:

à tout prix	at all costs
tous (toutes) les deux	both of them
tout à coup	suddenly
tout à fait	absolutely
tout de suite	straight away, immediately
tout le monde	everyone

5   Adverbs

5.1   Formation

Adverbs tell you how, when or where something happened, or how something is done. Many adverbs in English end in -ly, e.g. quietly. Similarly, many adverbs in French end in *-ment*, e.g. *doucement*.

To form an adverb in French you can often add *-ment* to the feminine singular of the adjective:

masculine singular	feminine singular		adverb
malheureux	*malheureuse*	+ *ment*	*malheureusement* unfortunately
lent	*lente*	+ *ment*	*lentement* slowly

If the adjective ends in a vowel just add *-ment*

vrai	*vraiment*	really, truly

If the adjective ends in *-ent* change *-ent* to *-emment*

évident	*évidemment*	obviously

5.2   Comparative and superlative

You use the comparative or superlative adverb to say that something goes more quickly or fastest, etc.

Marc court plus vite que Chantal.
Marc runs faster than Chantal.

Allez à la gare le plus vite possible.
Go to the station as quickly as possible.

Notice these special forms:

bien (well)   *mieux* (better)
mal (badly)   *pire* (worse)

Ça va mieux aujourd'hui? Are you feeling better today?
Non, je me sens encore pire. No, I feel even worse.

You can also use *ne … pas si* (not as):

Je ne joue pas si bien que ma sœur.
I don't play as well as my sister.

5.3   Quantifiers

These useful adverbs add more intensity to meaning.

assez	quite, rather
beaucoup	much
pas beaucoup	not much
peu	little
très	very
trop	too
vraiment	really

6   Expressing possession

6.1   My, your, his, her, its, our, their

	singular		plural
	masculine (or fem. vowel)	**feminine**	
my	*mon*	*ma*	*mes*
your	*ton*	*ta*	*tes*
his/hers/its	*son*	*sa*	*ses*
our	*notre*	*notre*	*nos*
your	*votre*	*votre*	*vos*
their	*leur*	*leur*	*leurs*

These words show who something or somebody belongs to. They agree with the noun that follows them, NOT the person.

Son, sa, ses can mean 'his', 'her' or 'its'. The meaning is usually clear from the context.

Paul mange son déjeuner. Paul eats his lunch.
Marie mange son déjeuner. Marie eats her lunch.
Le chien mange son déjeuner. The dog eats its lunch.

Before a feminine noun beginning with a vowel, you use *mon, ton, son*:

Mon amie s'appelle Nicole. Son école est fermée.

6.2 *à moi, à toi*, etc.

mine	à moi
yours	à toi
his	à lui
hers	à elle

ours	à nous
yours	à vous
theirs	à eux
theirs	à elles

– *C'est à qui, ce stylo?* Whose pen is this?
– *C'est à moi.* It's mine.

6.3 *le mien, le tien,* etc.

In more formal French, you may come across these possessive pronouns:

	singular		plural	
	masculine	**feminine**	**masculine**	**feminine**
mine	le mien	la mienne	les miens	les miennes
yours	le tien	la tienne	les tiens	les tiennes
his/hers/its	le sien	la sienne	les siens	les siennes
ours	le nôtre	la nôtre	les nôtres	les nôtres
yours	le vôtre	la vôtre	les vôtres	les vôtres
theirs	le leur	la leur	les leurs	les leurs

– *C'est ta valise?*
– *Non, c'est celle de Léa. La mienne est là-bas.*
– Is that your case? – No, it's Léa's. Mine is over there.

6.4 *de* + noun

There is no use of apostrophe -s in French, so you have to use *de* followed by the name of the owner:

C'est la maison de Marie. It's Marie's house.
Ce sont les livres d'Olivier. They are Olivier's books.
C'est la voiture de la famille anglaise.
It's the English family's car.

6.5 *le, la, l', les* + parts of the body

In French, the definite article (*le, la, l', les*) is used with parts of the body, not posessive adjectives as in English:

Elle s'est lavé les mains. She washed her hands.
Il s'est coupé le doigt. He cut his finger.

7 Subject and object

7.1 Subject

The subject of a verb is the person or thing performing the action or being described. In the sentence *Jean regarde la télé*, the subject is Jean because it is Jean who is watching TV.

7.2 Direct object

The direct object of a verb is the person or thing which has whatever is being talked about done to it, e.g.

Elle mange un sandwich.

In the above example *un sandwich* is the object of the verb. The object can be a noun or a pronoun. If it is a noun it usually comes after the verb. If it is a pronoun it usually goes between the subject and the verb:

On a acheté des bananes. On les mangera à midi.

Des bananes and *les* are the direct objects of the above sentences.

7.3 Indirect object

In French, the indirect object (if it is a noun) usually has *à, au* or *aux* in front of it. In English you can usually put 'to' or 'for' in front of it, e.g.

J'ai déjà écrit à mes parents, mais je leur parlerai ce soir. I have already written to my parents but I will speak to them tonight.

À mes parents and *leur* are the indirect objects of the above sentence.

8 Pronouns

8.1 Subject pronouns

Subject pronouns are pronouns like 'I', 'you', etc. which usually come before the verb.

je	I
tu	you (to a young person, close friend, relative)
il	he, it
elle	she, it
on	one, you, they, people in general we (often used in place of *nous* in spoken French)
nous	we
vous	you (to an adult you don't know well) you (to more than one person)
ils	they (for a masculine plural noun) they (for a mixed group)
elles	they (for a feminine plural noun)

Grammaire

8.2 Object pronouns

These pronouns replace a noun, or a phrase containing a noun which is the object, not the subject of the verb. They are used a lot in conversation and save you having to repeat a noun or phrase. The pronoun goes immediately before the verb, even when the sentence is a question or in the negative:

*Tu **le** vois?*   Can you see him?
*Non, je ne **le** vois pas.*   No, I can't see him.

If a verb is used with an infinitive, the pronoun goes before the infinitive:

*Quand est-ce que vous allez **les** voir?*
When are you going to see them?

*Elle veut **l'**acheter tout de suite.*
She wants to buy it straight away.

In the perfect tense, the object pronoun goes before the auxiliary verb (*avoir* or *être*):

*C'est un bon film. Tu **l'**as vu?*
It's a good film. Have you seen it?

8.2a *le, la, les* (direct object pronouns)

Le replaces a masculine noun and *la* replaces a feminine noun to mean 'it', 'him' or 'her'. *Les* means 'them'.

Tu prends ton vélo?   *Oui, je **le** prends.*
Are you taking your bike?   Yes, I'm taking it.

N'oubliez pas vos lunettes!   *Ça va, je **les** porte.*
Don't forget your glasses.   It's OK, I'm wearing them.

Tu as vu Luc en ville?   *Oui, je **l'**ai vu au café.*
Did you see Luc in town? Yes, I saw him in the café.

Tu verras Sarah ce soir?   *Non, je ne **la** verrai pas.*
Will you see Sarah tonight? No, I won't be seeing her.

These pronouns can also be used with *voici* and *voilà*:

Tu as ta carte?   **La** *voilà.*   Here it is.

Vous avez votre billet?   **Le** *voilà.*   Here it is.

Où sont les filles?   **Les** *voilà.*   Here they are.

8.2b *lui* and *leur* (indirect object pronouns)

– *Qu'est-ce que tu vas offrir à ta sœur?*
– *Je vais **lui** offrir un livre.*   I'll give her a book.

Lui is used to replace masculine or feminine singular nouns, often in a phrase beginning with *à*. It usually means 'to him' or 'for him' or 'to her' or 'for her'.

In the same way, *leur* is used to replace masculine or feminine plural nouns, often in a phrase beginning with *à* or *aux*. It usually means 'to them' or 'for them'.

– *Tu as déjà téléphoné à tes parents?*
– *Non, mais je vais **leur** téléphoner ce soir.*

8.2c *me, te, nous, vous*

These are both direct and indirect object pronouns.

Me (or *m'*) means 'me', 'to me' or 'for me':

– *Est-ce que tu peux **m'**acheter un timbre?*
– *Oui, si tu **me** donnes de l'argent.*

   Can you buy me a stamp?
   Yes, if you give me some money.

Te (or *t'*) means 'you', 'to you' or 'for you':

*Henri ... Henri, je **te** parle. Qui **t'**a donné cet argent?*
Henri, I'm speaking to you. Who gave you this money?

Nous means 'us', 'to us' or 'for us':

*Jean-Pierre vient **nous** chercher à la maison.*
*Les autres **nous** attendent au café.*

Jean-Pierre is picking us up at home.
The others are waiting for us at the café.

Vous means 'you', 'to you' or 'for you':

*Je **vous** dois combien?*   How much do I owe you?

*Je **vous** rendrai l'argent demain.*
I'll give you the money back tomorrow.

8.2d Direct object pronouns in the perfect tense

When *le, la, l'* or *les* are used in the perfect tense with verbs which take *avoir*, the past participle agrees with the pronoun:

– *Où as-tu acheté **ta robe**?*
– *Je **l'**ai achetée à la nouvelle boutique en ville.*
Where did you buy your dress? I bought it at the new shop in town.

– *As-tu acheté **les baskets**?*
– *Non, je **les** ai essayées, mais elles étaient trop petites.*
Did you buy the trainers? No, I tried them on but they were too small.

The same rule applies to *me, te, nous, vous* when they are used as the direct object.

*Vous **nous** avez vus?*   Did you see us?

8.3 Emphatic pronouns

Emphatic pronouns (also known as disjunctive or stressed pronouns) are sometimes used with a verb, but can also be used on their own:

moi	me	*nous*	us
toi	you	*vous*	you
lui	him	*eux*	them (masc.)
elle	her	*elles*	them (fem.)

The main uses are:

• for emphasis:

   Moi, *j'adore le sport, mais **lui**, il déteste ça.*
   I love sport, but **he** hates it.

- after *c'est* or *ce sont*:

  *Qui est-ce? C'est **nous**.*   Who is it? It's us.

- on their own or after *pas*:

  *Qui a fait ça? **Toi**?*   Who did that? You?
  *Pas **moi**.*   Not me.

- after some prepositions, e.g. 'with', 'before', 'after':

  *après **vous***   after you

- in comparisons:

  *Elle joue mieux que **lui**.*   She plays better than him.

- after *à* to show who something belongs to:

  *Ce livre est à **moi**, l'autre est à **lui**.*
  This book is mine, the other is his.

8.4   *y*

Y means 'there' and replaces the name of a place.

– *Quand est-ce que tu vas au Musée d'Orsay?*
– *J'**y** vais dimanche.* I'm going there on Sunday.

8.5   *en*

En can mean 'of it', 'of them', 'some' or 'any'.

*J'aime le pain/les légumes, j'**en** mange beaucoup.*
I like bread/vegetables, I eat a lot of it/of them.

*Il y a un gâteau: tu **en** veux?*
There is a cake: do you want some (of it)?

*Non merci, je n'**en** mange jamais.*
No thank you, I never eat any (of it).

In French it is essential to include *en*, whereas in English the pronoun is often left out.

8.6   Two pronouns together

Occasionally two pronouns are used together in a sentence. When this happens, the rule is:

me te se nous vous	come before	le la les	come before	lui leur	come before	y or en

– *Il est bon, ce chocolat. Tu en veux?*
– *Merci, tu **m'en** as déjà donné.*

8.7   Pronouns in commands

When the command is to do something, the pronoun comes after the verb and is joined to it by a hyphen:

*Donne-**le-lui**.*   Give it to him.
*Montrez-**lui** votre passeport.* Show him your passport.

When the command is not to do something (i.e. in the negative), the pronoun comes before the verb:

*Ne **lui** dites rien.*   Don't say anything to her.

In commands, *moi* and *toi* are used instead of *me* and *te*, except when the command is in the negative.

*Envoie-**moi** un texto.*   Send me a text.
*Ne **m'**oublie pas!*   Don't forget me!

9   Relative pronouns

9.1   *qui*

When talking about people, *qui* means 'who':

*Voici l'infirmière **qui** travaille à la clinique.*
There's the nurse who works in the hospital.

When talking about things or places, *qui* means 'which' or 'that':

*C'est un sport **qui** est très populaire.*
It's a sport which is very popular.

It links two parts of a sentence together, or joins two short sentences into one. It is never shortened before a vowel.

Qui relates back to a noun or phrase in the first part of the sentence. In its own part of the sentence, *qui* is used instead of repeating the noun or phrase, and is the subject of the verb.

9.2   *que*

Que within a sentence means 'that' or 'which':

*C'est le cadeau **que** Christine a acheté pour son amie.*
It's the present that Christine bought for her friend.

*C'est un plat **qu'**on sert en Haïti.*
It's a dish which is served in Haïti.

Que can also refer to people:

*C'est le garçon **que** j'ai vu à Paris.*
It's/He's the boy (that) I saw in Paris.

Sometimes you would miss 'that' out in English, but you can never leave *que* out in French.

Like *qui*, it links two parts of a sentence together or joins two short sentences into a longer one. But *que* is shortened to *qu'* before a vowel. The word or phrase which *que* replaces is the object of the verb:

*C'est le livre **que** Paul m'a offert à Noël.*

In this example *que* refers to *le livre*, the book that Paul gave me.

9.3   *dont*

Dont refers back to what or whom you were talking about.

*Voici le livre **dont** je te parlais.*
Here's the book I was telling you about.

*C'est une maladie **dont** on peut mourir.*
It's an illness that you can die from. (= from which)

Grammaire

Dont is used instead of *qui* or *que* with verbs which must be followed by *de*:

*C'est quelque chose **dont** on se sert souvent.*
It's something that is used often.

Dont never changes and can refer to people or things.

9.4 *lequel*, *laquelle*, etc.

singular		plural	
masculine	feminine	masculine	feminine
lequel	laquelle	lesquels	lesquelles

These words mean 'which' and are used after prepositions to refer to things but not people. They often come after a noun and must agree with it:

*C'est le film **pour lequel** il a gagné un Oscar.*
It's the film for which he won an Oscar.

*C'est la raquette **avec laquelle** j'ai joué.*
It's the racket with which I played.

After *à* and *de*, the following forms are used:

singular		plural	
masculine	feminine	masculine	feminine
auquel	à laquelle	auxquels	auxquelles
duquel	de laquelle	desquels	desquelles

*C'est le magasin **près duquel** il y a un grand café.*
It's the shop near which there's a large café.

10 Prepositions

10.1 *à* (to, at)

singular			plural
masculine	feminine	before a vowel	
au parc	à la piscine	à l'épicerie à l'hôtel	aux magasins

The word *à* can be used on its own with nouns which do not have an article (*le*, *la*, *les*):

*Il va **à** Paris à midi.* He's going to Paris at noon.

10.2 *de* (of, from)

singular			plural
masculine	feminine	before a vowel	
du centre-ville	de la gare	de l'hôtel	des magasins

*Elle est rentrée **des** magasins avec beaucoup d'achats.*
She's come back from the shops with a lot of shopping.

De can be used on its own with nouns which do not have an article (*le*, *la*, *les*):

*Elle vient **de** Jamaïque.* She comes from Jamaica

10.3 *en* (in, by, to, made of)

En is often used with countries and regions:

*Nous passons nos vacances **en** Martinique.*

You use *en* with most means of transport:

en bus by bus   *en voiture* by car

You use *en* with dates, months and the seasons (except *le printemps – au printemps*):

en 1900 in 1900   *en janvier* in January

You use *en* to say what something is made of:

*Ce sac est **en** plastique.*

10.4 Prepositions with towns, islands, countries and continents

See page 136.

11 Conjunctions (Connectives)

Conjunctions are words like 'and', 'but', 'then'. They are used to link two sentences together.

alors	so	ou	or
cependant	however	parce que	because
donc	therefore	par contre	on the other hand
enfin	at last, finally	pourtant	however
ensuite	then, next	puis	then, next
et	and	quand	when
finalement	finally	soudain	suddenly
mais	but	surtout	above all

12 The negative

12.1 *ne ... pas*

To say something doesn't or didn't happen (in other words to make a sentence negative), put *ne* and *pas* round the verb.

*Je **ne** joue **pas** au tennis.* I don't play tennis.

In the perfect tense, *ne* and *pas* go round the auxiliary verb.

*Elle **n'**a **pas** vu le film.* She didn't see the film.

In reflexive verbs, the *ne* goes before the reflexive pronoun.

*Il **ne** se lève **pas**.* He's not getting up.

To tell someone not to do something, put *ne* and *pas* round the command.

*N'oublie **pas** ton argent.*   Don't forget your money.
*Ne regardez **pas**!*   Don't look!

If two verbs are used together, the *ne ... pas* usually goes around the first verb:

*Je **ne** veux **pas** faire ça.*   I don't want to do that.

If there is a pronoun before the verb, *ne* goes before it:

*Je **n'**en ai **pas**.*   I haven't any.
*Il **ne** lui a **pas** téléphoné.*   He didn't phone her.

Sometimes *pas* is used without *ne*:

***Pas** encore.* Not yet.   ***Pas** du tout.* Not at all.

Remember to use *de* after the negative (except with the verb *être* and after *ne ... que*):

– Avez-vous du lait?   Have you any milk?
*– Non, je ne vends pas **de** lait.*   No, I don't sell milk.

12.2 Other negative expressions

12.2a No more, nothing, never

These work in the same way as *ne ... pas*:

ne ... plus	no more, no longer, none left
ne ... rien	nothing, not anything
ne ... jamais	never

*Je **n'**habite **plus** en France.*   I no longer live in France.
*Il **n'**y a **rien** à la télé.*   There's nothing on TV.
*Je **ne** suis **jamais** allé à Paris.*   I've never been to Paris.

12.2b Nobody, only, nowhere

These work like *ne ... pas* in the present tense:

ne ... personne	nobody, not anybody
ne ... que	only
ne ... nulle part	nowhere, not anywhere

However, in the perfect tense, the second part (*que, personne* or *nulle part*) goes after the past participle:

*Elle **n'**a vu **personne**.*
She didn't see anyone.

*Je **n'**ai passé **qu'**un jour à la Grenade.*
I only spent a day in Grenada.

*On **ne** l'a vu **nulle part**.*   We didn't see it anywhere.

12.2c Neither

ne ... ni ... ni	neither ... nor, not either ... or

ni ... ni go before the words they refer to:

*Je **ne** connais **ni** lui **ni** ses parents.*
I don't know either him or his parents.

12.2d No, not any

ne ... aucun	no, not any

Aucun is an adjective and agrees with the noun:

*Il n'y a **aucun** restaurant dans le village.*
There is no restaurant in the village.

*Ça n'a **aucune** importance.* It's of no importance.

12.2e Used on their own

Rien**, **jamais**, **personne and ***aucun(e)*** can be used on their own without ***ne***:

– Qu'est-ce que tu as fait?   What did you do?
– Rien de spécial.   Nothing special.

– Qui est dans le garage?   Who is in the garage?
– Personne.   Nobody.

– As-tu joué au golf?   Have you played golf?
– Non, jamais.   No, never.

– Que veux-tu faire?   What do you want to do?
– Aucune idée.   No idea.

13 Asking questions

13.1 Ways of asking questions

There are several ways of asking a question in French.
You can just raise your voice in a questioning way:

Tu viens?   Are you coming?
Vous avez décidé?   Have you decided?

You can add *Est-ce que* at the beginning:

Est-ce que tu es allé à Paris? Have you been to Paris?

You can turn the verb around:

Jouez-vous au badminton? Do you play badminton?

Notice that if the verb ends in a vowel in the third person you have to add *-t-* when you turn it round:

Joue-t-il au football?   Does he play football?
Lucie, a-t-elle une clef?   Has Lucy got a key?

In the perfect tense, turn the auxiliary verb round:

Avez-vous vu le film?   Have you seen the film?

Rachid et Hugo, sont-ils allés au match hier?
Did Rachid and Hugo go to the match yesterday?

13.2 Question words

Qui est-ce?	Who is it?
Quand arriverez-vous?	When will you arrive?
Combien l'as-tu payé?	How much did you pay for it?
Comment est-il?	What is it (he) like?
Comment allez-vous?	How are you?
Pourquoi avez-vous fait ça?	Why did you do that?
Qu'est-ce que c'est?	What is it?
C'est quoi?	What is it?
À quelle heure?	At what time?
Depuis quand?	Since when?

Grammaire

D'où?	From where?
Qui ...?	Who ...?
Que?/Qu'est-ce que ...?	What ...?

13.2a quel

Quel is an adjective and agrees with the noun:

Quel âge avez-vous?	How old are you?
De quelle nationalité est-elle?	What nationality is she?
Quels sont vos horaires?	What hours do you work?
Quelles matières aimes-tu?	Which subjects do you like?

13.2b lequel

Lequel, meaning 'which one', follows a similar pattern:

– *Je voudrais **du pâté**.*	I'd like some pâté.
– ***Lequel**?*	Which one?
– *Avez-vous **cette cravate** en d'autres couleurs?*	Do you have this tie in other colours?
– ***Laquelle**?*	Which one?
– *Où sont **mes gants**?*	Where are my gloves?
– ***Lesquels**?*	Which ones?
– *Tu as vu **mes lunettes**?*	Have you seen my glasses?
– ***Lesquelles**?*	Which ones?

singular		plural	
masculine	feminine	masculine	feminine
quel	*quelle*	*quels*	*quelles*
lequel	*laquelle*	*lesquels*	*lesquelles*

14 Verbs – main uses

14.1 Infinitive

This is the form of the verb which you would find in a dictionary. It means 'to ... ', e.g. 'to speak', 'to have'. Regular verbs in French have an infinitive which ends in *-er*, *-re* or *-ir*, e.g. *parler*, *vendre* or *finir*.

Some verbs (such as *pouvoir* and *vouloir*) are often followed by another verb in the infinitive. See section **18**.

14.2 Regular and irregular verbs

There are three main types of regular verbs in French.

-er verbs e.g. *jouer* (to play)
-re verbs e.g. *vendre* (to sell)
-ir verbs e.g. *choisir* (to choose)

However, many common French verbs are irregular. These are listed in **Les verbes (20.3)**.

14.3 Tense

The tense of the verb tells you when something happened, is happening or is going to happen. Each verb has several tenses.

14.4 The present tense

The present tense describes what is happening now, at the present time, or what happens regularly.

Je travaille ce matin.	I am working this morning.
Il vend des glaces aussi.	He sells ice cream as well.

The expressions *depuis* and *ça fait ... que* are used with the present tense when the action is still going on:

Je l'attends depuis deux heures.
I've been waiting for him for two hours (and still am!).

Ça fait trois mois que je travaille ici.
I've been working here for three months.

14.5 Imperative

To tell someone to do something, you use the imperative or command form.

Attends!	Wait! (to someone you call *tu*)
Regardez ça!	Look at that! (to people you call *vous*)

It is often used in the negative.

N'oublie pas ton sac.	Don't forget your bag.

To suggest doing something, use the *nous* imperative:

Allons au cinéma!	Let's go to the cinema!

It is easy to form the imperative: in most cases you just leave out *tu*, *vous* or *nous* and use the verb by itself. With *-er* verbs, you take the final *-s* off the *tu* form of the verb. (See also **15.3** for refexive verbs.)

14.6 The perfect tense

The perfect tense is used to state what happened in the past, an action which is completed and is not happening now.

It is made up of two parts: an auxiliary (helping) verb (either *avoir* or *être*) and a past participle.

Samedi dernier, j'ai chanté dans un concert.
Hier, ils sont allés à Fort-de-France.

14.6a Forming the past participle

Regular verbs form the past participle as follows:

-er verbs change to *-é*, e.g. *travailler* becomes *travaillé*
-re verbs change to *-u*, e.g. *attendre* becomes *attendu*
-ir verbs change to *-i*, e.g. *finir* becomes *fini*

Many verbs have irregular past participles.

14.6b *avoir* as the auxiliary verb

Most verbs form the perfect tense with *avoir*. This includes common verbs with irregular past participles.

avoir	*eu*		*lire*	*lu*
boire	*bu*		*mettre*	*mis*
comprendre	*compris*		*offrir*	*offert*
connaître	*connu*		*ouvrir*	*ouvert*
croire	*cru*		*pouvoir*	*pu*
devoir	*dû*		*prendre*	*pris*
dire	*dit*		*rire*	*ri*
écrire	*écrit*		*savoir*	*su*
être	*été*		*voir*	*vu*
faire	*fait*		*vouloir*	*voulu*

14.6c *être* as the auxiliary verb

About thirteen verbs, mostly verbs of movement like *aller* and *partir*, form the perfect tense with *être*. Some compounds of these verbs (e.g. *revenir*, *rentrer*) and all reflexive verbs also form the perfect tense with *être*.

Here are three ways to remember which verbs use *être*.

1 If you have a visual memory, this picture may help you.

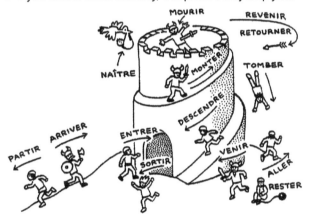

2 Here are 12 of them in pairs:

aller *venir*	to go to come	*je suis allé* *je suis venu*
entrer *sortir*	to go in to go out	*je suis entré* *je suis sorti*
arriver *partir*	to arrive to leave, to depart	*je suis arrivé* *je suis parti*
descendre *monter*	to go down to go up	*je suis descendu* *je suis monté*
rester *tomber*	to stay, to remain to fall	*je suis resté* *je suis tombé*
naître *mourir*	to be born to die	*il est né* *il est mort*

and one odd one:

retourner	to return	*je suis retourné**

*revenir (like *venir*) and *rentrer* (like *entrer*) can often be used instead of this verb.

3 Each letter in the phrase 'Mrs van de Tramp' stands for a different verb. Can you work them out?

When you form the perfect tense with *être*, the past participle agrees with the subject of the verb (the person doing the action). This means that you need to add an extra *e* if the subject is feminine, and to add an extra *-s* if the subject is plural (more than one). Often the past participle doesn't actually sound any different when you hear it or say it.

je suis allé/allée   *nous sommes allés/allées*
tu es allé/allée   *vous êtes allé/allée/allés/allées*
il est allé   *ils sont allés*
elle est allée   *elles sont allées*
on est allé/allée/allés/allées

14.7 The imperfect tense

The imperfect tense is used to describe something that used to happen frequently or regularly in the past:

Quand j'étais petit, j'allais souvent à la plage.
When I was small, I used to go to the beach often.

It is also used for description in the past:

J'étais en vacances.   I was on holiday.
Il faisait beau.   The weather was fine.
L'homme, comment était-il?   What was the man like?

It describes how things used to be:

Quand j'avais huit ans, nous habitions au Belize.
When I was eight, we used to live in Belize.

It often translates 'was ... -ing' and 'were ... -ing':

Que faisiez-vous quand j'ai téléphoné?
What were you doing when I phoned?

It can be used to describe something you wanted to do, but didn't:

Je voulais le voir, mais je n'avais pas le temps.
I wanted to see it, but I didn't have time.

It describes something that lasted for a long period of time:

En ce temps-là, nous habitions à la Barbade.
At that time we lived in Barbados.

C'était + adjective can be used to give an opinion:

C'était magnifique.   It was great.
C'était affreux.   It was awful.

The imperfect tense can be used for excuses:

Ce n'était pas de ma faute.   It wasn't my fault.
Je croyais/pensais que ...   I thought that ...
Je ne savais pas que ...   I didn't know that ...

Grammaire

The imperfect tense is also used with *depuis* to show how long something **had been** happening.

Ils habitaient là-bas depuis 10 ans.
They had been living there for 10 years.

14.7a Forming the imperfect tense
The endings for the imperfect are the same for all verbs:

je	... **ais**		nous	... **ions**
tu	... **ais**		vous	... **iez**
il	... **ait**		ils	... **aient**
elle	... **ait**		elles	... **aient**
on	... **ait**			

To form the imperfect tense, you take the *nous* form of the present tense, e.g. *nous allons*. Take away the *nous* and the *-ons* ending. This leaves the imperfect stem *all-*. Then add the imperfect endings:

j'all**ais**	nous all**ions**
tu all**ais**	vous all**iez**
il/elle/on all**ait**	ils/elles all**aient**

The verb *être* is an exception, with an irregular imperfect stem: *ét-*.

j'étais	nous étions
tu étais	vous étiez
il/elle était	ils/elles étaient

In the present tense, verbs like *manger, ranger,* etc. take an extra -e in the *nous* form. This is to make the g sound soft (like a j sound). However, the extra -e is not needed before *-i*:

je mang**e**ais	nous mangions
tu mang**e**ais	vous mangiez
il/elle/on mang**e**ait	ils/elles mang**e**aient

Similarly, with verbs like *commencer, lancer* etc. the final c becomes ç before a or o to make it sound soft. This gives *je commençais* but *nous commencions*, etc.

14.8 Using the perfect and imperfect tenses

The imperfect tense and the perfect tense are often used together. One way to help you decide which tense to use is to imagine a river running along, with bridges crossing over it at intervals.

The imperfect tense is like the river: it describes the state of things, what was going on, e.g. *il faisait beau*. The perfect tense is like the bridges: it is used for the actions and events, for single things which happened and are completed, e.g. *Nous sommes allés à la plage*.

14.9 The future tense

The future tense is used to describe what will (or will not) happen at some future time:

L'année prochaine, je passerai mes vacances à Cuba.
Next year I'll spend my holidays in Cuba.
Qu'est-ce que tu feras quand tu quitteras l'école?
What will you do when you leave school?

The future tense must be used after *quand* if the idea of future tense is implied. (This differs from English.)

Quand je finirai mes études, j'irai en Afrique.
When I've finished studying, I'll go to Africa.

The endings for the future tense are the same as the endings of the verb *avoir* in the present tense.

je	... **ai**		nous	... **ons**
tu	... **as**		vous	... **ez**
il/elle/on	... **a**		ils/elles	... **ont**

14.9a Regular -er and -ir verbs
To form the future tense of these verbs, you just add the above endings to the infinitive of the verb:

travailler	je travaillerai		partir	nous partirons
donner	tu donneras		jouer	vous jouerez
finir	il finira		sortir	ils sortiront

14.9b Regular -re verbs
To form the future tense, you take the final -e off the infinitive and add the endings:

prendre	je prendrai		attendre	elles attendront

14.9c Irregular verbs
Some common verbs have an irregular future stem, but they still use the same endings.

acheter	j'achèterai		faire	je ferai
aller	j'irai		pouvoir	je pourrai
avoir	j'aurai		recevoir	je recevrai
courir	je courrai		savoir	je saurai
devoir	je devrai		venir	je viendrai
envoyer	j'enverrai		voir	je verrai
être	je serai		vouloir	je voudrai

You will notice that, in all cases, the endings are added to a stem which ends in -r. This means that you will hear an r sound whenever the future tense is used.

14.9d *aller* + infinitive

You can use the present tense of the verb *aller* + an infinitive to say what you are going to do:

Qu'est-ce que vous allez faire ce week-end?
What are you going to do this weekend?

The imperfect tense of *aller* + infinitive is used to say something was going to happen:

Il allait partir quand elle est arrivée.
He was about to leave when she arrived.

14.10 The conditional

The conditional is used where 'would' or 'should' are used in English. It is a polite way of asking for something.

*Je **voudrais** partir.*	I**'d like** to leave.
***Pourriez**-vous m'aider?*	**Could** you help me?
*J'**aimerais** aller au Québec.*	I**'d love** to go to Quebec.

It is used to say what would happen if a particular condition were fulfilled:

*Si j'avais l'argent, je **ferais** le tour du monde.*
If I had the money, I**'d travel** round the world.

14.11 The pluperfect tense

The pluperfect tense is used to describe something that had already happened before something else occurred or before a fixed point in time.

*Elle **était** déjà **partie** quand je suis arrivé.*
She **had** already **left**, when I arrived.

The pluperfect tense is formed by using the imperfect tense of *avoir* or *être* and the past participle. The same rules about which verbs take *avoir* and which take *être* and about agreement of the past participle apply to both the perfect and the pluperfect tenses.

dire	arriver
j'avais dit (I **had said**)	*j'étais arrivé(e)* (I **had arrived**)
tu avais dit	*tu étais arrivé(e)*
il/elle/on avait dit	*il/elle/on était arrivé(e)*
nous avions dit	*nous étions arrivé(e)s*
vous aviez dit	*vous étiez arrivé(e)(s)*
ils/elles avaient dit	*ils/elles étaient arrivé(e)s*

14.12 'If' sentences

Sentences which contain two parts, one of which is an 'if' clause, normally follow these patterns:

si	+ present tense	+ future tense
si	+ imperfect tense	+ conditional
si	+ pluperfect tense	+ conditional perfect

*S'il **pleut** demain, je **resterai** à la maison.*
If it rains tomorrow, I'll stay at home.

*Sauriez-vous quoi faire si la voiture **tombait** en panne?*
Would you know what to do, if the car broke down?

*Si tu m'**avais téléphoné** plus tôt, j'**aurais pu** venir.*
If you had phoned me earlier, I could have come.

14.13 The present subjunctive

The subjunctive is used after certain link words (*avant que* – before, *pour que* – so that, *bien que* – although) and to express:

a necessity	*Il faut que tu partes.*	You must leave.
a possibility	*Tu viendras samedi, à moins que tu ne doives travailler.*	You'll come on Saturday, unless you have to work.
a doubt	*Je ne suis pas sûr que mes parents puissent venir.*	I'm not sure that my parents can come.
an opinion (but not a certainty)	*Je ne pense pas qu'il soit là.*	I don't think he'll be there.

To form the subjunctive of regular verbs:

take the *ils/elles* form of the present tense	take off *-ent* to leave the stem	add the endings (*-e, -es, -e, -ions, -iez, -ent*)
ils travaillent	*travaill-*	*que je travaille*
ils vendent	*vend-*	*que je vende*
ils finissent	*finiss-*	*que je finisse*

The following verbs are irregular in the subjunctive:

aller	*que j'aille*	*avoir*	*que j'aie*
être	*que je sois*	*faire*	*que je fasse*
pouvoir	*que je puisse*	*savoir*	*que je sache*
vouloir	*que je veuille*		

Some expressions using the subjunctive:

Que faut-il que je fasse?	What should I do?
Il faut que je m'en aille.	I must go.

14.14 *en* + present participle

En + present participle is used when you want to describe two actions which happen more or less at the same time:

En sortant de l'hôtel, tournez à droite.
As you go out of the hotel, turn right.

It translates the English expressions 'whilst/while -ing' and 'by -ing'.

*Je me suis cassé la jambe **en faisant** de l'équitation.*
I broke my leg (whilst) horse riding.

***En mangeant** moins, on perd des kilos.*
By eating less, you lose weight.

Grammaire

The present participle is formed as follows:

take the *nous* form of the present tense	delete *nous* and *-ons* to give the stem	add *-ant* to give the present participle
nous faisons	*fais-*	*faisant*
nous finissons	*finiss-*	*finissant*
nous descendons	*descend-*	*descendant*

Three important exceptions are:

être	*étant*
avoir	*ayant*
savoir	*sachant*

Ayant très peur, il a ouvert la porte.
Feeling very frightened, he opened the door.

15 Reflexive verbs

15.1 Infinitive

Reflexive verbs are listed in a dictionary with the pronoun *se* (called the reflexive pronoun) in front of the infinitive, e.g. *se lever*. The *se* means 'self' or 'each other' or 'one another'.

Je me lave. I get (myself) washed.
Quand est-ce qu'on va se revoir? When shall we see one another again?

15.1a Some common reflexive verbs

s'amuser	to enjoy oneself
s'appeler	to be called
s'approcher (de)	to approach
s'arrêter	to stop
se baigner	to bathe
se brosser les dents	to clean your teeth
se coucher	to go to bed
se débrouiller	to sort things out, manage
se dépêcher	to be in a hurry
se demander	to ask oneself, to wonder
se déshabiller	to get undressed
se disputer (avec)	to have an argument (with)
s'entendre (avec)	to get on (with)
se fâcher	to get angry
s'habiller	to get dressed
s'intéresser (à)	to be interested (in)

se laver	to get washed
se lever	to get up
se marier	to get married
s'occuper (de)	to be concerned (with)
se promener	to go for a walk
se reposer	to rest
se réveiller	to wake up
se sentir	to feel
se trouver	to be (situated)

15.2 The present tense

Many reflexive verbs are regular *-er* verbs:

Je me lave	I get washed
Tu te lèves?	Are you getting up?
Il se rase	He gets shaved
Elle s'habille	She gets dressed
On s'entend bien	We get on well
Nous nous débrouillons	We manage/We get by
Vous vous dépêchez?	Are you in a hurry?
Ils s'arrêtent là	They stop there
Elles se disputent toujours	They are always arguing

15.3 Commands

To tell someone to do (or not to do) something, use the imperative. In the *tu* form, *te* changes to *toi*.

Lève-toi!	Stand up!
Assieds-toi!	Sit down!
Amusez-vous bien!	Have a good time!
Dépêchons-nous!	Let's hurry!

In the negative, this changes as follows:

Ne te lève pas!	Don't get up!
Ne vous inquiétez pas!	Don't worry!
Ne nous dépêchons pas!	Let's not rush!

15.4 The perfect tense

Reflexive verbs form the perfect tense with *être*. The past participle appears to agree with the subject: add an *-e* if the subject is feminine and an *-s* if it is plural. In fact the past participle is agreeing with the preceding direct object, which in reflexive verbs is usually the same as the subject.

se réveiller	
je me suis réveillé(e)	nous nous sommes réveillé(e)s
tu t'es réveillé(e)	vous vous êtes réveillé(e)(s)
il s'est réveillé	ils se sont réveillés
elle s'est réveillée	elles se sont réveillées
on s'est réveillé(e)(s)	

15.5 Reflexive verbs and parts of the body

Reflexive verbs are often used when referring to a part of the body:

Je me suis coupé le pied.	I've cut my foot.
Il se brosse les dents.	He is cleaning his teeth.
Elle se lave la tête.	She is washing her hair.

Note: When a reflexive verb is used with a part of the body in the perfect tense, the past participle does not agree with the reflexive pronoun, as it acts as the indirect object in this instance and not the direct object:

Elle s'est lavé les mains avant de manger.
She washed her hands before eating.

16 Verbs – some special uses

16.1 *avoir*

In French, *avoir* is used for certain expressions where the verb 'to be' is used in English:

J'ai ...	... quatorze ans.	I'm fourteen.
Tu as ...	... quel âge?	How old are you?
Il a ...	... froid.	He's cold.
Elle a ...	... chaud.	She's hot.
Nous avons ...	... faim.	We're hungry.
Vous avez ...	... soif?	Are you thirsty?
Ils ont ...	... mal aux dents.	They've got toothache.
Elles ont ...	... peur.	They're afraid.

Avoir is also used in *avoir besoin de*, meaning 'to need' (or 'to have need of').

J'ai besoin d'argent.	I need some money.

16.2 *devoir*

The verb *devoir* has three different uses:

1 to owe

When it means 'to owe', *devoir* is not followed by an infinitive:

*Je te **dois** combien?*	How much do I **owe** you?

2 to have to, must

With this meaning, *devoir* is nearly always followed by a second verb in the infinitive:

*Je **dois** me dépêcher.*	I have to rush off.
*Elle **a dû** travailler tard.*	She had to work late.

3 ought to, should

When used in the conditional or conditional perfect, *devoir* means 'ought', 'should', 'ought to have' or 'should have'.

*Tu **devrais** venir me voir en été.*
You **should** come and see me in the summer.

*Il **aurait dû** rentrer avant minuit.*
He **should have** got home before midnight.

16.3 *faire*

The verb *faire* is used with weather phrases:

Il fait beau.	The weather's fine.
Il fait froid.	It's cold.

It is also used to describe some activities and sports:

faire des courses	to go shopping
faire du vélo	to go cycling

16.4 *savoir* and *connaître*

Savoir is used when you want to talk about knowing specific facts or knowing how to do something.

Je ne savais pas que son père était mort.
I didn't know that his father was dead.

Tu sais faire de la voile?	Do you know how to sail?

Connaître is used to say you know people or places. It has the sense of 'being acquainted with'.

Vous connaissez mon professeur de français?
Do you know my French teacher?

16.5 *savoir* and *pouvoir*

Savoir is used to say you can (know how to) do something.

Tu sais jouer du piano?
Can you (Do you know how to) play the piano?

Pouvoir is used to say something is possible.

Tu peux venir à la maison, samedi?
Can you (Is it possible for you to) come to the house on Saturday?

16.6 *venir de*

To say something has just happened, you use the present tense of *venir* + *de* + the infinitive:

Elle vient de téléphoner.	She's just phoned.
Vous venez d'arriver?	Have you just arrived?
Ils viennent de partir.	They've just left.

Grammaire

To say something had just happened, you use the imperfect tense of *venir de* + the infinitive:

Elle venait de partir, quand il a téléphoné.
She had just left when he phoned.

16.7 *pour* + infinitive

Use *pour* + infinitive to say 'in order to …':

Pour réduire les déchets, nous devons recycler.
To reduce waste we must recycle.

Pour aller à l'hôpital, s'il vous plaît?
How do I get to the hospital, please?

The structure *pour ne pas* + infinitive can be used to say how you can avoid something.

Pour ne pas arriver en retard, nous prendrons un taxi.
In order not to be late, we'll take a taxi.

16.8 Before and after

Avant de (**before**) is followed by the **infinitive**:

Elle m'a donné son adresse avant de partir.
She gave me her address before she left.

After doing something is expressed in French by *après avoir* or *après être* + **past participle**:

Après avoir téléphoné au bureau, je suis parti.
After phoning the office, I left.

Après être arrivée à Paris, elle est allée à son hôtel.
After arriving in Paris, she went to her hotel.

This can only be used when the subject is the same for both verbs, i.e. After I telephoned the office, I left.

The rules for the perfect tense regarding which verbs take *avoir* and which take *être* and about agreement of the past participle also apply here.

17 Impersonal verbs

17.1 *falloir* (to be necessary, must, need)

This is an unusual verb which is only used in the *il* form and can have different meanings according to the tense and context.

Il ne faut pas stationner ici. You mustn't park here.

It can be used with an indirect object pronoun in the following way:

*Avez-vous tout ce qu'**il vous faut**?*
Do you have everything you need?
***Il me faut** une serviette, s'il vous plaît.*
I need a towel please.

17.2 Other impersonal verbs

These verbs are also mainly used in the *il* form.

il s'agit de	it's about
il vaut mieux	it's better to
il vaudrait mieux	it would be better to
il me reste 20 euros	I have 20 euros left
Ça vous a plu?	Did you like it? (literally Did it please you?)
Oui, ça m'a beaucoup plu.	Yes, I liked it a lot.
Ça t'intéresse, le sport?	Are you interested in sport?
il manque une cuillère	there's a spoon missing

18 Verb constructions

It is common to find two verbs in sequence: a main verb followed by an **infinitive**. Sometimes the infinitive follows directly, sometimes you must use *à* or *de* before the infinitive.

18.1 Verbs followed directly by the infinitive

adorer	to love
aimer	to like, love
aller	to go
compter	to count on, intend
désirer	to want, wish
détester	to hate
devoir	to have to, must
entendre	to hear
espérer	to hope
faillir	to nearly do something
faire	to have something done
monter	to go up(stairs)
oser	to dare
penser	to think, intend
pouvoir	to be able, can
préférer	to prefer
savoir	to know how
venir	to come
voir	to see
vouloir	to want, wish

Grammaire

18.2 Verbs followed by *à* + infinitive

A small number of verbs are followed by à + infinitive:

aider qqn à	to help someone to
s'amuser à	to enjoy doing
apprendre à	to learn to
commencer à	to begin to
consentir à	to agree to
continuer à	to continue to
encourager à	to encourage to
hésiter à	to hesitate to
s'intéresser à	to be interested in
inviter qqn à	to invite someone to
se mettre à	to begin to
passer (du temps) à	to spend time in
réussir à	to succeed in

18.3 Verbs followed by *de* + infinitive

Many verbs are followed by de + infinitive. Here are some of the most common:

arrêter de	to stop
cesser de	to stop
décider de	to decide to
se dépêcher de	to hurry
empêcher de	to prevent
essayer de	to try to
éviter de	to avoid
menacer de	to threaten to
être obligé de	to be obliged to
oublier de	to forget to
refuser de	to refuse to

Many expressions with *avoir* are followed by *de* + infinitive:

avoir besoin de	to need to
avoir l'intention de	to intend to
avoir peur de	to be afraid of
avoir le droit de	to have the right to, be allowed to
avoir le temps de	to have time to
avoir envie de	to wish, want to

18.4 Verbs followed by *à* + person + *de* + infinitive

commander à ... de ...	to order
conseiller à ... de ...	to advise
défendre à ... de ...	to forbid
demander à ... de ...	to ask
dire à ... de ...	to tell
ordonner à ... de ...	to order
permettre à ... de ...	to allow
promettre à ... de ...	to promise
proposer à ... de ...	to suggest

19 The passive

19.1 Using the passive

The passive form of the verb is used when the subject, instead of doing something (active form), has something done to it.

The passive is formed by using any tense of *être* with the past participle. The past participle is used like an adjective and agrees with the subject:

*Il a **été blessé**.* — He **has been injured**.
*Elle **a été piquée** par une guêpe.* — She **was stung** by a wasp.

19.2 Avoiding the passive

If there is no mention of the person or thing who has performed the action, it is common to avoid using the passive by using the pronoun *on*:

On dit que ... — It is said that ...

Sometimes, a reflexive verb can be used:

Ça se comprend. — That's understood.

Grammaire

20 Les verbes

20.1 Regular verbs

The following verbs show the main patterns for regular verbs. There are three main groups: those whose infinitives end in -er, -ir or -re. Verbs which do not follow these patterns are called irregular verbs.

infinitive	present	perfect	imperfect	future
jouer	je joue	j'ai joué	je jouais	je jouerai
to play	tu joues	tu as joué	tu jouais	tu joueras
imperative	il/elle/on joue	il/elle/on a joué	il/elle/on jouait	il/elle/on jouera
joue!	nous jouons	nous avons joué	nous jouions	nous jouerons
jouons!	vous jouez	vous avez joué	vous jouiez	vous jouerez
jouez!	ils/elles jouent	ils/elles ont joué	ils/elles jouaient	ils/elles joueront
choisir	je choisis	j'ai choisi	je choisissais	je choisirai
to choose	tu choisis	tu as choisi	tu choisissais	tu choisiras
imperative	il/elle/on choisit	il/elle/on a choisi	il/elle/on choisissait	il/elle/on choisira
choisis!	nous choisissons	nous avons choisi	nous choisissions	nous choisirons
choisissons!	vous choisissez	vous avez choisi	vous choisissiez	vous choisirez
choisissez!	ils/elles choisissent	ils/elles ont choisi	ils/elles choisissaient	ils/elles choisiront
vendre	je vends	j'ai vendu	je vendais	je vendrai
to sell	tu vends	tu as vendu	tu vendais	tu vendras
imperative	il/elle/on vend	il/elle/on a vendu	il/elle/on vendait	il/elle/on vendra
vends!	nous vendons	nous avons vendu	nous vendions	nous vendrons
vendons!	vous vendez	vous avez vendu	vous vendiez	vous vendrez
vendez!	ils/elles vendent	ils/elles ont vendu	ils/elles vendaient	ils/elles vendront

Some verbs are only slightly irregular. Here are some which you have met.
The main difference in the verbs **acheter** and **jeter** is in the *je, tu, il/elle/on* and *ils/elles* forms of the present tense and in the stem for the future tense.

infinitive	present	future	infinitive	present	future
acheter	j'achète	j'achèterai	*jeter*	je jette	je jetterai
to buy	tu achètes	tu achèteras	*to throw*	tu jettes	tu jetteras
imperative	il/elle/on achète	il/elle/on achètera	**imperative**	il/elle/on jette	il/elle/on jettera
achète!	nous achetons	nous achèterons	jette!	nous jetons	nous jetterons
achetons!	vous achetez	vous achèterez	jetons!	vous jetez	vous jetterez
achetez!	ils/elles achètent	ils/elles achèteront	jetez!	ils/elles jettent	ils/elles jetteront

manger (and **arranger**, **nager**, **partager**, **ranger**, **voyager** etc.)
There is an extra e before endings starting with a, o or u to make the g sound soft.
present: *nous mangeons*; **imperfect:** *je mangeais* etc.; **present participle:** *en mangeant*

commencer (and **placer**, **remplacer** etc.)
The second c becomes ç before endings starting with a, o or u to make the c sound soft.
present: *nous commençons*; **imperfect:** *je commençais* etc.; **present participle:** *en commençant*

20.2 Reflexive verbs

Reflexive verbs are used with a reflexive pronoun (*me, te, se, nous, vous*). Sometimes this means 'self' or 'each other'. Many reflexive verbs are regular -er verbs and they all form the perfect tense with *être* as the auxiliary, so you must remember to make the past participle agree with the subject.

infinitive	present	perfect	imperative
se laver *to get washed,* *wash oneself*	je **me** lave tu **te** laves il **se** lave elle **se** lave on **se** lave nous **nous** lavons vous **vous** lavez ils **se** lavent elles **se** lavent	je **me** suis lavé(e) tu **t'**es lavé(e) il **s'**est lavé elle s'est lavée on **s'**est lavé(e)(s) nous **nous** sommes lavé(e)s vous **vous** êtes lavé(e)(s) ils **se** sont lavés elles **se** sont lavées	lave-**toi**! lavons-**nous**! lavez-avez-**vous**!

20.3 Irregular verbs

infinitive	present	perfect	imperfect	future
aller *to go* **imperative** va! allons! allez!	je vais tu vas il/elle/on va nous allons vous allez ils/elles vont	je suis allé(e) tu es allé(e) il est allé elle est allée on est allé(e)(s) nous sommes allé(e)s vous êtes allé(e)(s) ils sont allés elles sont allées	j'allais tu allais il/elle/on allait nous allions vous alliez ils/elles allaient	j'irai tu iras il/elle/on ira nous irons vous irez ils/elles iront
apprendre *to learn*	see *prendre*			
avoir *to have* **imperative** aie! ayons! ayez!	j'ai tu as il/elle/on a nous avons vous avez ils/elles ont	j'ai eu tu as eu il/elle/on a eu nous avons eu vous avez eu ils/elles ont eu	j'avais tu avais il/elle/on avait nous avions vous aviez ils/elles avaient	j'aurai tu auras il/elle/on aura nous aurons vous aurez ils/elles auront
boire *to drink* **imperative** bois! buvons! buvez!	je bois tu bois il/elle/on boit nous buvons vous buvez ils/elles boivent	j'ai bu tu as bu il/elle/on a bu nous avons bu vous avez bu ils/elles ont bu	je buvais tu buvais il/elle/on buvait nous buvions vous buviez ils/elles buvaient	je boirai tu boiras il/elle/on boira nous boirons vous boirez ils/elles boiront
comprendre *to understand*	see *prendre*			
conduire *to drive* **imperative** conduis! conduisons! conduisez!	je conduis tu conduis il/elle/on conduit nous conduisons vous conduisez ils/elles conduisent	j'ai conduit tu as conduit il/elle/on a conduit nous avons conduit vous avez conduit ils/elles ont conduit	je conduisais tu conduisais il/elle/on conduisait nous conduisions vous conduisiez ils/elles conduisaient	je conduirai tu conduiras il/elle/on conduira nous conduirons vous conduirez ils/elles conduiront

Grammaire

infinitive	present	perfect	imperfect	future
connaître *to know* **imperative** connais! connaissons! connaissez!	je connais tu connais il/elle/on connaît nous connaissons vous connaissez ils/elles connaissent	j'ai connu tu as connu il/elle/on a connu nous avons connu vous avez connu ils/elles ont connu	je connaissais tu connaissais il/elle/on connaissait nous connaissions vous connaissiez ils/elles connaissaient	je connaîtrai tu connaîtras il/elle/on connaîtra nous connaîtrons vous connaîtrez ils/elles connaîtront
considérer *to consider*	see *espérer*			
courir *to run* **imperative** cours! courons! courez!	je cours tu cours il/elle/on court nous courons vous courez ils/elles courent	j'ai couru tu as couru il/elle/on a couru nous avons couru vous avez couru ils/elles ont couru	je courais tu courais il/elle/on courait nous courions vous couriez ils/elles couraient	je courrai tu courras il/elle/on courra nous courrons vous courrez ils/elles courront
croire *to believe,* *to think* **imperative** crois! croyons! croyez!	je crois tu crois il/elle/on croit nous croyons vous croyez ils/elles croient	j'ai cru tu as cru il/elle/on a cru nous avons cru vous avez cru ils/elles ont cru	je croyais tu croyais il/elle/on croyait nous croyions vous croyiez ils/elles croyaient	je croirai tu croiras il/elle/on croira nous croirons vous croirez ils/elles croiront
devoir *to have to* **imperative** dois! devons! devez!	je dois tu dois il/elle/on doit nous devons vous devez ils/elles doivent	j'ai dû tu as dû il/elle/on a dû nous avons dû vous avez dû ils/elles ont dû	je devais tu devais il/elle/on devait nous devions vous deviez ils/elles devaient	je devrai tu devras il/elle/on devra nous devrons vous devrez ils/elles devront
dire *to say* **imperative** dis! disons! dites!	je dis tu dis il/elle/on dit nous disons vous dites ils/elles disent	j'ai dit tu as dit il/elle/on a dit nous avons dit vous avez dit ils/elles ont dit	je disais tu disais il/elle/on disait nous disions vous disiez ils/elles disaient	je dirai tu diras il/elle/on dira nous dirons vous direz ils/elles diront
dormir *to sleep* **imperative** dors! dormons! dormez!	je dors tu dors il/elle/on dort nous dormons vous dormez ils/elles dorment	j'ai dormi tu as dormi il/elle/on a dormi nous avons dormi vous avez dormi ils/elles ont dormi	je dormais tu dormais il/elle/on dormait nous dormions vous dormiez ils/elles dormaient	je dormirai tu dormiras il/elle/on dormira nous dormirons vous dormirez ils/elles dormiront
écrire *to write* **imperative** écris! écrivons! écrivez!	j'écris tu écris il/elle/on écrit nous écrivons vous écrivez ils/elles écrivent	j'ai écrit tu as écrit il/elle/on a écrit nous avons écrit vous avez écrit ils/elles ont écrit	j'écrivais tu écrivais il/elle/on écrivait nous écrivions vous écriviez ils/elles écrivaient	j'écrirai tu écriras il/elle/on écrira nous écrirons vous écrirez ils/elles écriront

infinitive	present	perfect	imperfect	future
envoyer	j'envoie	j'ai envoyé	j'envoyais	j'enverrai
to send	tu envoies	tu as envoyé	tu envoyais	tu enverras
imperative	il/elle/on envoie	il/elle/on a envoyé	il/elle/on envoyait	il/elle/on enverra
envoie!	nous envoyons	nous avons envoyé	nous envoyions	nous enverrons
envoyons!	vous envoyez	vous avez envoyé	vous envoyiez	vous enverrez
envoyez!	ils/elles envoient	ils/elles ont envoyé	ils/elles envoyaient	ils/elles enverront
espérer	j'espère	j'ai espéré	j'espérais	j'espérerai
to hope	tu espères	tu as espéré	tu espérais	tu espéreras
imperative	il/elle/on espère	il/elle/on a espéré	il/elle/on espérait	il/elle/on espérera
espère!	nous espérons	nous avons espéré	nous espérions	nous espérerons
espérons!	vous espérez	vous avez espéré	vous espériez	vous espérerez
espérez!	ils/elles espèrent	ils/elles ont espéré	ils/elles espéraient	ils/elles espéreront
essayer	j'essaie	j'ai essayé	j'essayais	j'essaierai
to try	tu essaies	tu as essayé	tu essayais	tu essaieras
imperative	il/elle/on essaie	il/elle/on a essayé	il/elle/on essayait	il/elle/on essaiera
essaie!	nous essayons	nous avons essayé	nous essayions	nous essaierons
essayons!	vous essayez	vous avez essayé	vous essayiez	vous essaierez
essayez!	ils/elles essaient	ils/elles ont essayé	ils/elles essayaient	ils/elles essaieront
être	je suis	j'ai été	j'étais	je serai
to be	tu es	tu as été	tu étais	tu seras
imperative	il/elle/on est	il/elle/on a été	il/elle/on était	il/elle/on sera
sois!	nous sommes	nous avons été	nous étions	nous serons
soyons!	vous êtes	vous avez été	vous étiez	vous serez
soyez!	ils/elles sont	ils/elles ont été	ils/elles étaient	ils/elles seront
faire	je fais	j'ai fait	je faisais	je ferai
to do, make	tu fais	tu as fait	tu faisais	tu feras
imperative	il/elle/on fait	il/elle/on a fait	il/elle/on faisait	il/elle/on fera
fais!	nous faisons	nous avons fait	nous faisions	nous ferons
faisons!	vous faites	vous avez fait	vous faisiez	vous ferez
faites!	ils/elles font	ils/elles ont fait	ils/elles faisaient	ils/elles feront
falloir	il faut	il a fallu	il fallait	il faudra
must, is necessary				
se lever	je me lève	je me suis levé(e)	je me levais	je me lèverai
to get up	tu te lèves	tu t'es levé(e)	tu te levais	tu te lèveras
imperative	il/elle/on se lève	il s'est levé	il/elle/on se levait	il/elle/on se lèvera
lève-toi!		elle s'est levée		
levons-nous!		on s'est levé(e)(s)		
levez-vous!	nous nous levons	nous nous sommes levé(e)s	nous nous levions	nous nous lèverons
	vous vous levez	vous vous êtes levé(e)(s)	vous vous leviez	vous vous lèverez
	ils/elles se lèvent	ils se sont levés	ils/elles se levaient	ils/elles se lèveront
		elles se sont levées		
lire	je lis	j'ai lu	je lisais	je lirai
to read	tu lis	tu as lu	tu lisais	tu liras
imperative	il/elle/on lit	il/elle/on a lu	il/elle/on lisait	il/elle/on lira
lis!	nous lisons	nous avons lu	nous lisions	nous lirons
lisons!	vous lisez	vous avez lu	vous lisiez	vous lirez
lisez!	ils/elles lisent	ils/elles ont lu	ils/elles lisaient	ils/elles liront

Grammaire

infinitive	present	perfect	imperfect	future
mettre *to put, put on*	je mets	j'ai mis	je mettais	je mettrai
	tu mets	tu as mis	tu mettais	tu mettras
imperative	il/elle/on met	il/elle/on a mis	il/elle/on mettait	il/elle/on mettra
mets!	nous mettons	nous avons mis	nous mettions	nous mettrons
mettons!	vous mettez	vous avez mis	vous mettiez	vous mettrez
mettez!	ils/elles mettent	ils/elles ont mis	ils/elles mettaient	ils/elles mettront
ouvrir *to open*	j'ouvre	j'ai ouvert	j'ouvrais	j'ouvrirai
	tu ouvres	tu as ouvert	tu ouvrais	tu ouvriras
imperative	il/elle/on ouvre	il/elle/on a ouvert	il/elle/on ouvrait	il/elle/on ouvrira
ouvre!	nous ouvrons	nous avons ouvert	nous ouvrions	nous ouvrirons
ouvrons!	vous ouvrez	vous avez ouvert	vous ouvriez	vous ouvrirez
ouvrez!	ils/elles ouvrent	ils/elles ont ouvert	ils/elles ouvraient	ils/elles ouvriront
partir *to leave, depart*	je pars	je suis parti(e)	je partais	je partirai
	tu pars	tu es parti(e)	tu partais	tu partiras
imperative	il/elle/on part	il est parti	il/elle/on partait	il/elle/on partira
pars!		elle est partie		
partons!		on est parti(e)(s)		
partez!	nous partons	nous sommes parti(e)s	nous partions	nous partirons
	vous partez	vous êtes parti(e)(s)	vous partiez	vous partirez
	ils/elles partent	ils sont partis	ils/elles partaient	ils/elles partiront
		elles sont parties		
pleuvoir *to rain*	il pleut	il a plu	il pleuvait	il pleuvra
pouvoir *to be able to (I can etc.)*	je peux	j'ai pu	je pouvais	je pourrai
	tu peux	tu as pu	tu pouvais	tu pourras
	il/elle/on peut	il/elle/on a pu	il/elle/on pouvait	il/elle/on pourra
	nous pouvons	nous avons pu	nous pouvions	nous pourrons
	vous pouvez	vous avez pu	vous pouviez	vous pourrez
	ils/elles peuvent	ils/elles ont pu	ils/elles pouvaient	ils/elles pourront
prendre *to take*	je prends	j'ai pris	je prenais	je prendrai
	tu prends	tu as pris	tu prenais	tu prendras
imperative	il/elle/on prend	il/elle/on a pris	il/elle/on prenait	il/elle/on prendra
prends!	nous prenons	nous avons pris	nous prenions	nous prendrons
prenons!	vous prenez	vous avez pris	vous preniez	vous prendrez
prenez!	ils/elles prennent	ils/elles ont pris	ils/elles prenaient	ils/elles prendront
préférer *to prefer*	see **espérer**			
recevoir *to receive*	je reçois	j'ai reçu	je recevais	je recevrai
	tu reçois	tu as reçu	tu recevais	tu recevras
imperative	il/elle/on reçoit	il/elle/on a reçu	il/elle/on recevait	il/elle/on recevra
reçois!	nous recevons	nous avons reçu	nous recevions	nous recevrons
recevons!	vous recevez	vous avez reçu	vous receviez	vous recevrez
recevez!	ils/elles reçoivent	ils/elles ont reçu	ils/elles recevaient	ils/elles recevront
rire *to laugh*	je ris	j'ai ri	je riais	je rirai
	tu ris	tu as ri	tu riais	tu riras
imperative	il/elle/on rit	il/elle/on a ri	il/elle/on riait	il/elle/on rira
ris!	nous rions	nous avons ri	nous riions	nous rirons
rions!	vous riez	vous avez ri	vous riiez	vous rirez
riez!	il/elle/on rient	ils/elles ont ri	ils/elles riaient	ils/elles riront

infinitive	present	perfect	imperfect	future
savoir	je sais	j'ai su	je savais	je saurai
to know	tu sais	tu as su	tu savais	tu sauras
imperative	il/elle/on sait	il/elle/on a su	il/elle/on savait	il/elle/on saura
sache!	nous savons	nous avons su	nous savions	nous saurons
sachons!	vous savez	vous avez su	vous saviez	vous saurez
sachez!	ils/elles savent	ils/elles ont su	ils/elles savaient	ils/elles sauront
sortir	see *partir*			
to go out				
tenir	je tiens	j'ai tenu	je tenais	je tiendrai
to hold	tu tiens	tu as tenu	tu tenais	tu tiendras
imperative	il/elle/on tient	il/elle/on a tenu	il/elle/on tenait	il/elle/on tiendra
tiens!	nous tenons	nous avons tenu	nous tenions	nous tiendrons
tenons!	vous tenez	vous avez tenu	vous teniez	vous tiendrez
tenez!	ils/elles tiennent	ils/elles ont tenu	ils/elles tenaient	ils/elles tiendront
venir	je viens	je suis venu(e)	je venais	je viendrai
to come	tu viens	tu es venu(e)	tu venais	tu viendras
imperative	il/elle/on vient	il est venu	il/elle/on venait	il/elle/on viendra
viens!		elle est venue		
venons!		on est venu(e)(s)		
venez!	nous venons	nous sommes venu(e)s	nous venions	nous viendrons
	vous venez	vous êtes venu(e)(s)	vous veniez	vous viendrez
	ils/elles viennent	ils sont venus	ils/elles venaient	ils/elles viendront
		elles sont venues		
vivre	je vis	j'ai vécu	je vivais	je vivrai
to live	tu vis	tu as vécu	tu vivais	tu vivras
imperative	il/elle/on vit	il/elle/on a vécu	il/elle/on vivait	il/elle/on vivra
vis!	nous vivons	nous avons vécu	nous vivions	nous vivrons
vivons!	vous vivez	vous avez vécu	vous viviez	vous vivrez
vivez!	ils/elles vivent	ils/elles ont vécu	ils/elles vivaient	ils/elles vivront
voir	je vois	j'ai vu	je voyais	je verrai
to see	tu vois	tu as vu	tu voyais	tu verras
imperative	il/elle/on voit	il/elle/on a vu	il/elle/on voyait	il/elle/on verra
vois!	nous voyons	nous avons vu	nous voyions	nous verrons
voyons!	vous voyez	vous avez vu	vous voyiez	vous verrez
voyez!	ils/elles voient	ils/elles ont vu	ils/elles voyaient	ils/elles verront
vouloir	je veux	j'ai voulu	je voulais	je voudrai
to want	tu veux	tu as voulu	tu voulais	tu voudras
imperative	il/elle/on veut	il/elle/on a voulu	il/elle/on voulait	il/elle/on voudra
veuille!	nous voulons	nous avons voulu	nous voulions	nous voudrons
veuillons!	vous voulez	vous avez voulu	vous vouliez	vous voudrez
veuillez!	ils/elles veulent	ils/elles ont voulu	ils/elles voulaient	ils/elles voudront

Acknowledgements

The author and the publisher would also like to thank the following for permission to reproduce material:

1.2a, 2.3a, 3.1a, 6.1d, 6.3a, 6.5b, 6.8d Robert Fried/Alamy; 1.2b, 4.3a david sanger photography/Alamy; 1.2c Blend Images/Alamy; 1.3a VStock/Alamy; 1.4a Wayne Abraham/iStock; 1.4b Factoria Singular/iStock; 1.4c Andrey_Arkusha/Fotolia; 1.4d Brad Ralph/iStock; 1.5a, 1.6a Philip Gould/Corbis; 1.5b Piotr Redlinski/Corbis; 1.5c Eye Ubiquitous/Alamy; 1.7b Hemis/Alamy; 1.7a, 6.8e Bay Guesthouse, Gros Islet, St Lucia © Heather Mascie-Taylor; 1.7c Sunpix Travel/Alamy; 1.10a Isy Ochoa/Superstock/Getty; 1.11a Jon Arnold Images Ltd/Alamy; 2.1a Forest Woodward/iStock; 2.1b AlbanyPictures/iStock; 2.1c Bob Daemmrich/Alamy; 2.4a iofoto/Fotolia; 2.5a Golden Pixels LLC/Alamy; 2.6a 'Ginou' © Heather Mascie-Taylor; 2.8a Caribbean/Alamy; 2.9a Moxie Productions/Blend Images/Corbis; 2.10a Ruslan Dashinsky/iStock; 3.2a CuboImages srl/Alamy; 3.2b, 3.3a, 3.3b, 3.6c, 4.11b, 5.14a, 6.2a, 6.7a, 6.7b, 6.12a © Heather Mascie-Taylor; 3.4a Rob/Fotolia; 3.5a Amar and Isabelle Guillen - Guillen Photography/Alamy; 3.5b Carolyn Clarke/Alamy; 3.5c haveseen/iStock; 3.5d melanie lyons/iStock; 3.5e ktsimage/iStock; 3.5f miock/iStock; 3.6a Elena Schweitzer/iStock; 3.6b Yellow Dog Productions/Getty; 3.7a Poppy Barach/iStock; 3.7b Franck Olivier Grondin/iStock; 3.8a Jonathan Larsen/Diadem Images/Alamy; 3.8b Eddy Lemaistre/For Picture/Corbis; 4.1a Stas/Fotolia; 4.1b iodrakon/iStock; 4.1c Joel Natkin/iStock; 4.2a, 4.2b auremar/Fotolia; 4.3b © Comite Regional Cycliste de la Guadeloupe; 4.4b Aflo Foto Agency/Alamy; 4.4c Christian Liewig/Liewig Media Sports/Corbis; 4.4d Dan Rowley/4148-4148/Colorsport/Corbis; 4.5a © Gwadloup Festival 2012; 4.5b Mick House/Alamy; 4.8a Kevin George/Alamy; 4.11b Janine Wiedel Photolibrary/Alamy; 4.11c Aldo Murillo/iStock; 5.2a Gary Roper/iStock; 5.3a Art Directors & TRIP / Alamy; 5.3b Andrew Woodley / Alamy; 5.6a Ocean/Corbis; 5.7a Andre Jenny/Alamy; 5.9a Wildroze/iStock; 6.1b Steve Geer/iStock; 6.1c Fabian Gonzales/Alamy; 6.1e vilaincrevette/iStock; 6.1f Mikhail Tischenko/Fotolia; 6.2b Nick Hanna/Alamy; 6.2c Carolyn Clarke/Alamy; 6.3b, 6.8c Christoph Wilhelm/Corbis; 6.5a George H.H. Huey/Alamy; 6.8a Iris Kuerschner/Alamy; 6.8b irisphoto1/iStock; 6.9a YinYang/iStock; 6.12b Michael Hoogendoorn/iStock

Every effort has been made to trace the copyright holders but if any have been inadvertently overlooked the publisher will be pleased to make the necessary arrangements at the first opportunity.